KB205859

감리교회는 물론 전체 한국 교회가 전도활동을 위해
계속 몸부림치고 있습니다.
한국 교회 성장 마이너스라는 현실에서
전도의 어려움을 극복하기 위해
전도 프로그램을 진행하고 있지만
결과는 우리의 기대치와
늘 떨어져 있음을 경험하고 있습니다.
좀 더 정확히 말씀드리면
전도활동의 비효율성과 미미한 결과에
당혹감을 감추지 못하고 있습니다.

이유는 여러 면에서 찾을 수 있습니다.
경제발전과 여가산업의 발달, 그리고 소비문화의 증대는
교회의 필요성을 떨어뜨리고 있으며
대교회를 향한 부정적인 시각, 교회 내의 불미스러운 사건들은
계속 우리의 발목을 잡고 있습니다.
20세기 말부터 시작된 한국 사회의 교회를 향한 비판여론은
그 강도가 점점 높아지고 있는 실정입니다.

「효과적인 전도, 부흥하는 교회」는
대부분 개인전도와 교회부흥에 관한 내용입니다.
신학적인 배경은 맥가브런(Donald, A. McGavran) 박사의
교회성장과 선교학을 근거로 합니다.
그러나 이 책의 내용은 난해한 신학적 교육과 가르침을
누구든지 쉽게 접근할 수 있게 만들었습니다.

효과적인 **전도**
부흥하는 교회

kmc

2003년에 출간한 「요한전도훈련교재-강의용」이
'300만 총력전도운동' 시 귀한 교재가 되었는데
이번에 교회에서 전도훈련프로그램으로 강의할 수 있도록
「효과적인 전도, 부흥하는 교회」라는 이름으로
새롭게 편집하여 내어 놓았습니다.

특별히 이 책에 참여하신 많은 전도전문가들에게 감사드리며
혹 이름을 밝히지 못하였거나 허락을 받지 못한 글이 있다면
연락주시면 감사의 인사를 드리겠습니다.
이 책이 한국 교회 부흥과 성장에 작은 밑거름이 되기를 원하며
출판을 허락하신 출판국 · 도서출판 kmc의 김광덕 총무님에게
감사의 인사를 전하며,
한국 교회 양적인 성장과 질적인 부흥을 위해
작은 보탬이 되기를 기도합니다.
감사합니다.

이요한 목사

| 차 례 |

그대는 아는가,
하나님의 恨을!

01

I

우리 말 중에 '한(恨)'이라는 단어가 있습니다. 비록 한문자를 빌려서 표현되고 있지만 그 느낌만은 순수하게 한국적이어서 우리 문화 속에 깊이 잠재해 있습니다.

한은 우리 민족의 종교 심리적인 요구와 깊은 관련성을 지니고 있습니다. 사랑하는 외아들을 전쟁에서 잃은 어머니의 가슴 속에는 한이 맺힙니다. 성실과 정직을 다한 후에 실패를 맛본 사업가의 가슴 속에는 한이 솟구칩니다. 사랑하는 사람과 갑작스레 사별한 여인의 가슴 속에도 한이 도사리게 됩니다. 우리 민족은 한의 느낌과 마음을 쉽게 이해합니다. 한민족이라면 누구의 가슴 속에나 한의 그림자가 예외 없이 드리워져 있기에 그렇게 용이하게 한을 받아들이나 봅니다. 한의 세계로부터 벗어나기를 원하나, 동시에 한의 바다 속을 헤매기를 즐겨하는지도 모르겠습니다.

II

하나님은 세상에 있는 모든 인간이 하나도 빠짐없이 구원받기를 간절히 원하고 계십니다. 나 자신, 내 가정, 내 교회, 내 나라뿐만 아니라 심지어는 바다 건너 깊은 문화의 장벽 저쪽에서 살고 있는 모든 인간도 다 구원받기를 간절히 원하십니다. 왜냐하면 이 세상의 모든 인간은 근본적으로 그분의 자녀들이기 때문입니다. 그분이 그렇게도 사랑하는 – 예수를 희생시켜 가면서도 그 희생을 아까워하시지 않을 정도로 사랑하는 – 자녀들이기 때문입니다.

누구 한번 하나님의 마음속에 들어가 본 사람이 있습니까? 겟세마네의 마지막 날 밤에 예수님이 몸부림칠 때 하나님의 마음은 어땠겠습니까? 태양 아래서 마른 입술을 깨물어 가며 "아버지여, 진정 저를 버리시나이까?"라고 울부짖을 때 그분의 마음은 어땠겠습니까? 하나님은 그때의 그 느낌을 우리에게 한 번도 표현하신 적이 없습니다. 오직 자기 것으로만 비밀로 삼으셨습니다. 다만 한 마디 "나는 인간 너희들이 모두 다 구원받기를 이렇게 간절히 원하고 있다."고 말씀하셨습니다. 그분은 진정 우리의 아버지셨습니다. 자신의 피를 다 태워버리는 아픔 속에서도 끝내 인간을 향한 사랑만을 표현하신 아버지셨습니다.

어렵고 복잡하게 생각할 필요가 없습니다. 하나님이 누구이신지, 그분의 위대함과 복잡함을 일일이 열거할 필요도 없습니다. 어차피 우리는 인간이기에 그분의 존재와 생각과 양태를 알아 내기에 역부족입니다. 그러기에 위대한 신학자보다는 자신의 작은 신앙을 굳게 붙들고 단순하게 사는 자가 더욱 인간답고 신앙적입니다.

지금 세상에는 66억 이상의 인간들이 살고 있습니다. 모두 다 하나님의 자녀들입니다. 하나님은 이 모든 자녀를 다 구원해서 천국으로 이끌기를 간절히 원하고 계십니다. 그 간절함의 깊이는 인간의 언어로는 표현할 수 없습니다. 성서 속에도 그 마음의 농도와 생각을 직접적으로 표현하고 있는 구절이 없을 정도입니다.

현재 얼마나 많은 자녀들이 구원의 대열에 속해 있을까요? 구원받았다고 확신에 차 이야기할 수 있는 그리스도인이 얼마나 될까요? 이러한 우리의 현실을 보고 계신 하나님의 마음은 어떠하겠습니까? 겨우 생각해 낼 수 있는 말이 '한'이라는 단어뿐입니다. 하나님의 한! 그분의 가슴 속에 한이 넘쳐흐르고 있다고!

우리는 종종 웁니다. 그리워서 울고, 슬퍼서도 웁니다. 때로는 기뻐서 울고, 감격 때문에도 웁니다. 자식 때문에 울고, 사랑 때문에 울고, 세상사 때문에 울 때도 있습니다. 그러나 우리가 언제 한 번 이 하나님의 한스러운 마음을 생각하며 울어 본 적이 있습니까?

하나님은 사랑이십니다. 사랑이란 주는 것이고, 자신의 생명까지도 아낌없이 제공하는 것입니다. 그러나 하나님의 사랑은 여기서 끝나지 않습니다. 자신의 생명까지 다 주고 난 후에도 아직 더 줄 것이 있는 것 같아 안타까워하는 마음입니다.

우리가 이러한 하나님의 마음을 교묘히 이용하고 있는 것은 아닙니까? 예수를 믿는다는 이름을 팔면서, 하나님의 – 사랑으로 인한 – 우둔함이 언제까지 계속 될 거라고 착각하는 것은 아닙니까?

III

우리는 구원받은 자들입니다. 그래서 영생을 소유했고 천국과 부활의 기적을 소유하고 사는 자들입니다. 세상을 이기며 사는 자들입니다. 하나님을 아바 아버지로 부르며 사는 자들입니다.

하나님께서 우리를 먼저 구원해 주신 이유는 무엇입니까? 이유는 단 한 가지, 구원받지 못한 내 형제자매를 구원하라고 나를 먼저 구원해 주신 것입니다. 구원받은 감격 속에서 나 혼자 기뻐하며 나 혼자 하나님을 찬양하며 살라고 구원해 주신 것이 아닙니다. 내 가정, 내 교회만이 하나님을 경배하며 살라고 구원해 주신 것이 아닙니다. 우리가 이 하나님의 침묵 속에 감추어진 요구를 모른다면, 그것은 다시 한 번 하나님의 한을 부채질하고 마는 꼴이 됩니다.

하나님께서 당신을 구원해 주신 뒤 당신에게 하시는 제일의 요구는 "내가 누구를 보낼꼬!"입니다. 당신이 그 말을 알아들었든지 못 알아들었든지….

IV

한은 풀어야 합니다. 하나님의 한도 풀어져야 합니다. 그 일은 복잡하면서도 간단합니다. 암(죄)으로 죽어가는 형제들에게 하나님께서 이미 우리에게 주신 약을 전달해서 그들이 먹게만 하면 됩니다. 그 약의 이름은 '예수의 피'입니다. 예수의 피는 이미 우리의 손에 쥐어져 있습니다.

V

일어섭시다. 그리고 우리 모두 함께 갑시다. 성숙된 신학의 정립이 없어도 좋습니다. 그때까지 기다릴 시간이 없습니다.

우리 교회가 작아도 좋습니다. 성장할 때까지 기다릴 시간이 없습니다.

아직 교회 건물이 신축되지 않았어도 좋습니다. 그때까지 기다릴 시간이 없습니다.

가난해도 좋습니다. 돈을 벌 때까지 기다릴 시간이 없습니다.

아직 초신자여도 좋습니다. 신앙의 성장을 기다릴 시간이 없습니다.

그럴듯한 이름이 없어도 좋습니다. 유명해질 때까지 기다리기엔 시간이 없습니다.

전도는 하나님의 한을 풀어드리기 위한 종말론적인 의식의 결과입니다.

"하나님,
죄송합니다"

02

다음 글은 본 책의 저자인 이요한 목사가
「가이드포스트(Guide Post)」 잡지에 기고했던 글입니다.

철학박사 학위를 받기 위한 마지막 과정인 논문에 매달려 안간힘을 쓸 때였습니다. 그날 아침도 일찍 깨어 책상 앞에 앉았습니다. 여느 때와 마찬가지로 하루의 일과를 시작하기 전, 습관에 젖어 성경을 읽으려 하였습니다. 그런데 그날따라 왜 그런지 성경 읽기가 싫었습니다. 이유는 졸업 논문 때문이었습니다. 성경을 읽는 시간을 줄여서라도 논문 쓰기에 매달리고 싶은 충동 때문이었습니다. 그 당시 나는 심적으로 대단한 압박을 느끼고 있었습니다. 왜냐하면 졸업 논문의 실패는 지긋지긋한 학생 신분의 가난한 생활을 한 학기 연장시키는 것을 의미했기 때문입니다.

그러나 곧 그러한 충동에서 벗어나 본래의 마음으로 돌아왔습니다. 무엇보다 나에게 중요한 것은 삶의 영적인 훈련임을 잘 알고 있었습니다. 내가 아무리 지적으로 성숙하여 훌륭한 학자가 된다 하더라도 영적인 세계와의 끊어짐은 나에게 실패와 좌절을 안겨다 줄 뿐일 것이라는 신앙적 확신이 있었기 때문이었습니다.

그날에 읽을 성서의 차례는 디모데전서 1장부터였습니다. 얼마만큼 읽다가 나는 어떤 한 구절에서 한참이나 멈추고 있는 자신을 발견하였습니다.

"하나님은 모든 사람이 구원을 받으며…"

바로 디모데전서 2장 4절이었습니다. 나도 모르는 사이에 – 누가 시킨 것도, 요구한 것도 아닌데 – 난 그 구절에서 더 이상 앞으로 나아가지 못하고 몇 번이고 그 구절에 매달려 계속적으로 반복하여 읽고 있었습니다.

'왜 이럴까? 과거에도 몇 번씩이나 읽었던 성경 구절인데…'

"하나님은 모든 사람이 구원을 받으며 진리를 아는 데 이르기를 원하시느니라." 그 무엇인가에 붙들려 그 구절을 몇 번이고 읽고 있던 중에 갑자기 큰 불덩어리 같은 것이 밑으로부터 솟구쳐 올라와 마치 화산이 터지려는 듯한 엄청난 포화 상태가 가슴을 압박해 왔습니다. 그리고는 눈물이 흘러내리더니 성경 위로 뚝뚝 떨어져 성서의 종이면을 온통 적셔 버리고 말았습니다.

'왜 이때까지 몰랐을까? 나의 주, 나의 하나님은 말씀 그대로 세상에 있는 모든 사람이 한 사람도 빼놓지 않고 다 구원받기를 원하고 계신다는 이 분명한 사실을…' 입에서부터 회개 기도가 나오기 시작했습니다.

"하나님, 죄송합니다. 세상에 목사 아들로 태어나서 또 이렇게 나 자신이 목사가 되었건만 이제까지 세상에 있는 사람 가운데 단 한 사람도 빼놓지 않고 다 구원받기를 원하시는 하나님의 이 절실한 소원을 모르고 살았습니다. 그동안 하나님께서는 저를 보시며 얼마나 안타까워하셨겠습니까? 죄송합니다. 죄송합니다. 아버지 정말 죄송합니다."

얼마나 시간이 지났을까요? 정신을 차려보니 얼굴은 온통 눈물과 콧물로 뒤범벅이 되어 있었습니다. 그리고 무엇인지는 모르나 하나도 빼놓지 않고 온 세상이 나의 목회 대상이 된 듯한 느낌이었습니다. 이제까지는 내 주위에서 멀리 떨어져 있는 것들은 관심 밖이었습니다. 하지만 그 순간에는 온 세계가 하나님의 구원이라는 측면에서 나와 깊이 연결되어 있음을 절감하고 있었습니다. 또한 가슴 속에서는 이상하고 형용키 어려운 거대한 불길이 일기 시작했는데, 그 불길은 안타까움과 답답함으로 가득 찬 그런 불길이었습니다.

이 신비한 체험이 있은 후 틈틈이 나는 이 경험을 정리하기 시작하였습니다. 그 당시 나는 미국 캘리포니아에 있는 훌러신학교 내 선교대학원에서 교회 성장학으로 철학박사 학위를 준비하고 있었습니다. 이 경험을 구체화시키기 위하여 논문 쓰는 시간을 조금씩 할애하여 도서관에서 책을 읽기 시작하였습니다. 우선 알고 싶었던 것은, '하나님께서 온 세상에 있는 모든 사람이 다 구원받기를 원하시는데 도대체 지금 이 순간에 얼마나 많은 사람이 구원받았을까?' 하는 질문에 대한 답이었습니다.

연구 결과, 나는 큰 충격을 받았습니다. 미국의 선교학자 랄프 윈터(Ralph D. Winter)의 조사에 의하면, 전 세계 사람 가운데 예수 이름으로 확실한 구원을 경험한 자는 겨우 5퍼센트밖에 안 된다는 것이었습니다.

하나님께서는 세상에 있는 모든 사람이 다 구원받기를 원하시는데 겨우 5퍼센트밖에 구원을 받지 못했다니… 하나님께서는 세상을 보시며 어떻게 느끼고 계실까? 그분의 가슴은 말로 표현할 수 없는 답답함과 안타까움으로 가득 차 계실 것이라는 확신이 들었습니다.

이 충격이 있은 후 얼마 동안 밥도 제대로 먹을 수 없었습니다. 밤에 잘 때도 다리를 쭉 뻗고 잘 수가 없었습니다. 한밤중인데도 벌떡 깨어서는 옆에 자고 있는 아내를 흔들어 깨우기 일쑤였습니다. 그러고는 이렇게 중얼대곤 하였습니다.

"여보, 어떻게 하면 좋지? 하나님께서는 온 세상 사람들이 한 사람도 빼놓지 않고 전부 다 구원받기를 원하시는데 아직 5퍼센트밖에 구원을 못 받았으니…. 우리 하나님의 가슴에 가득한 한(恨)을 풀어드리기 위하여 난 구체적으로 무엇을 할 수 있을까?"

졸업 논문을 끝낸 나는 다음과 같은 몇 가지 결단을 내리게 되었습니다.

첫째, 하나님의 한(恨)을 조금이라도 풀어드리는 일을 내 삶의 최고 목적이자 우선적 과제로 삼는다.

둘째, 모든 생각을 단순화시킨다. 이 목적을 위하여 다른 생각들은 될 수 있는대로 잊어버리도록 한다.

셋째, 구체적으로 산다. 이 과제를 위하여 사고의 영역에서 행동의 차원을 이끌어 간다.

넷째, 한국으로 돌아간다.(미국 영주권을 버린다.) 한국 교회의 성장 자원을 이 일을 위하여 투자하도록 유도한다.

한국행을 결심하였다는 소식을 듣고 나를 아끼셨던 주위분들이 이구동성으로 만류하였습니다. 한국은 정치적으로 혼란하기 때문에 항상 위험이 도사리고 있다, 혹은 한국 교회는 아직 세계 선교에 대한 각성이 없기 때문에 가서 일을 하려면 여러 가지 어려움과 좌절이 기다리고 있을 것이라는 이야기들이었습니다. 특히 미국 생활이 10년 이상 지났기에 두 아이들이 문화적으로 제대로 적응치 못할 것이라는 충고는 마음에 갈등을 일으켰습니다. 그러나 하나님의 한(恨)을 생각하면 이 모든 일이 한국행을 선택하는 데 그 어떤 거침돌도 될 수 없었습니다. 결국 공항에까지 나와 만류하는 형제들의 손을 뿌리치고 한국행 비행기를 탔습니다. 비행기 안에서 외마디 기도를 올렸습니다.

"하나님, 당신께 모든 것을 맡깁니다."

오랜만에 한국에 돌아와 보니, 소문에 듣던 대로 한국 교회는 엄청난 성장을 이룩하였습니다. 세계에서 제일 큰 교회가 한국에 있고, 게다가 세계에서 제일 큰 장로교회, 감리교회, 침례교회 들도 위용을 자랑하고 있었습니다. 이들 교회들을 제외하고서라도 한국의 도시 교회들은 전체적으로 엄청난 발전과 성장을 이루어 가고 있었습니다.

몇 달의 시간이 지난 뒤 나는 교회 성장 전문가로서의 안목을 가지고 한국 교회의 현장을 점검하기 시작하였습니다. '어떻게 한국 교회는 이렇게 성장하였는가? 성장의 결과를 가지고 한국 교회는 과연 무슨 일을 하고 있는가?'

교회의 성장 요인을 조사하면서 나는 한국 교회의 여러 장점을 발견하게 되었습니다. 그 중에서 가장 두드러지고 가슴에 감명을 일으켰던 점은, 교회 지도자들의 열심과 희생이었습니다. 한국 교회 지도자들의 지도력은 세계 교회 현장에 모범적인 표본이 되기에 충분하였습니다. 그러나 한편으론 한국 교회가 심각한 병을 앓고 있음도 발견하게 되었습니다. 구태여 병의 이름을 붙인다면 '교회 지도자들의 비전 결핍증'이었습니다. 즉 '성장의 결과를 가지고 앞으로 어떻게 공헌할 것인가?'에 대한 기독교적 비전이 거의 전무하였습니다. 교회 성장의 결과를 가지고 한다는 일이 고작 건물 신축하는 일과 자기 교회의 교세를 넓히는 일에 계속 투자되고 있었습니다.

'과연 지금의 모습이 옳은가? 언제까지 이 상태가 계속 되어야만 하는가? 지금 이 순간 죄 속에서 죽어가고 있는 영혼들이 세계 인구의 95%나 되는데, 지금 한국 교회는 세계 교회들 가운데 하나님으로부터 가장 큰 복을 받았음을 알고 있는가? 이 하나님의 복의 궁극적인 목적이 무엇이란 말인가?'

하나님의 한을 하루 빨리 풀어드려야 한다는 강박감에 아무런 대책도 없이 '한국 세계선교연구소'를 개설하였습니다. 얼마 후에 주위에 계신 목사님들 가운데 두 분이 경제적인 도움을 주시겠다고 약속하였습니다. 그러나 그 도움만으로는 연구소를 이끌어 가는데 역부족이었습니다. 기회가 있을 때마다 교회들을 대상으로 한국 교회의 세계 선교 참여에 대한 필요성을 역설하였습니다. 그러나 반응은 별로 신통치 못하였습니다.

연구소를 개설한 지 6개월 정도가 지났을 때 선교 현지 조사 여행을 다녀왔습니다. 선교 전문가로서 이론적인 면에서는 무장되어 있으나 현장의 요구에 대해서는 별다른 정보가 없었기 때문이었습니다. 싱가포르에서 열린 아시아복음주의지도자대회에 참석하여 하루 저녁 한국 교회 성장에 대한 강의를 한 후 인도행 비행기에 몸을 실었습니다.

선교 현장을 여행하는 동안 아시아 지역은 힌두교, 불교, 이슬람교가 주된 종교적 지위를 차지하고 있었기에 기독교인은 고작 나라에 따라서 0.25퍼센트, 1퍼센트, 3퍼센트 등임을 알게 되었습니다. 더군다나 미소한 힘을 지닌 기독교가 이방 땅에서 자생하기 위하여 거대한 이방 종교들과 타협하여 종교적 혼합주의 현상이 만연하고 있음도 깨닫게 되었습니다. 무엇보다 그곳에서 경험한 경제적 가난은 상상을 초월하고도 남았습니다. 질병, 가난, 이방 종교들로 혼합된 아시아 대륙을 새롭게 바라보는 기회가 되었습니다.

한국으로 돌아오기 위하여 저녁 비행기를 탔습니다. 밤 12시가 지나자 승객들이 하나둘 담요를 뒤집어쓰고 잠들기 시작하였습니다. 이곳저곳에서 코고는 소리가 들렸습니다. 하지만 난 잠을 잘 수가 없었습니다. '어떻게 하면 한국 교회가 이 아시아 대륙에 복음을 효과적으로 전할 수 있을까?' 하는 과제 때문이었습니다. 가는 곳마다 한국산 자동차를 선전하는 큰 광고판들이 이곳저곳에 붙어 있는데, 우리 한국 교회는 예수를 어떻게 이곳에 수출할 수 있을까?

고요히 눈을 감고 기도하는 동안에 갑자기 마음속에 '예수 2000'이라는 단어가 떠올랐습니다. '예수 2000의 뜻은 도대체 무엇인가?' 계속해서 기도하였습니다. 왜냐하면 이 단어가 분명히 성령께서 내 마음에 감동으로 주신 말이라는 확신 때문이었습니다. 비행기가 종착지에 다다를 무렵, 나는 명상 속에서 '예수 2000'이라는 단어의 함축된 뜻을 산출해 내고 있었습니다.

한국에 들어오자마자 이 운동을 위한 구체적인 전략을 세웠습니다. 그리고 몇 단계의 검토 과정을 거쳐 전략을 분석한 후에 한국 교회 현장에 이 운동을 소개하고 각 교회로부터 혹은 개인으로부터 협력을 요청하였습니다.

이 운동을 전개해 가는 얼마 안 되는 기간 동안 많은 어려움이 있었습니다. 연구소 운영 경비가 없어서 제대로 집세를 내지 못할 때가 많았습니다. 따로 받는 월급이 없었기에 가정을 이끌어 가는 데도 힘겨움을 느낄 때가 많았습니다. 그러나 이 모든 어려움 가운데서도 나를 가장 슬프게 한 것은, 마땅히 선교에 참여해야 하며 또한 할 수 있는 교회와 개인들이 이기심에 묶여 무관심을 나타낼 때였습니다.

하지만 이런 감격과 기쁨도 있었습니다. 전 교인 7명인 어느 시골 교회 개척 전도사로부터 '예수 2000 운동'은 자신을 향한 예수님의 절대적인 명령임을 확신하게 되었기에 매달 선교비 2만 원을 보내겠다는 긴 사연의 편지를 받게 되었습니다. 그 편지를 받은 나는 책상에 엎드려 찔끔찔끔 눈물을 흘렸습니다. 그날 밤 집으로 돌아가 잠을 자려고 방의 불을 껐는데도, 온 방 안이 전부 환한 빛으로 꽉 차 있음을 느낀 것은 어인 일일까요?

어느 80세 되신 은퇴 목사님은 떨리는 손길로 자식들이 준 용돈을 모아 주시며 선교에 보태라고 격려해 주셨습니다. 적은 돈이었지만 그들의 선교비가 분명 성서에 있는 과부의 엽전이 되어 수많은 영혼을 구원하게 되리라 확신할 수 있었습니다.

영혼 구원에 대한 열정은 마치 불길과 같아서 한 영혼의 가슴 속에 붙기만 하면 결국에는 수많은 영혼들의 가슴 속에 점화되고야 맙니다. 왜냐하면 그 불길은 하나님의 불길이기에….

한국 교회의 미래의 운명은 교회 지도자들에게 걸려 있습니다. 그들이 깨어 비전을 가지고 선교에 참여하면 교인들도 이에 합세하여 과거보다 더한 하나님의 복 속에서 성장을 경험할 것입니다. 그러나 반대로 지도자들이 자신들의 교회와 일신의 안정에만 매여 있으면 결국 한국 교회는 성장은커녕 어쩌면 세계 교회의 역사 속에서 자취를 감출지도 모릅니다. 왜냐하면 그것은 역사 속에서 교회를 다루시는 하나님의 법칙이기 때문입니다.

지금 이 순간도 하나님은 안타까운 마음을 가지고 '세상에 있는 모든 인간이 구원을 받으며 진리를 아는데 이르기를' 원하시고 계십니다.

주님을 향한
첫사랑

03

|

전도란, 구속받은 자의 뜨거운 열정에서 시작됩니다. 철이 제대로 들어가지고는 전도에 뛰어들 수 없는 것 같습니다. 존 웨슬리가 선교적 자원도 없으면서 '세계는 나의 교구다'라고 일기장에 자신의 신앙적 비전을 고백하였을 때, 그 행위는 분명히 철모르는 구속자의 열정일 뿐이었습니다. 바울이 이방 종교로 뒤덮여 있는 로마와 소아시아 지방을 향하여 '예수'라는 이름 하나만 가지고 도전하였던 것도, 역시 달 걀을 가지고 바위를 깨보겠다는 철모르는 구속자의 열정이었습니다. 철이 알차게 들었던 가룟 유다는 예수를 배반하였습니다. 그러나 철없이 예수가 따르라면 한순 간에 모든 것을 버릴 수 있었던 베드로는 예수를 위하여 거꾸로 못박혀 죽었습니다. 오늘날 아프리카 이곳저곳에 남아 있는 아프리카내륙선교회(Africa Inland Mission) 선 교사들의 무덤은 결국 철없는 구속자들의 신앙적 유산일 뿐입니다. 예수의 발 앞에 엎드려 그렇게도 비싼 향유를 아낌없이 부어버린 그 이름 없는 여인의 무모함도 마 찬가지입니다.

이처럼 신앙은 무모한 열정인지도 모릅니다. 계산을 잘 하는 사람, 그래서 앞뒤 를 잘 재면서 결코 실패하지 않으려는 사람들과는 거리가 먼 것이 기독교 신앙일지도 모른다는 것입니다. 신앙적으로 나이를 오래 먹으면, 그래서 소위 교회 안의 현자(The wise man in the church)들에게는 전도가 귀찮은 과제일 뿐입니다. 반면 철없으나 그 가슴에 그리스도에 대한 변치 않는 뜨거운 사랑을 지닌 자, 바로 그 사람이 전도인인 것입니다.

II

요한계시록 2장에 출현하는 에베소교회는 주님으로부터 칭찬과 책망을 한꺼번에 들었습니다. 그들은 신앙적 지조를 지키는 일에 대하여 '인내' 하였다고 칭찬을 들었습니다. 그러나 주님을 향한 첫사랑(your first love) – 무모한 신앙적 열정 – 을 저버렸다고 책망을 들었습니다. 주님은 에베소교회를 향하여 처음 행위(You did at first)를 다시 가지지 않으면 생명의 촛대를 에베소교회로부터 옮기시겠다고 경고하셨습니다. 에베소교회는 거짓된 진리로부터 기독교 신앙을 보호하는 일에는 성공하였습니다. 에베소교회에는 훌륭한 신학자와 교회 행정가는 있었으나, 주님을 향한 무모한 첫사랑의 소유자가 없었습니다.

첫사랑의 경험은, 우리에게 인간의 열정이 얼마나 대단한 것인지를 가르쳐 줍니다. 첫사랑은 순수함의 결정체입니다. 첫사랑을 할 때는 하나님을 닮은 순수함이 인맥의 저 깊은 곳에서부터 터져 나와 온 정신과 몸을 순수 덩어리로 만듭니다. 오직 그 사랑만을 위하여, 오직 그 사람만 생각하면서 밥을 먹고 일을 하고 잠을 잡니다. 그 순수함 안에는 언제라도 밖을 향해서 터질 듯한 열정이 담겨 있습니다. 이 열정은 사랑하고 있는 사람에게 그 첫사랑을 위해서는 이 세상의 그 무엇도, 마지막에는 생명조차 아깝지 않게 느껴지도록 만듭니다.

우리와 주님과의 관계는 첫사랑처럼 항상 싱싱하고 젊어야 합니다. 그 사랑의 관계가 늙으면 주님과의 관계는 녹슬어 버리기 마련입니다.

왜
전도해야
하는가?

04

다음은 최자실 목사가 '우리는 왜 전도해야 하는가?'에 대해서
그 이유를 집필해 놓은 내용입니다.

전도는 신자의 최대 책임입니다.

전도는 그리스도인의 특권이요, 책임입니다. 성도의 생활은 '살면 전도요, 죽으면 천당'인 삶이어야 합니다. 그리스도인은 그의 생활이 그리스도 중심의 삶이 되어야 합니다. '그리스도인'이라는 말은, 초대교회 때 주님을 믿고 따르는 사람들이 오직 그리스도를 증거하고 그리스도만을 위해서 사는 것을 보고 안디옥 사람들이 '그들은 그리스도밖에 모르는 사람들'이라는 의미에서 붙여 준(행 11:26) 명칭입니다. 따라서 그리스도인답게 산다는 말은, 삶 자체가 그리스도 중심이며 모든 삶의 영역에서 그리스도를 증거하고 나타내는 생활을 의미합니다.

이러한 '그리스도 중심의 삶'에 대해 사도 바울은 이렇게 고백했습니다.

"내가 그리스도와 함께 십자가에 못 박혔나니 그런즉 이제는 내가 사는 것이 아니요, 오직 내 안에 그리스도께서 사시는 것이라. 이제 내가 육체 가운데 사는 것은 나를 사랑하사 나를 위하여 자신을 버리신 하나님의 아들을 믿는 믿음 안에서 사는 것이라."(갈 2:20)

"헬라인이나 야만인이나 지혜 있는 자나 어리석은 자에게 다 내가 빚진 자라."(롬 1:14)

바울은 하늘의 놀라운 은혜를 빚진 심정으로 모든 사람, 특히 이방인들에게 복음을 전하겠다는 책임감과 채무감을 가지고 일생 동안 복음을 전했고, 결국에는 그리스도와 그의 복음 때문에 네로 황제에 의해 순교를 당했습니다.

복음 전도는 사도 바울만의 사명이 아닙니다. 모든 그리스도인의 사명이요, 책임입니다. 그리스도인들은 예수님이 자신을 위해서 흘리신 핏값을 책임져야 합니다. 하나님 앞에서 거리낌 없는 양심을 가지기 위해서라도 복음을 전해야 합니다. 우리가 전하지 않아 구원을 못 받은 영혼이 장차 우리를 향하여 원망하지 않게 해야 합니다.

예수님을 믿고 교회 다닌 지 여러 해가 되었으면서도 전도의 열매를 하나도 맺지 못했다면 나를 위해서 피 흘리신 예수 그리스도를 믿는 자로서 부끄러운 일이 아닐 수 없습니다. '이 다음에 좀 더 성장해서 기회 있을 때 전해야지' 하고 미루는 사람은 어쩌면 영원토록 전할 기회가 없을지도 모릅니다. 왜냐하면 우리는 내일을 자랑할 수 없는 존재이기 때문입니다. 특히 가족 중에서 믿지 않는 자가 있다면 하루속히 전도하여 하나님 안에서 천국 가족이 되도록 책임을 다해야 합니다. 전도는 내 능력으로 하는 것이 아니고 성령의 능력으로 합니다. 그러므로 우리는 먼저 성령의 능력을 구해야 합니다.

전도는 영적 성장의 비결입니다.

"내 아들아, 그러므로 너는 그리스도 예수 안에 있는 은혜 가운데서 강하고 또 네가 많은 증인 앞에서 내게 들은 바를 충성된 사람들에게 부탁하라. 저희가 또 다른 사람들을 가르칠 수 있으리라."(딤후 2:1~2)

우리가 전도를 열심히 할 때에 우리의 믿음은 하루가 다르게 성장합니다.

그리스도인의 영적인 성장은 다음과 같은 네 가지 생활을 통하여 일어납니다. 첫째는 하나님의 말씀에 충실하는 것이요, 둘째는 하나님과의 영적 대화인 기도를 게을리하지 않는 것입니다. 셋째는 믿음의 형제들과 사랑의 공동체를 이루며 교제하는 것이요, 넷째는 불신자들에게 전도하는 생활입니다. 교제와 전도는 인간 사회의 수평적 관계에서 절대 필요한 성도의 생활입니다.

이상의 기본 요소는 신자의 생활을 더 깊고 풍성하게 해 주는 네 개의 기둥입니다. 말씀, 기도, 교제, 전도의 기둥 위에 예수 그리스도를 모신 신앙의 집을 지을 때,

그리고 네 가지 요소들이 골고루 발전할 때 그리스도인의 영적인 집은 점점 높아지고 튼튼하게 성장하여 결국 풍성한 은혜의 세계에 들어가게 될 것입니다.

이 가운데 영적 성장에 있어 큰 원동력이 되는 것이 전도인데, 그 이유는 말씀이 영의 양식이고 기도가 영적 호흡이라면 전도는 운동에 해당되기 때문입니다. 일상 생활에서 아무리 잘 먹고 잘 숨쉰다 해도 활동이나 운동을 하지 않고 누워 있기만 한다면 곧 비만에 걸리고 근육이 허약해져 쉽게 병들고 말 것입니다. 마찬가지로 전도는 영혼에 힘과 활력을 불어 넣는 운동과 같습니다. 불도 땔감이 있어야 꺼지지 않고 타오르듯이, 우리도 하나님께 받은바 그 은혜와 사랑을 전파하여야 더욱 더 뜨거운 신앙 생활을 유지할 수 있습니다. 영적으로 받은 것을 나누고 소비하며 전도할 때 죽은 영혼이 살아나며 그와 동시에 우리의 미지근하고 불확실한 신앙도 더욱 뜨겁고 완숙한 신앙으로 발전하게 될 것입니다.

전도는 하나님이 주시는 복과 상급을 받는 일입니다.

"너희가 나를 택한 것이 아니요 내가 너희를 택하여 세웠나니, 이는 너희로 가서 열매를 맺게 하고 또 너희 열매가 항상 있게 하여 내 이름으로 아버지께 무엇을 구하든지 다 받게 하려 함이라."(요 15:16)

우리는 복음 전파가 주님의 지상 명령이요 신자의 의무이기 때문에 전도를 하지만, 아울러 주님이 주시는 복과 상급을 받기 위해서도 전도합니다.

혹자는 신자의 책임을 다하는 것으로 끝나야지 전도를 하면서 복받을 것을 기대하는 것은 옳은 일이 아니라고 말합니다. 그러나 전도도 믿음의 씨앗을 심는 행위입니다. 전도하기 위해서는 시간과 정성과 물질이 필요합니다. 또한 전도하는 중에 멸시와 조롱과 심지어 핍박까지 받게 됩니다. 이 모든 투자는 하나님의 영광뿐만 아니라 우리 자신의 복된 삶을 살기 위한 믿음의 씨앗입니다. 전도자가 주님의 복음을 위하여 시간을 바쳤으면 풍성한 시간과 장수의 복을 받게 될 것입니다. 사랑과 인내로 심었으면 하나님의 풍성한 사랑과 마음의 평강을, 물질을 심었으면 재물의 복을, 저주와 멸시와 핍박을 참고 심은 자는 영원한 위로와 화평과 기쁨을 얻게 될 것입니다.

남을 위해 축복할 때 우리도 복을 받게 됩니다. 죽은 영혼을 살리는 최대의 복이 곧 전도입니다. 그러므로 전도할 때 우리는 그 무엇과도 비교할 수 없는 영적, 물질적, 신체적 복을 얻게 됩니다. 물론 전도에는 어려움이 따릅니다. 귀찮고 짜증나며 손해 보는 일들도 많습니다. 그러나 고난을 통하지 않고서는 상급을 받을 수 없습니다. 예수님은 복음을 위해 고난받는 전도자에게 하나님의 기적적인 복이 넘칠 것을 약속하셨습니다.

"내가 진실로 너희에게 이르노니 나와 복음을 위하여 집이나 형제나 자매나 어머니나 아버지나 자식이나 전토를 버린 자는 현세에 있어 집과 형제와 자매와 어머니와 자식과 전토를 백 배나 받되 박해를 겸하여 받고 내세에 영생을 받지 못할 자가 없느니라."(막 10:29~30)

이와 같이 참된 전도자는 복음으로 말미암아 현세뿐만 아니라 저 천국에서도 큰 상급을 받습니다. 특별히 우리 믿는 자의 소망은 하늘나라에 있습니다. 잠시 있다 안개와 같이 사라지는 나그네와 같은 세상에서 최선을 다해 그리스도의 복음을 전할 때 하늘나라에서 우리가 받을 면류관과 상급은 더욱 더 아름다운 것으로 예비될 것입니다.

전하지 않으면 화가 있습니다.

"내가 복음을 전할지라도 자랑할 것이 없음은 내가 부득불 할 일임이라. 만일 복음을 전하지 아니하면 내게 화가 있을 것이로라."(고전 9:16)

우리가 복음을 전해야 하는 마지막 이유는, 전도하지 않으면 화가 있기 때문입니다. 하나님께서 그의 독생자 예수님을 통하여 우리를 그의 자녀로 부르신 데에는 특별한 이유가 있습니다. 그것은 우리로 하여금 많은 사람들을 예수님에게 인도하여 하나님께 큰 영광을 돌리고자 하심입니다.

우리가 전해야 할 복음은 세상 어느 좋은 소식과 비교할 수 없는 큰 기쁨의 소식입니다. 주님께서 태어나실 때 천사가 말한 대로 "온 백성에게 미칠 큰 기쁨의 좋은 소식"(눅 2:10)입니다. 이러한 복음을 주님이 다시 오실 때까지 전하지 않고 버려둔다면 우리에게 화가 미칠 것입니다. 야고보서 4장 17절에 "그러므로 사람이 선을 행할 줄 알고도 행하지 아니하면 죄니라."고 하셨습니다.

전도는 신자의 최대의 사랑 표현이며, 믿는 자가 행할 최고, 최대의 선(善)입니다. 그러므로 기회가 있음에도 불구하고 전도하지 않는 것은 하나님의 선하신 법을 어기는 죄가 됩니다. 예수님도 누가복음 9장 26절에 "누구든지 나와 내 말을 부끄러워하면 인자도 자기와 아버지와 거룩한 천사들의 영광으로 올 때에 그 사람을 부끄러워하리라."고 경고하셨습니다. 이 세상에서 주님과 주님의 복음을 떳떳하게 전하지 아니하면 하늘나라에 올라간 후에도 하나님과 천군천사 앞에서 부끄러움을 당하게 될 것이라는 말씀입니다. 에스겔서에도 "전하지 않으면 그 영혼을 빼앗겠다."는 무서운 경고의 말씀이 있습니다.

전하지 않으면 내게 화가 있으리라는 말씀에는 또 다른 영적 진리가 담겨 있습니다. 그것은 전하지 않으면 그만큼 사탄의 세력이 강화되고 하늘나라의 역사가 지연되기 때문에 전체적으로 하나님의 의와 나라가 이 땅에 이루어지는 데에 큰 손해가 된다는 의미입니다. 뿐만 아니라 구원받을 수 있는 영혼들을 전하지 않음으로 영원히 잃어버렸다면 나중에 하늘나라에 올라가서 그 영혼의 핏값을 물으시는 주님 앞에 드릴 말이 없게 되는 것입니다. 우리 모두 바울과 같이 전하지 않으면 내게 화가 있으리라는 강한 소명감과 책임감을 갖고 그리스도의 핏값을 찾는 전도의 사역자가 되어야겠습니다.

전도할 수밖에
없는 이유

05

「그물을 당겨라 : 영혼 구령자들을 위한 지침서」를 집필한 버디 머프리 목사는
우리가 구원받고서 전도하지 않을 수 없는 이유에 대해 다음과 같이 역설하고 있습니다.

사랑이 우리를 강권합니다.

"그리스도의 사랑이 우리를 강권하시는도다."(고후 5:14)

구원받은 사람은, 모든 사람에게 잃어버린 영혼을 찾도록 강권하고 계시는 그리
스도를 모시고 있습니다. 수많은 사람들이 잃어버린바 되어 지옥으로 가는 길에 서
있는 것이 당신과 무슨 상관이 있느냐고 물을 수 있을 것입니다. 그러나 나는 누구
든지 진정으로 구원받은 사람이라면 다른 사람들도 구원받게 되기를 열망할 것으로
믿습니다. 우리 속에 거하시는 그리스도께서 우리를 강권하고 계시기 때문입니다.

이런 성령의 역사가 사도 바울의 심령 속에서 너무나 강력하게 역사하므로, 그는
로마서 9장 3절에서 "나의 형제, 곧 골육의 친척을 위하여 내 자신이 저주를 받아 그
리스도에게서 끊어질지라도 원하는 바로라."고 하였습니다. 또한 사도행전 20장 31
절에서 "그러므로 여러분이 일깨어 내가 삼 년이나 밤낮 쉬지 않고 눈물로 각 사람
을 훈계하던 것을 기억하라."고도 하였습니다.

신약 성경에서 한 사람이 그리스도를 발견할 때마다 그들의 생명 속에서 다른 사
람들도 구원받기를 원하는 마음이 솟구쳤음을 기억하기 바랍니다. 실례를 들면 빌
립, 안드레, 사마리아 여인 같은 이들입니다. 그러므로 영혼을 구원하지 않는 것은

잃어버린 자를 찾으라고 강권하시는 성령의 역사를 방해하는 죄가 됩니다.

책임감이 누르고 있습니다.

"헬라인이나 야만인이나 지혜 있는 자나 어리석은 자에게 다 내가 빚진 자라."(롬 1:14)

"가령 내가 악인에게 이르기를 악인아 너는 반드시 죽으리라 하였다 하자 네가 그 악인에게 말로 경고하여 그의 길에서 떠나게 하지 아니하면 그 악인은 자기 죄악 으로 말미암아 죽으려니와 내가 그의 피를 네 손에서 찾으리라."(겔 33:8)

"너희가 알 것은 죄인을 미혹된 길에서 돌아서게 하는 자가 그의 영혼을 사망에 서 구원할 것이며 허다한 죄를 덮을 것임이라."(약 5:20)

우리에게는 우리 주변의 잃어버린 영혼에 대한 책임이 있습니다. 사도 바울은 스 스로 "나는 빚진 자"라고 말함으로 그리스도의 복음을 전해야 할 모든 계층의 사람 들에게 복음 전하는 빚을 지고 있다고 하였습니다. 하나님께서는 그들에게 복음의 말씀을 전하지 않으면 우리의 손에서 그 피의 대가를 찾으시겠다고 경고하셨습니 다. 우리는 하나님의 최후 심판 때에 그것에 대한 대답을 하여야 합니다.

영혼을 구원하지 않고 다른 사람들에게 복음을 증거하는 책임을 감당하지 않으 면 영혼 살해 죄를 범하게 되는 것입니다.

우리의 구원 체험이 강권하고 있습니다.

"그런즉 누구든지 그리스도 안에 있으면 새로운 피조물이라. 이전 것은 지나갔으 니 보라 새 것이 되었도다."(고후 5:17)

언덕 위의 불빛을 숨길 수 없는 것처럼, 하나님의 구원의 은혜를 체험한 영혼은 침묵을 지킬 수 없습니다. 사람이 바늘 위에 조용히 앉아 있을 수 없는 것처럼, 한 번 예수 그리스도와의 만남을 체험한 사람은 조용히 앉아 있을 수가 없습니다. 하나 님의 아들을 체험한 안드레는 베드로를 찾아서 이 사실을 고해야 했고, 빌립은 그의 형제 나다나엘을 찾아가서 말해야 했습니다. 사마리아 여인도 자기가 사는 온 동네 에 말해야 했고, 사도 바울 역시 가만히 있을 수가 없었습니다. 정말로 예수님을 만 났다면 여러분도 누구에게나 이 사실을 말해야 할 것입니다. 그러므로 영혼 구원의 사역을 하지 않는 사람은 주님을 거절하는 죄를 범하는 것이 됩니다.

하나님께서 명령하십니다.

"너희는 온 천하에 다니며 만민에게 복음을 전파하라."(막 16:15)

"집으로 돌아가 주께서 네게 어떻게 큰 일을 행하사 너를 불쌍히 여기신 것을 네 가족에게 알리라."(막 5:19)

"길과 산울타리 가로 나가서 사람을 강권하여 데려다가 내 집을 채우라."(눅 14:23)

"내 증인이 되리라."(행 1:8)

이 말씀들은 모든 그리스도인이 영혼 구원자가 되어야 한다는 하나님의 분명한 명령입니다. 따라서 영혼 구원자가 되지 못하는 것은 하나님의 명령을 불순종하는 죄를 범하는 일이 됩니다.

시간이 우리를 재촉합니다.

"또한 너희가 이 시기를 알거니와 자다가 깰 때가 벌써 되었으니 이는 이제 우리의 구원이 처음 믿을 때보다 가까웠음이라. 밤이 깊고 낮이 가까웠으니 그러므로 우리가 어둠의 일을 벗고 빛의 갑옷을 입자."(롬 13:11~12)

쉽게 말하면 우리에게 영혼들을 구원하기 위해 남겨진 시간이 그리 많지 않다는 것입니다. 시간은 정확하게 지나가고 있으며 역사의 막은 곧 내려질 것입니다. 우리 주 예수 그리스도의 재림하실 시간이 박두하였습니다. 우리는 이런 마지막 때를 맞이하여 "당신이 하는 일을 빨리 하라."고 재촉하지 않을 수가 없습니다. 그러므로 영혼 구원의 일을 하지 않는 것은 자신의 생애에서 최대의 기회를 무분별하게 허비하는 죄를 범하는 일입니다.

양심이 요구되고 있습니다.

"깨어 의를 행하고 죄를 짓지 말라. 하나님을 알지 못하는 자가 있기로 내가 너희를 부끄럽게 하기 위하여 말하노라."(고전 15:34)

우리가 사는 곳에서 그리스도의 구원의 복음을 분명하게 증거하지 못하는 것은 대단히 부끄러운 일입니다. 다른 나라의 수많은 사람들은 예수님의 이름조차 듣지 못하고 있습니다. 여러분은 이런 일 때문에 고민해 본 적이 있습니까?

이렇게 여러분 주변의 잃어버린 영혼들은 여러분이 그들에게 가서 하나님의 사랑의 메시지를 전하기만 한다면 그리스도를 알게 되고 믿게 될 것입니다. 그들의 운명은 여러분이 그리스도의 복음을 가지고 가든지 머물고 있든지 여러분의 마음에 달려 있습니다.

그들에게 그리스도에게로 나아오는 기회를 주는 것은 우리의 친절이며 도덕적인 책임의 표현입니다. 지금까지는 이 잃어버린 영혼들의 울부짖음을 모르고 지냈지만, 이제 우리의 양심은 이들을 위하여 무엇인가 해야 한다는 것을 요구하고 있습니다. 여러분의 선한 양심이 마비되지 않도록 하십시오. 영혼들을 구원하지 않는 일은 심령이 강퍅해지는 죄를 범하는 것입니다.

지옥의 존재가 우리를 필요로 합니다.

"아버지여 구하노니, 나사로를 내 아버지의 집에 보내소서. 내 형제 다섯이 있으니 그들에게 증언하게 하여 그들로 이 고통 받는 곳에 오지 않게 하소서."(눅 16:27~28)

그렇습니다. 이 문제는 깊이 생각해 볼 문제입니다. 불쌍하고 잃어버린바 되고 지옥에서 멸망받은 불행한 영혼들이, 우리에게 이 지상에 있는 사랑하는 사람들이 그곳에 오지 않게 해 달라고 울부짖고 애걸하고 있다는 사실을 생각해 보아야 합니다. 그들에게는 전혀 소망이 없을지라도 그들이 사랑하는 사람이 그들을 따라 지옥으로 오지 않을 것을 알게 된다면 그것이나마 적은 위로가 될 것입니다. 영혼을 구원하지 않는 일은 지옥에서 멸망받은 사람들을 실망시키는 죄를 범하는 것입니다.

천국에 계신 분들이 우리를 격려해 줍니다.

"이와 같이 죄인 한 사람이 회개하면 하나님의 사자들 앞에 기쁨이 되느니라."(눅 15:10)

한 죄인이 구세주에게로 구원받아 나아갈 때마다 천국에서는 기쁨의 잔치가 벌어집니다. 여러분은 하늘에 있는 성도들과 천사들과 예수님까지 우리가 잃어버린 영혼들을 구원하기를 얼마나 열망하고 있는가 상상해 본 일이 있습니까? 영혼을 구원하지 않는 일은 천국에 계신 분들을 실망시키는 죄를 범하는 것입니다.

즐거움이 기대됩니다.

"눈물을 흘리며 씨를 뿌리는 자는 기쁨으로 거두리로다. 울며 씨를 뿌리러 나가

는 자는 반드시 기쁨으로 그 곡식 단을 가지고 돌아오리로다."(시 126:5~6)

영혼을 구원하는 일은 그리스도인의 생활에 기쁨을 가져옵니다. 많은 사람들이 영혼들을 구원하지 않기 때문에 비참하고 우울하게 됩니다. 그들의 생활은 우리 주님의 지상명령(至上命令, The Great Commission)을 지키지 못했기 때문에 단조롭고 무의미합니다. 그러므로 영혼들을 구원하지 않는 일은 주님께서 주시는 즐거움을 우리 스스로 소홀히 여겨서 거절하는 죄를 범하는 것입니다.

지혜가 우리에게 호소합니다.

"지혜로운 자는 사람을 얻느니라."(잠 11:30)

"지혜 있는 자는 궁창의 빛과 같이 빛날 것이요, 많은 사람을 옳은 데로 돌아오게 한 자는 별과 같이 영원토록 빛나리라."(단 12:3)

하나님은 영혼 구원의 사역을 대단히 높이 평가하시기 때문에 영혼 구원자가 되는 것은 대단히 지혜롭고 유익한 일입니다. 구원 사역을 하는 일은 하나님의 마음에 가장 합당한 일입니다. 그리고 그 결과에 대해 하나님께서는 무한하고 영원한 상급을 지불하십니다. 사람들을 의로운 곳으로 돌이키는 일은 천국에 보물을 쌓아 두는 일이 되기 때문에 대단히 현명한 일입니다. 사소한 일에 사로잡힌 사람은 현명한 사람이 되지 못합니다. 별 것 아닌 것을 소중히 여기는 일은 바보스러운 일입니다. 그러므로 영혼을 구원하지 않는 일은 어리석음의 죄를 범하는 것이 됩니다.

누구의
책임인가?

06

「제자 삼는 기술(The Lost Art of Disciple Making)」의 저자 리로이 아임스(Leroy Eims)는
전도의 책임에 대해 우리에게 다음과 같이 교훈하고 있습니다.

"증거라고요? 내가요? 그건 목사님에게나 맡겨진 일이죠. 특별한 사람이나 그런
일을 위해 훈련되고 하나님의 부르심을 받은 것 아닙니까? 나는 말주변 없는 그저
어설픈 신자에 불과해요. 미안합니다만, 나는 복음을 전하는 데는 적임이 아니올시
다."

당신은 스스로 이런 말을 하거나 이런 말을 들어 보았습니까? 나는 그런 적이 있
습니다. 대부분의 그리스도인들이 증거란 전문적으로 훈련받은 사람이나 특별히 은
사를 받은 그리스도인들만 하는 일로 생각하고 있습니다. 당신도 흥미를 느낄 만한
나의 경험을 나누고자 합니다.

새신자 시절 나는 달라스신학교의 한 박식한 교수가 에베소서 4장 11~12절을 가
지고 말씀 전하는 것을 들었습니다. "그(그리스도)가 혹은 사도로, 혹은 선지자로, 혹
은 복음 전하는 자로, 혹은 목사와 교사로 주셨으니, 이는 성도를 온전케 하며, 봉사
의 일을 하게 하며 그리스도의 몸을 세우려 하심이라."

강사는 이 구절들의 핵심을 예리하게 지적해 주었습니다. 하나님께서는 하나님
의 백성을 훈련시킬 사람들을 구별해 세우셔서, 그들로 하여금 당신과 나처럼 평범
하고 가지각색의 그리스도인들을 훈련시켜 믿음의 가족과 세상 가운데서 하나님의

일을 이루게 하셨습니다. 목사와 교사는 우리가 우리의 영적인 임무들을 보다 잘 수행하도록 훈련하는 책임을 위임받았습니다. 본문 말씀은 그것을 "성도를 온전케" 하는 것이라고 합니다.

여기에서 "온전케 한다"는 말이, 마태복음 4장 21절의 그물을 '깁는다'(수선한다)는 말과 같은 뜻을 가진다는 사실은 흥미롭습니다. 이것은 하나의 선명한 장면을 묘사해 줍니다. 평신도들이 교회에 나가면, 목사와 다른 '사역자들'은 우리가 다음 한 주일 동안 어디로 가든 거기에서 사람을 낚는 모험을 하도록 하기 위해 우리를 기워 주는(수선해 주는) 것입니다.

다음 장면을 상상해 보십시오. 한 해병 중대가 어떤 해변에 상륙합니다. 중대원들은 야자수 쪽으로 걸어가더니 바닥에 앉아 멋진 화환을 만들기 시작합니다. 중대장을 제외한 나머지 대원들은 전투에 나가지 않습니다. 중대장 홀로 한쪽 어깨에 소총을 걸치고, 다른 쪽 팔에는 톰슨 소형 경기관총을 낍니다. 이어 수류탄으로 탄띠를 가득 장식하고, 가죽끈으로 군화를 단단히 동여맨 뒤, 번뜩이는 칼을 입에 물고서 정글을 향해 돌진해 갑니다.

일주일 뒤 중대장은 야자수가 있는 해변으로 되돌아옵니다. 전 중대원이 그에게 따뜻한 인사를 보냅니다. "당신을 다시 보게 되어 기쁩니다. 계속 분투하십시오!" 그들은 그의 등을 두드리며 그를 격려하고, 정성껏 상처를 싸매 줍니다. 그리고 탄약을 보충해 주고는 서둘러 그를 다시 전투에 내보냅니다.

어떤가요? 정말 어처구니없는 일 아닙니까? 이런 식으로 해서는 전쟁에서 싸우지도 못하고 결코 이길 수도 없습니다. 그러나 우리는 이와 비슷한 광경을 여러 교회 안에서 보고 있습니다. 목회자는 영적 전투에서 이기기 위하여, 사탄에게서 영토를 빼앗기 위해 그야말로 초인적인 노력을 경주하고 있는데 반면 나머지 교인들은 뒤에서 그들의 지도자가 잘 되기를 바라며 기도하고 있을 뿐입니다.

하나님의 책을 가지고 있고 성령의 조명을 받고 있는 우리 그리스도인들이 어찌하여 군인들보다 더 분별력이 없고 전투에 헌신하려 하지 않는 걸까요? 한 가지 가능한 대답은 대부분의 그리스도인들이 영적 전쟁에 참여하고 있음을 인식하고 있지 못하다는 것입니다. 진실로 우리는 그것을 깨닫든 깨닫지 못하든 간에, "정사와 권세와 이 어두움의 세상 주관자들과 하늘에 있는 악의 영들"(엡 6:12)에 대항하여 싸우고 있는 것입니다.

이것이 사실이기에 바울은 이렇게 말합니다. "그러므로 하나님의 전신 갑주를 취하라. 이는 악한 날에 너희가 능히 대적하고 모든 일을 행한 후에 서기 위함이라. 그런즉 서서 진리로 너희 허리 띠를 띠고 의의 호심경을 붙이고 평안의 복음이 준비한 것으로 신을 신고 모든 것 위에 믿음의 방패를 가지고 이로써 능히 악한 자의 모든 불화살을 소멸하고 구원의 투구와 성령의 검 곧 하나님의 말씀을 가지라. 모든 기도와 간구를 하되 항상 성령 안에서 기도하고 이를 위하여 깨어 구하기를 항상 힘쓰며 여러 성도를 위하여 구하라."(엡 6:13~18)

그리스도인인 우리는 사탄의 적이요, 목표물입니다. 그리고 그리스도 군대의 일원입니다. 그런데 우리의 사령관은 우리가 자원하여 나가서 적과 싸우든, 아니면 뒤에 남아 있든 우리의 선택에 맡기셨습니다.

히브리서 11장은 여러 시대를 망라하여 믿음의 영웅들에 관한 이야기와 함께 그들이 어떤 사람이었나를 보여 주고 있습니다. 그들은 목자, 농부, 배 만드는 사람, 관리, 군인이었습니다. 종교 지도자는 단 한 사람, 하나님의 제사장이었던 사무엘만 언급하고 있습니다.

이 사실을 통해 하나님께서 우리에게 말씀하시는 것은 무엇입니까? 하나님은 세상에서의 하나님의 일이, 늘 사람들 사이에 있으면서 그들을 사랑하고 그들에게 하나님을 증거한 개인들에 의해 수행되어 왔음을 확증해 주고자 하시는 것입니다.

에스겔 22장 30절은 하나님이 그러한 사람을 찾으셨으나 찾지 못한 비극적 사건에 대해 이야기합니다. "이 땅을 위하여 성을 쌓으며 성 무너진 데를 막아 서서 나로 하여금 멸하지 못하게 할 사람을 내가 그 가운데에서 찾다가 찾지 못하였으므로."

왜 하나님께서 '사람들 사이에 있는' 증인을 찾고 계시는가 하는 것은 이상할 것이 없습니다. 다음 광경을 생각해 보기 바랍니다. 대여섯 사람이 정비공장에서 일을 하고 있습니다. 두 사람이 차 밑에서 일하고 있는데, 그 중 한 명은 그리스도인입니다. 때마침 인근 교회의 목사가 그 그리스도인 기술자를 보러 옵니다. 옆쪽에 서 있던 사람이 알려 줍니다. "야, 피트! 목사님이 오셨어!" 순간 분위기가 숙연해집니다. 조용해진 상태에서 슬그머니 사람들의 대화 내용도 바뀝니다. 목사가 떠난 뒤 일하던 사람들은 다시 통상적인 언어와 행동으로 되돌아갑니다.

과연 그 정비공장에서 하나님을 위해 가장 영향을 끼칠 수 있는 사람은 누구이겠습니까? 손과 머리에 기름을 잔뜩 묻힌 채 성실하게 일하고 있는 피트이겠습니까,

아니면 진정한 대화 한 마디 제대로 나눠 보지 못하고 잠깐 들렀다 간 목사이겠습니까?

하나님은 '사람들 사이에 있는' 한 사람을 쉬지 않고 찾고 계십니다. 기술자 피트는 그의 동료들이 기름을 닦아낼 때 시간을 함께 보냅니다. 그들이 실수 없이 기름통을 비우는 일에 같이 수고합니다. 때로는 그들과 마찬가지로 손을 다치기도 합니다. 그러나 그는 그들과 동일한 매일의 삶을 예수님과 함께 살아갑니다. 목사보다도 그가 예수님이 일으키시는 변화를 더욱 분명히 나타내 보일 수 있지 않겠습니까? 우리가 목회자에게 기대하는 것만큼 피트가 주님을 사랑하고 따르기만 한다면, 피트는 증인된 삶을 살 수 있습니다.

천사도 할 수 없습니다.

사도 바울은 말합니다. "오직 하나님께 옳게 여기심을 입어 복음을 위탁받았으니…"(살전 2:4) 이것이야말로 귀중한 부탁이 아닐 수 없습니다. 복음은 남녀노소를 막론하고 잃어버린 영혼들을 구원하는 하나님의 유일한 방법입니다. 복음은 지치고 상한 피조물의 생을 전환시켜 주기 위해 하나님이 정하신 메시지입니다. 그런데 하나님은 바로 이 복음을 우리에게 맡기셨습니다.

만일 당신이 군대 지휘관이 되어 공격 목표에 접근하는 데 요긴한 다리 하나를 확보하고 있다면 당신은 사력을 다하여 그 다리를 지키려 할 것입니다. 그리스도인의 목표는 사람을 그리스도께 인도하는 것입니다. 하나님은 우리의 사령관이시며, 복음은 생의 깊은 구렁을 가로질러 뻗쳐 있는 다리입니다.

성경은 하나님의 백성들만이 그리스도의 복음을 나눌 특권이 있음을 보여 줍니다. 사도행전 10장 1~6절에 이 사실이 아주 잘 나타나 있습니다. "가이사랴에 고넬료라 하는 사람이 있으니 이달리야 부대라 하는 군대의 백부장이라. 그가 경건하여 온 집안과 더불어 하나님을 경외하며 백성을 많이 구제하고 하나님께 항상 기도하더니, 하루는 제 구 시쯤 되어 환상 중에 밝히 보매 하나님의 사자가 들어와 이르되 고넬료야 하니 고넬료가 주목하여 보고 두려워 이르되 주여 무슨 일이니이까. 천사가 이르되 네 기도와 구제가 하나님 앞에 상달되어 기억하신 바가 되었으니 네가 지금 사람들을 욥바에 보내어 베드로라 하는 시몬을 청하라. 그는 무두장이 시몬의 집에 유숙하니 그 집은 해변에 있다 하더라."

고넬료는 진실하게 하나님을 찾은 사람이었습니다. 그는 천사가 들어와 말할 때 다소 두렵고 떨렸습니다. 그렇지 않을 사람이 누가 있겠습니까? 천사가 욥바로 사자를 보내어 해변에 있는 시몬의 집에 우거하는 베드로를 청하라는 분명한 지시를 준 것을 주의해 보십시오. 천사는 한 가지 중요한 문제 – 어떻게 구세주 예수 그리스도를 알고 영접하느냐 – 를 그대로 남겨 두었습니다. 복음은 베드로와 같은 평범한 사람들이 전해 주어야 했던 것입니다.

하나님께서 하시고자 했다면, 항상 하늘에다 요한복음 3장 16절 말씀을 써 놓으실 수도 있었습니다. 아니면 그 말씀을 별들 가운데 수놓을 수도 있었습니다. 그러나 주님은 복음을 전하는 중대 사명을 우리에게 맡기셨습니다. 이 얼마나 놀라운 특권이요, 책임입니까? 이보다 더 중요하거나 신나는 일이 있을 수 있다고 생각합니까? 하나님을 예배하고 그와 동행하는 것 말고는, 다른 사람들과 복음을 나누어 생명을 얻게 하는 것이야말로 최대의 만족을 가져다주는 경험이라고 믿습니다.

몇 년 전 여행 중에, 웨스트포인트육군사관학교 교수인 킹 코프만이라는 친구를 찾은 적이 있습니다. 우리 둘은 캘리포니아에서 열린 어느 수양회에서 처음 만났는데, 그때 나는 대학생이었고 그는 사관생도였습니다. 수년이 지나 그는 육군 내에서 열심히 복음을 증거하는 그리스도의 증인이 되었습니다. 내가 킹의 집에 있는 동안, 몇 명 생도들이 교제를 위해 그의 집에 들렀습니다. 그들은 견고한 증인 한 사람을 어느 병영으로 보내야 한다, 또 누군가 어느 병영에서 성경 공부를 인도하도록 준비해야 한다는 등 여러 필요와 기타 계획들에 관해 토의했습니다. 킹 코프만은, 하나님의 사람으로 성장하여 그리스도를 위하여 다른 사람들에게 꾸준히 영향을 미치고 있는 생도들과 함께 그곳에서 일하고 있었던 것입니다. 그는 과연 사람들 사이에서 하나님의 사람으로 섬기고 있었습니다.

웨스트 포인트를 떠나서, 나는 한 공군 기지에 들러 신임 군목 가운데 한 사람과 교제를 나누었습니다. 그는 그의 새로운 직무에 대해 깊이 생각해 보더니 이렇게 말했습니다. "우리에게 가장 필요한 것은 저 막사들 안에서 일할 수 있는 훌륭한 증인들입니다. 우리에겐 사람들 사이에서 힘있게 그리스도를 증거할 사람들이 부족합니다. 사실은 평신도 주일에 성경 읽힐 사람을 얻기도 힘든 형편이지요."

나는 조종사들이 자유 시간을 보내는 막사를 비롯하여 여러 군데를 다니면서 그 기지에 필요한 것이 무엇인가를 알았습니다. 그 기지는 또 다른 나의 킹 코프만 – 사람들 사이에 있는 한 사람 – 을 필요로 하고 있었지만, 당시 하나님은 거기서 그러한 사람을 발견하지 못하셨습니다.

흩어진 신자들

당신은 신약시대에 평신도 사역이 어떻게 뻗어 나갔는지 주의해 본 적이 있습니까? 그것은 참 스릴 있는 일입니다. 사도행전 8장은 그리스도인들이 받은 심한 핍박에 대해 묘사하고 있습니다. "사울은 긔스데반가 죽임 당함을 마땅히 여기더라. 그 날에 예루살렘에 있는 교회에 큰 박해가 있어 사도 외에는 다 유대와 사마리아 모든 땅으로 흩어지니라. 경건한 사람들이 스데반을 장사하고 위하여 크게 울더라. 사울이 교회를 잔멸할새 각 집에 들어가 남녀를 끌어다가 옥에 넘기니라. 그 흩어진 사람들이 두루 다니며 복음의 말씀을 전할새."(1~4절)

교회에 박해가 일어나자, 평신도들은 생명을 지키기 위해 할 수 없이 몸을 피했습니다. 사도들만 예루살렘에 남게 되었는데, 그것은 아마도 가말리엘의 말 때문이 아니었나 생각됩니다. "이제 내가 너희에게 말하노니 이 사람들을 상관하지 말고 버려 두라. 이 사상과 이 소행이 사람으로부터 났으면 무너질 것이요, 만일 하나님께로부터 났으면 너희가 그들을 무너뜨릴 수 없겠고 도리어 하나님을 대적하는 자가 될까 하노라 하니."(행 5:38~39)

흩어진 평신도에 관한 사도행전 11장 19~21절 말씀을 봅시다. "그 때에 스데반의 일로 일어난 환난으로 말미암아 흩어진 자들이 베니게와 구브로와 안디옥까지 이르러 유대인에게만 말씀을 전하는데, 그 중에 구브로와 구레네 몇 사람이 안디옥에 이르러 헬라인에게도 말하여 주 예수를 전파하니 주의 손이 그들과 함께 하시매 수많은 사람들이 믿고 주께 돌아오더라."

그들이 다니며 "주 예수를 전파하니", 하나님께서 그들의 사역에 놀라운 복을 주셨음을 주목하십시오. 수많은 사람이 믿고 주께 돌아왔습니다. 사도들은 과연 이 평신도들을 훌륭히 훈련시켜 놓았던 것입니다. 그들은 힘차게 살아 움직이는 증거의 분위기 가운데 지내왔기 때문에 그리스도를 전하는 일을 당연한 것으로 여겼습니다. 우리는 사도행전 2장 23~24절, 3장 14~15절, 4장 10절, 그리고 5장 30~31절에서 사도들이 그리스도의 죽음, 장사 지낸 바 되심, 부활에 대해 담대히 전파했음을 읽어볼 수 있습니다.

혹독한 박해 아래서도 사도들은 동요되지 않고 그리스도를 전파했습니다. "그들이 옳게 여겨 사도들을 불러들여 채찍질하며 예수의 이름으로 말하는 것을 금하고 놓으니 사도들은 그 이름을 위하여 능욕 받는 일에 합당한 자로 여기심을 기뻐하면서 공회 앞을 떠나니라. 그들이 날마다 성전에 있든지 집에 있든지 예수는 그리스도라고 가르치기와 전도하기를 그치지 아니하니라."(행 5:40~42)

각 곳으로 흩어져 나간 초대교회 평신도들은 그들이 훈련받은 분위기를 잘 반영해 주었습니다. 하나님께서는 그들을 안디옥에서 '사람들 사이에 있는 사람'으로 삼으셨습니다. "제자들이 안디옥에서 비로소 그리스도인이라 일컬음을 받게 되었더라."(행 11:26) 이는 아마 그리스도를 따르는 자들을 비웃는 이름이었을 것입니다. 그리스도인이란 철두철미하게 예수 그리스도를 위해 사는 사람입니다.

빌립은 그 박해의 시기에 예루살렘을 피한 평신도들 가운데 한 사람이었습니다. 그러나 그는 숨기 위해 떠난 것이 아니었습니다. "빌립이 사마리아 성에 내려가 그리스도를 백성에게 전파하니, 그 성에 큰 기쁨이 있더라."(행 8:5, 8) 얼마 후 그는 광야로 인도되어 거기서 에디오피아의 큰 권세 맡은 한 여행자를 만났습니다. 성경에 대한 그의 질문에 대하여, 빌립은 "입을 열어 예수를 가르쳐 복음을"(행 8:35) 전했습니다.

빌립은 사도가 아니라 사도행전 6장 5절에 기록된 대로 공궤 일을 섬기도록 택함받은 집사들 가운데 하나였습니다. 그러나 하나님께서는 성읍이든 광야든 가리지 않는 이 사람 안에서 한 충성된 증인의 자질을 발견하셨습니다.

C.C.C. 책임자인 빌 브라이트는 오크라호마에서 있었던 일을 말해 주었습니다. 호텔에서 막 나오던 그는 어떤 사람이 전도지를 잔뜩 들고 몸 둘레에는 '예수님이 구원하십니다', '지금 회개하십시오', '당신은 거듭나야 합니다'라고 쓴 띠를 두르고 있는 것을 보았습니다. 거리를 둘러보니 한 차림새 좋은 부부가 그가 있는 곳으로 다가가고 있었습니다. 빌은 그가 그들을 '마냥 붙잡고 장황하게' '불 같은 복음'을 전해 줄 태세를 갖추고 있음을 알아차렸습니다. 그런 식의 접근이 오히려 그 부부의 감정을 상하게 하지 않을까 하는 염려에서, 빌은 재빨리 자기 방으로 향했습니다. 깨끗한 인쇄로 복음이 논리 정연하게 소개되어 있는 '사영리' 팸플릿을 가져오기 위해서였습니다. 그는 띠를 두른 그 '광신자'가 그 부부에게 대들기 전에, 그들을 자기와의 대화에 이끌고 싶었습니다. 호텔을 나온 빌의 가슴은 철렁 내려앉고 말았

습니다. 그 부부가 어느새 그 복음 장사꾼과 대화하고 있었기 때문입니다. 그들에게 다가갔을 때, 빌은 그 부인이 하나님께 관해 관심을 갖게 되었고 자기에게 전도지를 주어 고맙다고 말하는 것을 들었습니다.

빌은 이 이야기를 우리에게 들려준 뒤, 자리를 같이 한 열두어 명의 사람들을 일일이 쳐다보고는 이렇게 말했습니다. "여러분, 하나님께서는 이 복음을 세상에 알리기로 작정하셨기 때문에, 우리가 하나님의 명령을 저버린다면 하나님은 돌들을 일으켜서라도 구원의 소식을 외치게 하실 것입니다."

물론 이 말은 빌이 비유적으로 한 것입니다. 어떤 천사도 잃어버린 사람들에게 증거하지 못합니다. 하나님께서는 하늘에다 메시지를 기록하시지도 않습니다. 성직자들만이 그 일을 할 수 있는 것도 아닙니다. 예수님은 자기를 경배하며 따르는 자들에게 말씀하셨습니다. "너희는 온 천하에 다니며 만민에게 복음을 전파하라."(막 16:15)

여러분은 나아갈 때 바울이 여러 곳을 두루 다니면서 체득한 확신을 기억하십시오. "내게 능력 주시는 자 안에서 내가 모든 것을 할 수 있느니라."(빌 4:13)

전도의 본질

세계적인 신학자 우찌무라 간조(內村鑑三 · 1861~1930)는 '전도'에 대한 다음의
세 가지의 짧은 글에서 전도의 본질이 무엇인가를 심도 있게 파헤치고 있습니다.

유효한 전도법

전도의 방법에는 여러 가지가 있습니다. 그 중에서 가장 흔한 방법은 유능한 강사를 초빙하고, 청중을 감격시키고, 개신(改信)의 결심으로 일어설 것을 촉구하고, 그들의 집을 방문하여 기도하고 설교하고 가르치고 권유하는 방법입니다.

그러나 보다 좋은 전도법이 있습니다. 나의 전신을 하나님께 바치고, 복음의 진리가 강하고 깊게 나의 내면에서 작용하게 하고, 그 때문에 괴로워하고, 싸워서 이겨 내고, 속죄의 깊은 보혈의 샘물을 마시고, 나의 죄진 몸을 거기에 적셔서 눈처럼 희게 하는 과정을 거칠 때 좋은 전도를 행하고 좋은 전도자가 될 수 있습니다. 다시 말해, '참된 신앙 그 자체가 최대의 전도 방법'이라는 뜻입니다. 말과 문자만으로 복음의 진리를 전하는 것이 아닙니다. 영혼은 그 깊은 곳에서 상통합니다. 마치 우물물이 그 밑바닥에선 하나의 물인 것과 같습니다. 세상은 영해(靈海)로 충만하며 우리의 영혼은 그 중 한 방울의 물입니다. 따라서 하나님의 성령이 진실로 나에게 임하신다면, 그것만으로도 전 인류에 하나님의 성령이 임하시는 것입니다. 사람은 하나하나 따로 떨어져서 존재하지 않습니다. 인류의 일부분으로 존재합니다. 실재의 밑바닥에서는 영해를 이루는 한 방울입니다. 우리는 하나님의 성령을 내 영혼에 받아

서 그것을 영해 전체로 유도하는 도구들입니다.

　나 한 사람이 구원을 받을 때 나 혼자만 구하여지는 것이 아닙니다. 내 마을이 구원받는 것이고, 내 나라가 구원받는 것입니다. 그렇습니다. 전 인류가 그만큼 구원을 받는 것입니다. 나의 구원은 나 한 사람의 경사가 아닙니다. 마을 전체, 나라 전체, 세계 전 인류의 경사입니다.

　한 사람이 구원받는 일을 작은 일이라고 보아서는 안 됩니다. 하나님은 우리를 통하여 우리 나라, 우리 겨레를 구하여 주십니다. 진실로 구원을 받는 한 사람은 이미 큰 전도입니다. 하나님은 나를 통하여 우리 나라, 우리 사회에 임하십니다. 우리는 삼가 온 몸과 마음을 그분께 바치고, 그분은 우리를 도화선으로 사용하시어 뜻이 그러하시다면 우리를 남김없이 불태우시어 우리 나라, 우리 겨레를 구원하십니다.

　우리가 하나님의 은혜스런 기구가 된다면, 혼자 밀실에 있으면서도 혹은 논밭에서 일을 하면서도 그분의 의롭고 힘 있는 전도자가 될 수 있습니다. 우리가 깊고 두텁게 그분을 믿는다면, 말 한 마디 하지 않고 글씨 한 자 쓰지 않더라도 효력 있는 전도를 행할 수 있습니다. 그리고 이와 같은 유력한 전도는 항상 세상에서 행해지고 있고, 나아가 은밀한 곳에서 행해지고 있기 때문에 나팔이나 북을 치며 하는 전도자들의 전도가 다소나마 효과를 거두는 것입니다.

　가장 유력한 전도는 소리 없이 하는 전도입니다. '말하지 않고 그 소리가 들리지 않아도 그 울림이 모든 땅 위에 고루 퍼지고, 그 말이 땅 끝까지 미치는 것' 이 전도입니다. 자신을 진리의 실험물로 제공하고, 깊이 탐구하고, 깊이 고뇌하고, 깊이 구원받고, 깊이 기뻐한다면 누구나 하나님의 좋은 전도자가 될 수 있습니다.

　교회에서 배운 기독교를 되풀이한다고 해서 그들을 구할 수는 없습니다. 먼저 복음을 내 영혼에 받아들이고, 그것을 내 것으로 만들어야 합니다. 각자가 자기 자신을 복음이란 씨앗의 온상으로 삼고, 복음을 자기 고유의 것으로 만들어야 합니다. 물론 이와 같은 일은 쉬운 일이 아닙니다. 우리는 쉽게 기독교에 대해 알 수 있지만, 그것을 내 것으로 만들기 위해서는 고초를 겪어야 합니다. 기독교는 환난의 열화로써만 영혼에 새길 수 있는 것입니다. 하나님의 진리는 그것을 증명하기 위해서 입은 상처를 통해 우리의 내면 깊숙이 들어옵니다. 그 길을 통하지 않고 그것을 귀와 눈으로만 받아들인 채 손과 입으로 전하려 한다면, 진리는 언제까지나 우리의 것, 우리 겨레의 것이 되지 않습니다.

전도에 성공하는 비결, 첫 번째

전도에 성공하는 비결은 복음을 전하는 데 있습니다. 바울이 말한 것처럼 때를 얻든지 못 얻든지 항상 말씀을 전파하는 것(딤후 4:2)입니다. 사회가 받아주건 받아주지 않건, 교회에서 칭찬을 받건 못 받건, 신자가 생기건 생기지 않건 말씀을 전하는 것입니다. 말씀을 전하지 않고는, 즉 복음을 전파하지 않고는 전도란 성립되지 않습니다. 물론 성공도 기대할 수 없습니다.

그런데 사실은 어떠한가 하면, 이 세상엔 말씀을 전하지 않는 전도가 많이 있습니다. 즉 전할 만한 복음은 없고, 비록 있긴 하더라도 그것은 전하지 않고, 그저 떠들썩한 집회만 열면서 그것을 전도라고 일컫는 부류가 대단히 많습니다. 소동은 사람을 구하지 못합니다. 사람을 구하는 것은 하나님의 말씀인 복음의 진리입니다. 그리고 하나님의 말씀을 세상에 베풀면 그것은 반드시 선한 일을 이루게 됩니다. "내 입에서 나가는 말도 이와 같이 헛되이 내게로 되돌아오지 아니하고 나의 기뻐하는 뜻을 이루며 내가 보낸 일에 형통함이니라."(사 55:11)고 여호와께서 예언자를 통하여 말씀하신 바와 같습니다.

전도는 방법이 아닙니다. 생명의 빵을 공급하는 일입니다. 주어야 할 빵은 없으면서 줄 방법만 제아무리 교묘하게 꾸민다고 해서 사람이 구원을 받지는 못합니다. 나에게 빵이 있는가, 그것이 문제입니다. 줄 수 있는 생명의 빵이 있다면, 나누어 주는 방법이 아무리 졸렬하더라도 전도에 있어서 이미 반 이상 성공한 것입니다.

하나님의 말씀은 햇빛과 같고 또 비와 이슬과 같습니다. 항상 비치고 항상 내리는 것입니다. 어느 시기를 한정해서 한꺼번에 내리는 것이 아닙니다. 쉴 새 없이 세상을 따뜻하게 하고 적셔 줍니다. 전도 역시 이러한 방법으로 하나님의 말씀을 세상에 베푸는 것이 아니면 안 됩니다. 즉 조용히, 되도록 말이 적게, 때를 얻든지 못 얻든지 끊임없이 생명의 물을 세상에 붓고 생명의 빵을 사람에게 주어야 합니다. 이러한 전도에 실망은 없습니다. 성공이 반드시 뒤따릅니다. 하지만 이는 신앙과 인내를 요하는 사업입니다. 성공을 기대하고 종사할 사업이 아닙니다. 전도는 세속이 안중에 없으면 성공합니다. 말씀의 아름다움에 격려되어 구하는 바 없이 전도하는 것입니다. 때문에 되도록 '운동'을 피하는 것입니다. '운동'할 필요가 없는 것입니다. 나팔을 불고 북을 칠 필요가 없습니다. 복음 그 자체가 운동입니다. 세상의 세력을 규합하여 그것으로 세상에서 승리할 필요도 전혀 없습니다. 하나님의 말씀 그 자체가 그 세력입니다. 즉 사람을 선하게 하는 능력입니다. 그것을 충실히 말하는 것만으로도 세상은 좋아지고 영혼을 구할 수 있습니다.

전도에 성공하는 비결, 두 번째

전도에 성공하는 비결은 별 것이 아닙니다. 하나님의 말씀인 성서를 풀이하는 것입니다. 그렇게 하면 반드시 전도 효과를 거둘 수 있습니다. 아무리 대대적인 전도, 배가 운동, 사회 사업 등에 애를 태우더라도 성서를 전하지 않고서는 전도의 효과를 볼 수 없습니다. 하나님의 예언자 이사야를 통해서 말씀하신 그대로입니다. "내 입에서 나가는 말도 이와 같이 헛되이 내게로 되돌아오지 아니하고 나의 기뻐하는 뜻을 이루며 내가 보낸 일에 형통함이니라."(사 55:11)

말씀 그 자체가 크나큰 힘입니다. 교회를 설립하고 교세를 왕성하게 하길 원합니까? 성서를 풀이하고 그것을 전해야 합니다. 성서는 교회를 설립하게 하며 왕성하게 할 것입니다.

영국에 이런 속담이 있습니다. "Let us build railroads and railroads will build the country."(우리에게 철도를 부설케 하라. 그러면 철도는 나라를 만들 것이다.) 마찬가지로 "우리로 하여금 성서를 전하게 하라. 그러면 성서는 교회를 부흥하게 할 것이다." 먼저 성서를 깊이 연구하고, 그 다음에 생명을 걸고 전한다면 개인, 사회, 국가, 인류가 구원받음은 필연적입니다. 안타까운 것은 이 일이 제대로 행해지지 않다는 점입니다.

전도 전략의
법칙

08

교회 성장학자인 피터 왜그너(C. Peter Wagner) 교수는 농업의 기본 원리와 전도 전략을
비교하면서 전도 전략의 법칙에 대해 설명하고 있습니다.
그러나 사실 알고 보면 전도 전략을 농업의 기본 원리와 비교해서 설명하셨던 분은 예수님이십니다.

농업의 기본 법칙

예수님의 교훈에는 농업의 세 가지 법칙이 나타납니다. 세 법칙은 파종의 법칙,
전지의 법칙, 추수의 법칙입니다.

1. 파종의 법칙

마태복음 13장 1~23절은 '씨 뿌리는 자의 비유'입니다. 그러나 이 제목은 편견을
가지고 해석하면 오해할 수 있습니다. 더 적절한 해석은 '토양의 비유'(the parable of
the soils)라 함이 타당합니다. 왜 이 해석이 옳습니까?

이 비유의 네 종류(길가, 돌밭, 가시밭, 옥토) 가운데 셋은 농업의 목적인 씨를 맺는데
실패했습니다. 옥토만이 성공했습니다. 어떤 농부는 '이러한 차이를 가져온 요소가
무엇인가?' 하고 물을 것입니다. 이 비유에서 농부로서 깨달아야 할 교훈은 가장 좋
은 씨라도 옥토에 뿌려야만 열매를 맺는다는 사실입니다. 씨를 뿌리는 것도 필요하
지만 좋은 추수를 기대하려면 뿌리는 데 지혜가 있어야 한다는 것입니다.

그러므로 선교 전략에서도 말씀의 씨를 뿌리기 전에 토양을 먼저 시험해야 합니다.
어떤 나라나 인종이나 도시가 다 똑같이 30배, 60배, 100배의 열매를 맺지는 않습니다.
하나님께서 어떤 사람은 말씀을 받아 예수 그리스도의 주권에 순종하도록 준비하셨지

만, 또 어떤 사람은 그렇지 않습니다. 지금 하나님께서는 과거의 선교사들이 갖지 못했던 옥토나 불모지를 구하는 데에 필요한 도구를 준비하셨습니다. 가능한 한 무분별한 방송식 파종의 전략은 피해야 합니다. 이런 방법은 열매도 맺지 못하고 오히려 마귀에게 먹이를 주는 결과가 됩니다.(누가복음 8장 5절 "공중의 새들이 먹어버렸고", 12절 "이에 마귀가 가서 그들이 믿어 구원을 얻지 못하게 하려고 말씀을 그 마음에서 빼앗는 것이요.")

흥미 있는 사실은 신약에서는 신자에게 뿌리고 거두라고 명령하지만, 밭을 갈거나 준비하라고 명령한 구절은 없습니다. 이에 대한 생략은 다음과 같은 의문을 일으킵니다. '밭을 준비하는 과업은 세상에서 하나님의 주권적 활동을 위한 하나님의 유보 영역이 아닐까?' 물론 하나님께서는 이러한 일에 인간의 협력을 원치 않습니다. 그렇다면 예비 전도(pre-evangelism)라고 불리는 많은 전도 계획에 대해 재고하는 것이 좋을 것입니다.

어떤 사람은 어떤 종류의 밭이든 상관없다고 하면서 성경을 인용합니다. "내 입에서 나가는 말도 이와 같이 헛되이 내게로 되돌아오지 아니하고 나의 기뻐하는 뜻을 이루며 내가 보낸 일에 형통함이니라."(사 55:11) 그러나 이사야의 예언은 인간에 대한 하나님의 보통 은혜가 나타나는 신비를 언급한 것이지, 신약 교회의 특수한 전도의 책임을 논한 것이 아닙니다. 더욱이 선교 역사를 읽어 보거나 선교의 실제 경험에 비춰 보면 하나님의 말씀이 많이 전파되었으나 불모지에 뿌려졌기 때문에 열매를 맺지 못한 사례가 있습니다. 씨 뿌리는 비유는 이것을 경고합니다.

2. 전지의 법칙

누가복음 13장 6~9절의 열매 맺지 못한 무화과나무의 비유는 '전지의 법칙'을 말합니다. 이 비유에서 심어진 나무는 외관상으로는 무성하게 자랐으나 열매가 없었습니다. 나무를 가꾸는 고용인과 주인 사이에 갈등이 생겼습니다. 나무에 정성을 기울인 고용인은 그 나무에 감정적인 애착심을 가졌습니다. 그러나 소유주는 무화과나무의 미에 관심이 없었습니다. 그의 초점은 열매의 비전이었습니다.

불행히도 많은 선교 사업이 이 무화과나무와 같습니다. 보기에는 많은 일을 한 것 같습니다. 사업은 아주 많이 '자랐습니다.' 그러나 몇 십 년이란 고역 후에 열매는 거의 없습니다.

이 비유에서 농부는 3년은 무화과나무가 열매를 맺는 데 충분한 시간임을 알았습니다. 그러나 그는 고용인에게 1년만 더 기회를 달라고 간청하였습니다.(마치 선교사가 안식년까지 1년만 더 있게 해 달라는 것 같이) 그러면서 그는 열매를 맺지 못할 경우 그 때 땅은 열매를 맺을 수 있는 다른 것으로 이용해도 좋다고 했습니다.

선교사들도 그들의 사업에 이 비유의 시험과 실패의 원리를 적용해야 합니다. 처음부터 목적한 바가 열매라면 열매의 비전을 흐리게 하는 감정적 애착심은 피해야 합니다. 선교지에서 오랜 기간 일해도 효과가 없을 때 과감히 이동하는 것도 선교 사업의 효과를 증대시키는 좋은 방법이 될 것입니다. 따라서 3, 4년이란 시험 기간 이 성문화된 법이 아니므로 선교사들은 이동의 적절한 시기에 대한 하나님의 인도 를 구해야 합니다. 그러나 시간이 길든 짧든 전지의 법칙을 잊어서는 안 됩니다.

3. 추수의 법칙

예수님은 이 법칙을 다음과 같이 말씀하셨습니다. "이에 제자들에게 이르시되 추수할 것은 많되 일꾼이 적으니 그러므로 추수하는 주인에게 청하여 추수할 일꾼들을 보내 주소서 하라 하시니라."(마 9:37~38)

이 비유에서 처음으로 농업의 성공을 위하여 일꾼이 더 필요하다는 것을 말하였습니다. 농부라면 누구나 추수 때에 일꾼이 가장 중요하다는 것을 압니다. 파종과 전지는 추수보다 약간 융통성이 있습니다. 만약 적시에 추수할 충분한 일꾼을 확보하지 못하면 많은 곡식을 잃을 것입니다. 이렇게 되면 파종과 전지도 소용없게 됩니다.

모든 밭의 곡식이 동시에 익지 않습니다. 농사의 올바른 관리와 훌륭한 선교 전략은 곡식이 익은 밭에 일꾼을 쓰는, 즉 무르익은 때에 일하도록 하는 것입니다. 선교사의 공통된 잘못은 추수할 만큼 익지 않은 밭에다 많은 일꾼을 보내라고 간청하는 일입니다. 반면 추수할 만한 곳은 일꾼이 없어 곡식을 잃어버리고 있습니다. 예수님이 기도하신, 무르익은 밭에 일꾼을 보내라는 것이 '추수의 법칙' 입니다.

예수님의 실례

예수님은 마태복음 9장에서 무르익은 추수밭의 비유를 말씀하신 후에, 10장에서 이 원리를 적용하는 본을 보이셨습니다.

예수께서는 열두 제자를 부르시고 그들을 보내시며, "천국이 가까이 왔다."고 외치게 하셨습니다(마 10:7). 예수님은 씨를 아무 데나 뿌리라고 제자들을 파송한 것이 아닙니다. 그 당시 인종은 유대, 이방, 사마리아에 사는 사람들입니다. 이 세 그룹 중 이방과 사마리아는 어떤 때에 복음을 받아들이지 않았습니다. 그래서 예수님이 다음과 같이 명령하셨습니다. "이방인의 길로도 가지 말고 사마리아인의 고을에도 들어가지 말고 오히려 이스라엘 집의 잃어버린 양에게로 가라."(마 10:5~6)

이스라엘 사람도 다 똑같이 복음을 받아들인 것은 아닙니다. 제자들은 그들을 영접하지 않고 또 그들의 말을 듣지 않는 자들을 위해 시간을 낭비하지 않았습니다(14). 이와 같이 고용인들도 열매 없는 무화과나무에 노력을 허비해서는 안 됩니다. 예수님은 이러한 저항을 예견하셨기 때문에, "그 집이나 성에 나가 너희 발의 먼지를 떨어 버리라."고 하셨습니다. 이것이 예수님의 건전한 선교 전략이었습니다. 이것은 지금도 좋은 교훈입니다. 선교사들의 마음 자세를 이렇게 고칠 때 지상 명령을 수행하는 데 더욱 가까워질 것입니다.

바울의 실례

사도행전 17~18장에서 바울이 마게도니아와 아가야에서의 선교 사업에 이 농업의 원리를 적용한 것을 볼 수 있습니다. 그때 그는 2차 전도의 여정에 있었으므로 이미 경험 있는 선교사가 되어 있었습니다. 그럼에도 불구하고 아세아와 비두니아로 가려는 오류를 범했습니다. 그리하여 성령은 아세아의 문을 닫고 그의 방향을 돌렸습니다. 그를 올바른 길로 안내하기 위하여, 성령은 그를 빌립보로 향하게 한 마게도니아인의 환상을 보여 주셨습니다.

소아시아에서 일할 동안 바울은 하나님께서 이방인들이 그리스도에게 돌아오도록 그에게 많은 문을 열어 주셨음을 깨달았습니다. 그는 또 살라미(행 13:5), 비시디아 안디옥(행 13:14), 이고니온(행 14:1) 등지의 경험에서 복음으로 이방인과 접촉할 수 있는 교량이 회당임을 알았습니다. 당시의 회당은 고집 센 유대인들과 개종자들과 하나님을 경외하는 자들로 구성되었습니다. 유대인들은 회당 사회에서 태어났지만 이방 개종자들과 하나님을 경외하는 자들은 자발적으로 가입한 이방인들이었습니다. 이방 개종자들은 오히려 할례를 받고 율법에 잘 복종한 반면, 하나님을 경외하는 자들은 유대교의 혜택을 누리면서 할례받기를 원치 않았습니다.

빌립보에는 회당이 없었습니다. 대신에 바울은 그와 같은 장소를 물색했으니 곧 '기도처'(행 16:13)였습니다. 거기서 하나님을 경외하는 여자 루디아를 그리스도에게 인도했습니다. 이 그룹이 당시 복음의 옥토였습니다.

빌립보와 에베소에는 여섯 가지 밭이 있는데, 그 중 둘은 암비볼리와 아볼로니아

(행 17:1)로 여기는 회당이 없는 푸른 밭입니다. 하나는 아덴으로 약간 익은 밭입니다. 거기에 아레오바고(Areopagite) 관원 디오누시오와 다마리라 하는 여자가 믿으므로(34절) 약간의 열매가 있었습니다. 그러나 나머지 셋은 참으로 희어져 익은 추수밭이었으니 곧 데살로니가("경건한 헬라인의 큰 무리와 적지 않은 귀부인" 4절)와 베뢰아("그 중에 믿는 사람이 많고 또 헬라의 귀부인과 남자가 적지 아니하나" 12절)와 고린도("수많은 고린도 사람도 듣고 믿어 세례를 받더라." 18:8)입니다.

바울은 희어져 익은 밭에서 가능한 한 많은 시간을 소모하였습니다. 고집 센 유대인들의 정치적 압력이 그렇게 심하지 않았다면 데살로니가와 베뢰아에 더 오래 머물렀을 것입니다. 고린도에서는 유대인들이 같은 일을 시도했으나 성공하지 못했습니다. 그리하여 바울은 거기에 1년 반 머물렀습니다.

암비볼리와 아볼로니아 같은 지방도 데살로니가와 베뢰아 못지않게 그리스도를 필요로 했습니다. 그러나 그는 30배, 60배, 100배의 열매를 거둘 수 있는 추수밭에 도달해야 한다는 것을 알았기 때문에 거기서 시간을 허비하지 않았습니다. 이것은 우리에게 필요가 전략을 결정해서는 안 된다는 사실을 상기시킵니다.

그렇다면 바울의 전략은 사전에 계획된 것이었을까요? 유명한 선교학자 로란드 알렌(Roland Allen)은 바울이 사전에 선교 전략을 계획했음을 부인하고 다음과 같이 말했습니다.

"사도 바울은 그의 선교 여행을 임의로 계획한 것이 아님을 그의 서신을 보고 결론짓지 않을 수 없습니다 … 바울은 성령의 인도를 조건부로 하여 어디서 전도할 것인지 장소를 선택하지 않았습니다."(Allen 1962:12, 16)

물론 우리가 이미 언급한 바와 같이 성령이 바울을 조종하며 수시로 그의 방향을 변하게 하였습니다. 바울은 미리 옥토를 발견하고 거기에 말씀의 씨를 뿌릴 때 추수가 있음을 기대했습니다.

일반적으로 말해서 성령은 이미 무르익은 추수 밭에서 일하려고 하는 자들을 인도합니다. 그러나 때로 달리 인도하시기도 합니다. 에스겔과 이사야 같은 선지자는 저항적인 사람들에게 말씀을 전하라는 명령을 받았으며, 요나 같은 선지자는 수용적인 사람들에게 파송되었습니다. 하나님께서는 누구도 멸망하기를 원치 않으시므로 복음을 받아들일 준비가 되어 있는 사람들에게 그의 종들을 파송하여 그들을 예수님 앞에 인도하기를 기뻐하십니다.

사람들이 종교에서
원하는 것

09

전도하기 전 전도의 대상자인 '인간'이 어떤 존재인가를 종교학적인 면에서
이해하고 시작하는 것이 중요합니다.
복음 전도학자인 조지 스위치(George E. Sweazey)의 글이 좋은 안내자가 될 것입니다.

만일 교회가 사람들이 구하는 것을 제시하면, 그들은 교회로 돌아올 것입니다.
그러나 그렇게 못한다면, 그들은 교회를 지나쳐 버릴 것입니다. 그들이 구하고 있는
세 가지는 다음과 같습니다.

인간의 존재에 관한 해명

처음으로 자신식을 가지게 된 날로부터 우리는 '나는 누구인가?'라는 질문에 당
혹해하고 있습니다. 우리가 누구인가를 알기 전까지는 어떤 일을 할 이유를 가지지
못하며, 선택을 위한 아무 동기도 가지지 못합니다. 우리가 왜 여기에 있는가를 알
기 전까지는 생존 투쟁에서 목적도 없이 수고해야 하며, 결정을 하더라도 그것들이
옳은지도 모르고 결정해야 하는 것입니다. 세상은 추악(醜惡)과 미(美), 고통과 기쁨
의 뒤범벅인 것처럼 보이기도 합니다. 우리의 삶은 안개처럼 곧 사라져 버릴 것 같
기도 합니다. 인간들이 어떤 의미가 있는지를 필사적으로 알려고 하는 것은 이상한
일이 아닙니다.

이런 질문에 대한 답변은 세상 자체가 그것을 해명할 수 없기 때문에 종교적이어
야 합니다. 인간의 가치의 근원은 인간성 밖에 있어야 합니다. 어둠 가운데서 찾고

있던 자들은 교회를 쳐다보고 그들이 어떤 빛을 가지고 있는지를 알고 싶어합니다.

미국교회협의회 실행위원이었던 켈리(Dean M. Kelley)는 교파의 성장과 침체 이유에 관한 그의 저서에서 말하기를, "필수 불가결한 종교의 기능이란, 궁극적인 면에서 인생의 의미를 설명하는 것"이라고 합니다. 사람은 '의미 지향적인 존재'입니다. 그가 누구며 왜 여기에 있는지를 알지 못할 때, 그는 '무질서(anomie)'– 무의미 –의 심한 병을 앓게 됩니다. 켈리 박사는 통계를 통해, 명백하고도 분명한 인생의 의미에 관한 설명을 가지고 있는 미국 교파는 성장하는 반면, 그렇지 않은 교파는 줄어들고 있다는 사실을 보여 주었습니다. 전도에 성공하고 있는 교파는 확실한 것들을 제시하고 있으며 실패하고 있는 교파는 공론(空論)을 제시한다고 말합니다.

여기에 중요한 지침이 있습니다. 넘어지는 사람들이 도움을 받으려고 붙잡을 때, 그들의 손은 어떤 물체를 붙잡아야 할 필요가 있습니다. 삶에 대한 명확한 의미를 염원하는 그들에게 "그것을 보는 한 가지 견해는…" 식의 메시지를 전해서는 안 됩니다. 그것은 "우리는 알고 있습니다!"가 되어야 합니다.

하나님의 존재

하나님에 대한 굶주림은 인간성의 한 부분입니다. 많은 불신자들도 굶주리고 있지만, 그것을 하나님과 연결지어 생각하지 않습니다. 우리는 종교의 필요성을 느끼지 않는 것처럼 보이는 사람들을 알고 있습니다. 그들은 하나님께 대한 갈망이 어떤 다른 통로로 돌려졌거나, 등한시함으로써 둔화되었거나 아니면 죄로 인하여 말살되어 버렸습니다. 그들은 미(美)나 사랑이나 봉사를 통하여 자기들이 발견한 분이 바로 하나님이라는 것을 알지 못한 채 하나님을 경험할 수도 있습니다. 그들은 아직 하나님을 완전히 잃어버리고 있지는 않습니다. 사람들은 왜 그런지도 모른 채 하나님에 대한 열망으로 여위어질 수도 있습니다. 아무리 사람들과 함께 있다 할지라도 털어버릴 수 없는 깊은 고독감이 있기도 합니다. 뭔가 잘못된 것 같은 좌절 의식이나 고통스러운 공허감이 있기도 할 것입니다.

그리스도인들은 하나님이 존재하신다는 것을 알고 있으며, 인간들은 그분과 교제하며 살도록 되어 있다는 것을 알고 있습니다. 그래서 기도하는 것이 숨 쉬는 것처럼 자연스럽습니다. 반면 하나님과 자신과의 관계성을 알지 못하는 사람들의 경우에는, 마치 연주되지 못하는 바이올린이나 심기우지 못하는 씨앗처럼 존재 목적을 상실하게 됩니다. 그들에게는 기도가 문제성 있는 불가해한 실행(a baffling exercise)으로 생각될 뿐입니다.

물고기에게는 어떤 사람이 바닷속에서 걸어다니며 보이지 않는 다른 영역과 통하는 호스를 가지고 숨쉬는 것이 이상하게 보이겠지만, 잠수부에게는 그것이 이상한 것이 아닙니다. 그러므로 그리스도인은 기도하게 되고, 불신자들은 기도하지 않는 것입니다. 인식하고 있거나 못하고 있거나 모든 인간은 기도하려는 강한 충동을 가지고 있습니다. 만일 교회가 사람들이 하나님을 알도록 도우며, 하나님을 향한 갈망을 채우도록 돕고, 그들의 기도를 보다 실제적으로 할 수 있도록 돕는다면, 그들은 교회로 나아올 것입니다.

삶을 위한 설계

사람들은 그들에게 어떻게 살아야 하는지를 말해 줄 종교를 원합니다. 어떤 종류의 행위를 하나님께서 기대하고 있는지, 그리고 어떻게 하면 그들의 삶이 최선의 것이 될 수 있을지 알고 싶어합니다. 그들은 그들이 범할 수 있는 파괴적인 실수들을 두려워합니다. 모든 도덕적 혼란과 세속의 거짓들 속에서, 그들은 믿을 수 있는 한 음성을 염원하고 있습니다. 자신들의 연약함과 악함과 투쟁하면서, 그들은 붙들 만한 굳건한 어떤 것을 원합니다. 그들은 하나님이 도덕성의 근원으로 여겨진다는 것을 알고 있습니다. 그러므로 그들은 교회를 쳐다보며 교회가 그들에게 옳은 것을 이야기해 줄지 어떨지를 알고자 합니다.

켈리 박사의 연구는, 성장하는 교회는 바로 '많이 요구하는' 교회라는 것을 보여줍니다. 우리는 교인들에게 엄격한 요구를 하는 교회는 몇몇의 열심 있는 교인들에게만 매력 있을 것이고, 대다수는 관대함과 허용을 갖춘 교회로 몰릴 것이라고 생각합니다. 그러나 현실에서는 정반대입니다. 관대함과 허용함은 교회를 호소력 있게 만들지 못하며, 그것들은 교회를 중요치 않은 것으로 만듭니다. 초청할 때 "와서 우리와 함께 참여합시다. 그러나 여러분이 하는 일을 바꿀 필요까지는 없습니다."라고 한다면, 그 반응은 "그러면 왜 참가 안 하겠나?"가 아니라 "그러면 왜 귀찮게 구는 거지?"가 됩니다.

매우 총명한 젊은 부부가 우리 교회를 떠나 보다 덜 전통적인 교회에 출석했을 때, 나는 새로운 점을 배우게 되었습니다. 그 남편은 이렇게 말했습니다. "새 교회는

'술을 마시면 안 됩니다.' 라고 말합니다. 또한 나에게 십일조를 드리라고 요구합니다. 전에는 내가 얼마나 교회 결석을 하는지에 대하여 관심을 보이는 이가 없었습니다. 내가 지금의 교회에 참석했을 때, 그들은 내게 말하기를 '주일과 수요일 저녁에 두 번 이상 결석하게 되면, 우리는 그 이유를 알고 싶어할 것입니다.' 라고 하였습니다. 나는 옳은 것을 말해 주는 교회를 좋아합니다." 나는 그 교회의 엄격성을 좋아하지는 않지만, 우리 교회의 유동성에 대하여 고충을 느꼈습니다.

한두 세대 이전에는 지나친 율법주의가 문제였습니다. 교회는 흡연이나 술이나 안식일 준수나 성도덕에 관한 규칙을 정해야 했습니다. 그러나 이제 문제가 되는 것은 교회가 명확한 기준을 어디까지 가져야 하는지에 대한 것입니다. 현대의 경향은 지나치게 추상적인 용어로 도덕성을 말하기 때문에 어떤 것이라도 가능하다는 것입니다. 산상 설교는 어떤 규례집이 아니라, 하나의 그림책입니다. 예수님은 다툼을 해결하기 위하여 성전에서 달려 나오는 한 예배자를 묘사했습니다. 또 다른 한 사람은 맞고서도 다른 편 뺨을 돌리고 있으며, 또 다른 사람은 죄에 대하여 너무 죄송하여 그의 손을 자릅니다. 하나님을 신뢰하는 자들은 앞날의 필요에 대하여 조금도 염려하지 않습니다. 이러한 놀라운 빛깔로 그려진 그림으로 예수님은 그리스도인의 덕을 명백하게 만들었습니다. 그는 이상을 추상으로 남겨 두지 않았습니다. 화가 난 형제가 무엇을 해야 하는지, 또 죄 많은 여인이 어떻게 해야 하는지를 말씀하실 때 그는 명확했습니다. 교회는 매일의 생활에 어떻게 적응해야 하는지에 관한 바리새적인 규례가 아닌, 분명한 이상(ideals)과 특수한 조언을 줄 수가 있습니다. 엄격한 규정으로가 아니라 큰 기대감으로 지침을 줄 수가 있는 것입니다.

지나온 세기를 통하여 우리는 그리스도의 가르침이 가족과 도덕과 일상, 업무와 정부에 어떻게 적용되는지에 관하여 대단히 많은 것을 배워 왔습니다. 그리고 이제는 삶을 부요하고 충만하게 만드는 행동과 삶을 공허하게 만드는 행위에 관한 많은 것들도 알려졌습니다. 사람들은 교회가 이 지혜를 축적하여 그것을 그들에게 전해 주기를 기대하고 있습니다.

전도인의 자세 Ⅰ

10

윌리암 바클레이(William Barclay)는 전도인의 자세를 어부와 비교해서
다음과 같이 우리에게 교훈하고 있습니다.

인내심이 있어야 합니다.

어부는 고기가 미끼에 걸릴 때까지 끈기 있게 기다리는 것을 배워야 합니다. 만
일 참지 못하여 서두른다면 그는 결코 좋은 어부가 될 수 없습니다. 사람을 낚는 선
한 어부는 인내심을 가져야 합니다. 성급히 그물을 걷어 고기를 얻고자 하는 것은,
전도에서는 거의 불가능한 기대입니다. 기다릴 줄 알아야 합니다.

불굴의 정신이 있어야 합니다.

어부는 어떤 경우에서도 결코 실망하지 않고 다시 일어나는 불굴의 정신을 배워
야 합니다. 좋은 전도자는 아무런 효과가 없어 보일지라도 실망해서는 안 됩니다.
항상 다시 시도하려는 자세가 되어 있어야 합니다.

용기가 있어야 합니다.

옛날 희랍 사람들은 신에게 보호해 달라고 간구할 때 다음과 같은 말을 했다고
합니다. "나의 배는 너무나 작고 바다는 너무나 큽니다." 그러나 하나님을 믿는 어
부는 바다의 광풍 노도를 회피하는 것이 아닌, 용기 있게 직면하여 이겨 내고자 하

는 자세를 지녀야 합니다. 진리를 외치는 사람은 자기의 명예와 생명까지도 다 바칠 각오를 해야 합니다.

고기잡이 할 바른 시기를 분별할 줄 알아야 합니다.

현명한 어부는 그물을 던질 때와 던지지 않을 때를 잘 압니다. 전도자도 적절한 때를 가려 낼 줄 알아야 합니다. 사람들이 진리를 환영할 때가 있고, 진리에 대해 반감을 가질 때가 있습니다. 진리에 감동받을 때가 있는가 하면, 진리의 대적자가 되어 완고하게 거부할 때도 있습니다. 현명한 전도자는 말을 할 때와 침묵을 지킬 때를 알고 있습니다.

고기에게 맞는 미끼를 만들어야 합니다.

고기에 따라 좋아하는 미끼가 다릅니다. 바울은 "여러 사람에게 내가 여러 모양이 된 것은 아무쪼록 몇몇 사람들을 구원코자 함이다."라고 말했습니다. 현명한 전도자는 언제나 같은 방법으로 모든 사람을 이끌 수 없다는 사실을 잘 알고 있습니다. 또한 자신의 한계를 알고 인정할 줄 알며, 자기 자신은 할 수 있으나 남은 할 수 없는 어떤 특정한 상황이 있다는 것도 잊지 않습니다.

자신을 숨길 줄 알아야 합니다.

어부가 모습을 나타내거나 혹은 그의 그림자라도 물에 비치면 고기는 미끼를 물지 않습니다. 현명한 전도자는 사람들에게 자기가 아니라 예수 그리스도를 나타내고자 합니다. 전도의 목적은 사람들의 시선을 자기에게가 아니라, 저 위에 계시는 그분께 집중케 하는 것이기 때문입니다.

전도인의 자세 Ⅱ

11

저명한 선교학자 허버트 케인(Herbert J. Kane)은
사람 낚는 어부로서의 바울의 모습과 신앙을 다음과 같이 요약하고 있습니다.

기독교 선교 역사에 있어 바울만큼 성공한 전도인은 거의 발견할 수 없습니다. 그가 무엇을 하든 하나님의 복이 함께하셨고, 어디서든 구원에 이르게 하는 하나님의 능력이 입증되었습니다. 많은 영혼이 구원을 얻었고, 신자들은 성숙하였으며, 교회들이 세워지고, 사회 전체에 변화가 왔습니다. 그러나 그런 긍정적인 반응만 있었던 것은 아닙니다. 그를 따르는 사람들이 있었던 반면, 악착같이 그를 대적하여 도시 밖으로 추방한 자들도 있었습니다. 적어도 그는 무시당하는 존재는 아니었으나, 그와 그 동역자들은 "천하를 어지럽게 하는 사람들"(행 17:6)로 알려져 있었습니다.

바울은 좋은 의미로 성공 지향적인 인물이었다고 할 수 있습니다. 그는 승리를 위한 싸움을 싸웠으며, 몸으로 행한 것을 따라 받기 위해 활동했습니다. 그는 순수한 동기와 고상한 목표를 가진 고결한 인물이었습니다. 그는 자신을 위하여는 아무 것도 구하지 아니하고 그리스도를 위하여는 모든 것을 구했습니다.

그에게 성공이란 두 가지를 의미했으니, 곧 '하나님의 영광'과 '형제들의 유익'이었습니다. 그는 이를 다음과 같이 한 줄로 표현하고 있습니다.

"그리스도를 섬기는 자는 하나님을 기쁘시게 하며 사람에게도 칭찬을 받느니라."

(롬 14:18)

그는 성공에 대한 확신에 차 있었고, 성공을 위해 기도했으며, 성공을 기대하고 있었으며, 성공을 달성했습니다. 그렇다면 이러한 그의 놀라운 성공을 어떻게 설명할 수 있겠습니까?

소명에 대한 확신

오늘날 많은 전도자들이 정체성의 위기(Identity crisis)를 겪고 있습니다. 그들은 자신이 누구인지, 선교 현장에서 새로이 벌어지는 사태들에 대하여 어떻게 적응할 것인지에 대한 확신이 결여돼 있습니다. 그러나 바울에게는 그러한 것이 문제되지 않았습니다. 그는 자신이 그리스도의 사도임을 확신했고 누차 자신을 그리스도의 사도라고 언급했습니다. 그는 저술, 설교, 교육, 여행, 조직, 천막 만들기 등 많은 일들을 했으나, 이는 모두 그의 주된 소명인 사도 직분에 부차적인 것들이었습니다.

그는 자신이 하나님의 뜻으로 말미암아 사도로 '부르심'을 받았다고 했으며, 태어나기 전에 이미 복음을 위하여 '택정함'을 입었다(갈 1:15)고 했습니다. 그는 회심하는 순간 하나님께서 그를 가리켜 "내 이름을 이방인과 임금들과 이스라엘 자손들에게 전하기 위하여 택한 나의 그릇"(행 9:15)이라 하셨다고 했습니다. 그는 회심한 후에 "혈육과 의논하지 아니하고" 또 자신보다 "먼저 사도된 자들을 만나려고 예루살렘으로 가지"도 않았습니다. 그 대신 그는 아라비아로 가서 깊은 사색과 방향 정립에 힘썼습니다.(갈 1:16~17)

보다 구체적으로 말하면 그는 이방인의 사도로 부르심을 받았습니다. 이 역시 그자신의 선택은 아니었습니다. 왜냐하면 그는 자신의 동족이 구원받기를 애타게 원하고 있었기 때문입니다. 할 수만 있었다면 사랑하는 동족의 사도가 되기를 바랐을 것은 의심의 여지가 없습니다. 따라서 하나님께서는 그에게 이방인에 대한 선교 사명을 일깨우면서 예루살렘에서 밖으로 나갈 것을 명하실 수밖에 없었습니다.(행 22:17~21)

바울이 결코 의심하거나 망각하지 않았던 것은 예수 그리스도와의 관계였습니다. 그가 갇힌바 된 것은 로마의 포로로서가 아니라 예수 그리스도의 일로 인함(엡 3:1)이었습니다. 그는 쇠사슬에 묶여서도 그리스도의 사신임을 자처(엡 6:20)하였습니다. 그는 로마 시민권을 버릴지언정 사도로서의 신임장은 결코 버리지 않으려 했으며, 따라서 그 신임장은 정치적, 종교적인 적대 세력이 전혀 미치지 못하는 곳에 온전히 보존될 수 있었습니다. 그 어떠한 것도 그의 정신을 꺾거나 소망을 흐리게 할 수 없었습니다.

이에 그는 로마 옥중에서도 다음과 같이 편지할 수 있었습니다. "나는 기뻐하고 또한 기뻐하리라. 이것이 너희의 간구와 예수 그리스도의 성령의 도우심으로 나를 구원에 이르게 할 줄 아는 고로, 나의 간절한 기대와 소망을 따라 아무 일에든지 부끄러워하지 아니하고 지금도 전과 같이 온전히 담대하여 살든지 죽든지 내 몸에서 그리스도가 존귀하게 되게 하려 하나니, 이는 내게 사는 것이 그리스도니 죽는 것도 유익함이라."(빌 1:18~21)

하나님의 뜻에 대한 완벽한 헌신

세상에는 하나님의 뜻이 무엇인지 알면서도 이를 피하려 하는 사람들이 많으며, 피하지 않더라도 일부러 모르는 척하는 경우가 많습니다. 그러나 바울은 그렇지 않았습니다. 앞서 가신 주님처럼 그는 하나님의 뜻에 절대 복종하였기에 다음과 같이 말할 수 있었습니다. "내가 하나님의 뜻을 행하러 왔나이다."(히 10:7) 다윗이 그의 시대에 하나님의 뜻에 따라 봉사했듯이, 바울 또한 하나님의 뜻에 따라 자신의 시대에 봉사의 삶을 살았습니다.

바울이 다메섹 도상에서 그리스도를 주님으로 영접한 날에서부터 생애의 마지막 순간까지, 그의 최대 관심사는 하나님의 뜻을 행하는 것이었습니다. 오직 이 위대한 목표를 이루기 위해 모든 계획의 초점을 맞추었습니다. 그는 로마의 성도들을 애타게 보고 싶어했고 또 그렇게 되기를 기도했으나, 자신의 뜻대로 하지 않고 "하나님의 뜻 안에서"(롬 1:10) 그들에게 나아갈 길을 구했습니다. 또한 에베소에 더 오래 있기를 여러 사람이 청했을 때도 그는 "만일 하나님의 뜻이면 너희에게 돌아오리라."(행 18:21)는 작별 인사를 남기고 떠났습니다. 바울이 예루살렘을 마지막으로 방문했을 때도 동료들은 그에게 위험한 지경에 빠지지 말 것을 힘써 만류했으나, 그가 이를 거절하자 그들은 "주님의 뜻이 이루어지기를 빈다."(행 21:14)고 하면서 단념하였습니다.

이 일에 대하여 어떤 주석가들은 그때 바울이 판단 착오를 일으켰다고 말합니다. 즉, 동료들의 충고를 받아들여서 투옥되는 것을 피했어야 한다는 것입니다. 그러나 바울 자신의 서신에서는 이러한 암시를 찾아볼 수 없으며, 오히려 그 후 이 일에 대하여 다음과 같이 말하였습니다. "형제들아, 내가 당한 일이 도리어 복음 전파에 진전이 된 줄을 너희가 알기를 원하노라."(빌 1:12) 이를 볼 때 예루살렘에서 시작된 그의 투옥이 하나님의 뜻에서 벗어난 것이었다는 생각은 그에게 전혀 없었다고 하겠습니다.

바울이 가지고 있었던 육체의 가시는, 그가 세 차례나 그것으로부터 벗어나기를 기원했다는 사실을 감안할 때 참기 어려운 것이었음에 틀림없습니다. 그러나 그것이 하나님의 뜻이 아니라는 것을 깨달은 그는 다음과 같이 말하면서 그 고통을 묵묵히 받아들였습니다. "도리어 크게 기뻐함으로 나의 여러 약한 것들에 대하여 자랑하리니 이는 그리스도의 능력이 내게 머물게 하려 함이라."(고후 12:9) 바울은 하나님의 뜻이 아님을 깨닫고 나서는 결코 이에 대해 의심을 품는 일이 없었습니다.

성령의 능력에 대한 전적인 의존

바울은 천부적 재능을 갖춘 비상한 인물이었으며, 그러한 재능에 의존하고 싶은 유혹을 끊임없이 느꼈을 것입니다. 그러나 아덴에서 그가 그러한 유혹에 굴복했습니까? 그랬다면 그가 고린도에 도착했을 때의 상황은 매우 달라졌을 것입니다. 우리는 다음과 같은 그의 말을 참조할 수 있습니다.

"형제들아, 내가 너희에게 나아가 하나님의 증거를 전할 때에 말과 지혜의 아름다운 것으로 아니하였나니, 내가 너희 중에서 예수 그리스도와 그가 십자가에 못 박히신 것 외에는 아무것도 알지 아니하기로 작정하였음이라. 내가 너희 가운데 거할 때에 약하고 두려워하고 심히 떨었노라. 내 말과 내 전도함이 설득력 있는 지혜의 말로 하지 아니하고 다만 성령의 나타나심과 능력으로 하여 너희 믿음이 사람의 지혜에 있지 아니하고 다만 하나님의 능력에 있게 하려 하였노라."(고전 2:1~5)

이 능력은 '하나님의 능력'(롬 1:16), '그리스도의 능력'(고후 12:9), '성령의 능력'(롬 15:19) 등으로 언급되고 있으나, 이들은 종류를 달리하는 세 개의 능력을 가리키는 것이 아니고, 믿는 자에게 전달되고(롬 8:11), 믿는 자를 통하여 매개되는(롬 15:18~19), 하나의 신적인 능력을 말하는 것입니다.

성령은 생명의 영(롬 8:2), 진리의 영(요 14:17), 권능의 영(행 1:8)이십니다. 이러한 3중의 능력으로 성령은 하나님의 구원 사역 전체를 통해 불가결한 존재로 일하십니다. 허물과 죄로 인해 죽은 영혼에게 하나님의 생명을 전달하고, 죄와 사탄에 의해 어두워진 마음에 하나님의 진리를 계시하며, 하나님을 섬기는 일에 헌신하는 자에게 하나님의 능력을 전달하는 것 모두 성령의 역사입니다. 성령의 임재와 능력 없이는 그리스도의 일꾼 된 자로서 헛수고만 할 뿐이며, 그의 모든 최선의 노력들이 처참한 상태로 돌아갈 것입니다. 하나님의 일이 성취되는 것은, 힘이나 능력으로 되는 것이 아니라 오직 성령으로 되는 것입니다.(슥 4:6)

따라서 어느 누구라도 성령의 능력 없이 하나님의 일을 수행하려는 것은 매우 어리석은 일입니다. 이러한 사실에 대하여 사도 바울보다 더 잘 알고 있었던 사람은 없습니다.

담대한 복음 증거

오늘날 전도자가 복음을 전파하는 과정에서 이교주의, 인도주의, 민족주의, 다원주의, 혼합주의, 보편주의 등으로 인한 문제로 어려움을 겪고 있다면, 그는 1세기에 바울이 당면했던 어려운 상황을 기억할 필요가 있습니다.

바울이 살던 당시에는 유대인, 헬라인, 로마인 등으로 구분되어 있었습니다. 바울은 이들 모두에게 복음을 전했으나, 이들은 각각 나름의 이유로 바울의 메시지에 거부 반응을 보였습니다. 유대인은 표적을 구했고, 헬라인은 지혜를 추구했으며, 로마인은 권력에만 관심을 쏟고 있었습니다.

유대인들은 바울이 구약 성서에 관하여 설교하는 동안에는 점잖게 경청하다가도, 이야기의 방향을 바꾸어 나사렛의 목수 예수가 메시아였다는 사실을 선포할 때는 그를 돌로 쳐 죽이려 했습니다.(행 14:19)

헬라인들은 철학적인 사변을 좋아했던 지적인 사람들로서 문명과 지혜를 동일시하고 있었습니다. 그들에게 중요한 것은 육체가 아니라 정신이었으며, 사람이 죽으면 육체의 감옥에서 정신이 해방되어 비로소 구원이 이루어진다고 믿고 있었습니다. 따라서 그들은 부활에 대하여 전혀 관심이 없었고, 바울이 부활에 대하여 언급할 때마다 조롱과 냉소를 퍼부었습니다.(행 17:32)

로마인들은 당시 대제국을 건설하고 있었으며, 그들의 도시, 도로, 도서관, 궁전, 원형극장 등은 제국의 위력을 나타내는 상징들이었습니다. 그들은 문명과 권력을 동일시하고 있었습니다. 이러한 로마인들에게 로마의 십자가 위에서 나약하게 십자가형을 당한 유대인 죄수가 세계의 주권자이며 구세주이니 이 사실을 믿으라고 했을 때 그들의 반응을 상상할 수 있겠습니까?

이와 같은 문제들이 바울을 괴롭혔을 것은 분명한 사실입니다. 그러나 그는 복음 선포에 있어 단 한 번이라도 위축되는 일이 없었습니다. 그는 청중이 누구이든 간에 – 유대인, 헬라인, 로마인, 또는 이들 모두 – 하나님의 가르침을 선포하곤 했습니다. 물론 그는 항상 청중들이 익숙히 알고 있는 것에서부터 시작하여 새로운 진리들로 복음의 주제를 바꾸었습니다. 이는 일부의 진리들이 그들에게 전혀 받아들여질 수 없다는 것을 알았기 때문입니다.

이렇게 하는 데는 믿음과 용기가 필요했는데, 바울은 이 두 가지를 모두 완벽하게 갖추고 있었습니다. 그는 복음의 진리와 복음의 능력을 확신하고 있었습니다. 또한 듣는 자들의 정신과 마음에 복음을 뿌리박게 하는 성령의 능력을 충심으로 믿고 있었습니다.(요 16:18)

용기로 말하건대, 바울이야말로 하나님 앞에서는 모든 것이 그림자에 불과하다는 진리를 보여 주는 산 증인이었다고 할 수 있습니다. 그는 결코 인간을 두려워하지는 않았으며, 하나님을 기쁘시게 하는 것(갈 1:10)이 그의 최대의 관심사였습니다. 그는 어떠한 것도 하나님의 사랑과 그리스도의 생명으로부터 그를 떼어 놓을 수 없다는 것을 확신하였고, 존 웨슬리(John Wesley)처럼 그의 사명을 마치는 날까지 결코 죽지 않을 것을 믿었습니다. 살든지 죽든지(빌 1:20) 그에게는 마찬가지였습니다. 혹시 그의 적들이 언젠가 그를 죽이게 된다면 그는 찬란한 영광 중에 천국의 본향으로 돌아가게 될 것이었습니다.

삶을 통한 인격적 모범

기독교의 모든 사역에서는 사역자의 인격이 메시지의 내용만큼이나 중요합니다. 기독교 사역에는 두 가지 차원이 있으니, 곧 신적인 차원과 인간적인 차원입니다. 이러한 사실을 바울은 누구보다 잘 알고 있었고, 데살로니가에서는 성공에 관해 설명하면서 이 두 가지 차원에 관해 언급했습니다. '신적인 차원'이란 성령의 능력을 말하는 것이며, '인간적인 차원'이란 디모데, 실라를 포함한 사역자들의 인격에 관계되는 것입니다.

바울은 다음과 같이 선언했습니다. "이는 우리 복음이 너희에게 말로만 이른 것이 아니라 또한 능력과 성령과 큰 확신으로 된 것임이라. 우리가 너희 가운데서 너희를 위하여 어떤 사람이 된 것은 너희가 아는 바와 같으니라."(살전 1:5) 이어서 바울은 데살로니가전서 2장의 처음 12절을 세 사람의 사역자들에 관한 기술에 할애했습니다. "우리가 너희 믿는 자들을 향하여 어떻게 거룩하고 옳고 흠 없이 행하였는지에 대하여 너희가 증인이요 하나님도 그러하시도다."(살전 2:10)

그는 또한 데살로니가교회 교인들에게 "너희는 … 우리와 주를 본받은 자가 되었다."(살전 1:6)는 사실을 상기시켰습니다. 여기에서 그 순서가 중요합니다. 즉, 그들은 바울에게 먼저 돌아오고 나서 그리스도에게로 돌아온 것입니다. 그들은 바울이 그리스도의 사랑을 몸소 모범으로 보여 줬기 때문에 바울에게 이끌려 왔고 그를 통해 주님을 알게 된 것입니다.

바울은 그의 서신들, 특히 고린도후서를 통해 그가 신도들 가운데서 어떻게 생활했던가 하는 것을 정직하고 겸손하게 반복해서 설명하고 있습니다. 그는 그들 가운데 심어 주고 싶었던 여러 가지 덕성들을 자신의 인격적인 삶으로 직접 보여 주었던 인물이었습니다. 이것이 그의 놀라운 성공과 밀접한 관계를 가지고 있음은 두말 할 필요가 없었습니다.

전도를 위한 조직

12

「개인 전도학」을 집필한 강문석 씨는 효과적인 전도를 위한
조직 구성에 대해 다음과 같이 설명하고 있습니다.

예수님도 전도팀을 구성하셨습니다.

예수님은 12제자를 부르시고 전도 보내실 때에 전도팀을 구성해서 보내셨습니다. "열두 제자를 부르사 둘씩 둘씩 보내시며"(막 6:7) 주께서 70인을 세워 전도 보내실 때도 둘씩 보내셨습니다. "그 후에 주께서 따로 칠십 인을 세우사 친히 가시려는 각 동네와 각 지역으로 둘씩 앞서 보내시며."(눅 10:1)

이와 마찬가지로 교회에서도 전도 훈련을 시켜 전도하러 보낼 때에 조직적인 팀을 구성하여 보내야 하고, 교회의 큰 부흥을 가져 오려면 전도팀 구성이 마땅히 있어야 합니다.

조직은 상호 협조를 위해 중요합니다.

인도의 성자 선다 싱은 전도 여행 중에 히말라야 산을 경유하게 되었습니다. 한참을 가던 그는 도중에 얼어 죽어가는 사람을 만나게 되었습니다. 선다 싱은 그를 구하기 위하여 몸이 꽁꽁 언 그 사람을 등에 업고 산을 넘어가기 시작했습니다. 그 과정에서 선다 싱의 몸에서는 땀이 났고 등에 업혀 있던 사람은 그 열로 인하여 살아나게 되었습니다. 결국 그 혹독한 추위 속에서 두 사람 모두 생명을 구하게 되었

습니다.

전도서 4장 10절에 "혹시 그들이 넘어지면 하나가 그 동무를 붙들어 일으키려니와 홀로 있어 넘어지고 붙들어 일으킬 자가 없는 자에게는 화가 있으리라."고 하였습니다. 신앙 생활도 그러하고, 신체상으로도 그러하고, 경제면에서도 그러합니다. 그리고 정신적으로도 그러합니다. 또한 예수님이 말씀하기를 기도할 때도 한 사람보다 두세 사람이 합심하여 내 이름으로 무엇이든지 구하면 시행하리라고 말씀하셨습니다. (마 18:19~20)

연합한 조직은 성공을 가져옵니다.

너무나 험한 세상입니다. 예수님은 누가복음 10장 3절에서 "갈지어다. 내가 너희를 보냄이 어린 양을 이리 가운데로 보냄과 같도다."고 말씀하셨습니다.

전도서 4장 12절에 "한 사람이면 패하겠거니와 두 사람이면 맞설 수 있나니." 이 두 사람은 예수님과 나와의 연합입니다. 이 연합을 토대로 사람끼리도 연합을 이루어야 합니다. 연합하면 아무리 죄악이 많고 이리 떼들이 우글거려도 두렵지 않습니다. 승리하고 맙니다. 원수 앞에 혼자 있을 때는 패하나 단합된 힘이 될 때는 승리하고 맙니다. 요합과 아비새는 "내 원수를 대적하는 일에 나를 도와 주고 나는 네 원수를 칠 때 도와 주겠다."고 협약한 일이 있습니다. 그 결과 그들은 모두 승리하였습니다.

연합하여 일하는 조직은 상을 받습니다.

전도서 4장 9절에 "두 사람이 한 사람보다 나음은 그들이 수고함으로 좋은 상을 얻을 것임이라."고 하였습니다. 이 말씀은 연합하면 일을 하게 되고 일하면 상을 받게 된다는 말로, 여기서 상은 복을 받게 된다는 말입니다. 불합하면 일을 못하게 되고 일을 못하면 상을 받지 못합니다. 즉, 복을 받지 못하게 됩니다. 신령한 일에 있어서의 연합은 성령의 역사입니다. 그러나 불합은 사탄의 역사입니다.

연합된 전도팀을 만들려면

(1) 먼저 특별 기도 후
(2) 전도 훈련 받기 전에 구성합니다. (막 6:7, 눅 10:1)
(3) 전도팀의 기본 인원은 2명입니다. (2~5명)

(4) 팀장을 꼭 둡니다.

(5) 팀마다 팀 명칭을 정하게 합니다.

(6) 한팀이 노방 전도를 하던 중 A라는 사람을 상대하여 전도를 하게 되었다면,
그 전도가 끝날 때까지 팀장과 팀원은 행동을 같이 합니다.

누가 쉽게
전도되는가?

13

누가 전도의 수용성을 높이 가지고 있습니까? 즉 '누구에게 전도가 잘 되는가' 하는 문제는 전도하는 사람이 반드시 알고 있어야 할 기본 상식입니다.

이 문제에 대하여 교회 성장학자들은 대개 공통된 해답을 가지고 있는데, 그것은 생의 위기에 처한 사람일수록 전도가 쉽게 된다는 것입니다. 즉 개인적으로나 가정 혹은 그 사람이 처한 지역 사회 내에서 걱정되는 일이나 고민되는 일을 가지고 있을 때 전도가 잘 된다는 것입니다.

다음의 도표는 '전도 수용성 범위'(The Receptivity Rating Scale)라는 것으로, '누가 전도가 쉽게 되느냐?'를 그 사람이 처한 상황에 따라 분석해 놓은 것입니다. 여기에는 미국 워싱턴외과대학에서 채택한 인간이 처하게 되는 각각의 어려운 상황들이 적혀 있으며, 왼쪽에는 숫자가 적혀 있습니다. 위기 상황 중 가장 깊은 상처에 해당하는 배우자와의 사별을 최고 격도인 100으로 하고, 법적으로 작은 피해를 입는 일은 11 정도에 해당하는 것으로 정하였습니다.

도표를 자세히 읽어 보십시오. 그리고 표를 다 읽은 후에는 주위에 살고 있는 사람 가운데 혹시 도표와 같은 상황에 처해 있는 이웃이 누구인지를 가만히 생각해 보십시오. 그럼 그 사람이 바로 당신의 전도 대상이 될 수 있습니다.

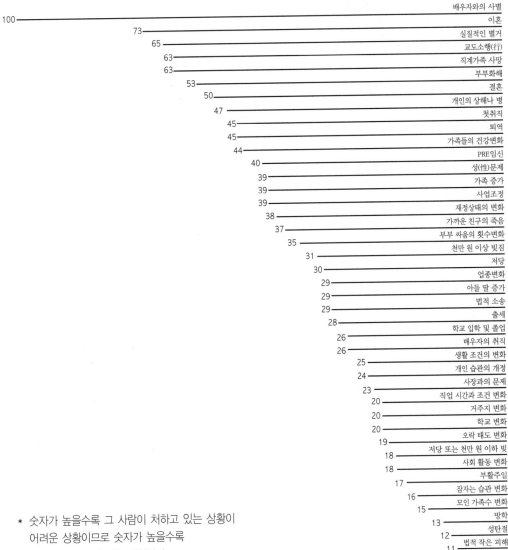

100	배우자와의 사별
	이혼
73	실질적인 별거
65	교도소행(行)
63	직계가족 사망
63	부부화해
53	결혼
50	개인의 상해나 병
47	첫취직
45	퇴역
45	가족들의 건강변화
44	PRE임신
40	성(性)문제
39	가족 증가
39	사업조정
39	재정상태의 변화
38	가까운 친구의 죽음
37	부부 싸움의 횟수변화
35	천만 원 이상 빚짐
31	저당
30	업종변화
29	아들 딸 증가
29	법적 소송
29	출세
28	학교 입학 및 졸업
26	배우자의 취직
26	생활 조건의 변화
25	개인 습관의 개정
24	사장과의 문제
23	직업 시간과 조건 변화
20	거주지 변화
20	학교 변화
20	오락 태도 변화
19	저당 또는 천만 원 이하 빚
18	사회 활동 변화
18	부활주일
17	잠자는 습관 변화
16	모인 가족수 변화
15	방학
13	성탄절
12	법적 작은 피해
11	

* 숫자가 높을수록 그 사람이 처하고 있는 상황이
  어려운 상황이므로 숫자가 높을수록
  전도 대상으로서 더욱 적합하다.

방문 계획의
실행

14

시작하라!

보통 전도 방문에 흥미를 일으키는 것은 목회자지만, 때로는 열정적인 평신도가 시작하게 합니다. 어떤 사람들은 새로운 생각을 받아들이려고 하지 않으므로, 평신도 전도 방문에 대한 반대가 있을 수 있습니다. 목사만이 전도 훈련을 받았으며, 평신도 전도는 피상적일 수밖에 없다거나, 이웃들이 종교에 대하여 질문하는 방문자들을 언짢아 할 것이라고 말할지도 모릅니다. 그러나 목회자는 전도 방문을 위하여 기꺼이 함께 가려고 하는 단 한 사람만 발견하더라도 교회적으로 시작해야 합니다. 이런 방문을 위하여 지침을 함께 연구합니다. 결과가 좋으면 그 동역자는 새로운 구성원을 데리고 나오고 목회자는 또 다른 사람을 훈련시킬 수 있게 됩니다. 그리하면 기하급수적으로 교회의 태도를 바꿀 만한 열정을 가진 한무리의 방문자들이 나타나게 됩니다.

감정적인 시작을 하려는 유혹이 있을 수 있습니다. 몇 명의 동역자들이 훈련도 받지 않고 또는 그들이 하려는 것에 대한 지식도 갖추지 않고 방문을 하려 할 수도 있습니다. 아니면 방문을 받는 자들이 주의 깊게 선정되지 않아서 방문자들이 교회에 대하여 거의 모르고 있는 사람들에게 처음부터 교인이 되라고 요청하게 될 수도 있습니다. 이러한 미온적인 시도는 매우 저조한 결과를 가져오며 전도 방문을 계속하는 것을 어렵게 만들 수 있기에 신중하게 시작해야 합니다.

방문 팀을 구성하라.

결신을 위하여 접근할 사람들의 명단을 작성합니다. 방문자들은 보통 둘씩 나갑니다. 한 사람보다는 둘이 더욱 인상적이며 더 많은 것을 제공할 수 있습니다. 그들은 서로 도우며 이야기해 나가므로 보다 긴장이 덜 됩니다. 반면 세 명은 너무 압도적인 감이 있습니다. 어떤 사람은 셋을 더 좋아하는데, 부분적인 이유로는 각 팀에 남녀를 함께 배치하는 것을 보다 쉽게 해 주기 때문입니다. 부부는 사교적 방문이 되려는 경향성, 곧 지나치게 사소한 이야기를 많이 하고 정작 중요한 주제에 대하여는 별로 대화를 가지지 않으려는 경향을 탈피할 수만 있다면 아주 훌륭한 방문팀이 될 수 있습니다.

방문 가정들이 멀리 떨어져 있지 않다면 방문자들은 하루 저녁에 평균 2.5세대의 방문을 마칠 수 있습니다. 그러므로 3세대 방문을 맡을 필요가 있으며, 어떤 사람들은 집에 없기 때문에 두 세대를 더합니다. 목적을 달성하지 못한 가정들은 그 이튿날 저녁에 다시 배정하도록 합니다.

방문 날짜를 정하라.

처음 방문하는 경우에는 별 만족을 얻지 못합니다. 그러므로 단지 한두 번 방문하러 간 사람들은 어떻게 해야 훌륭한 방문을 하는 것인지 잘 모를 것입니다. 한 번 두 번 계속할 때 열정과 확신이 생기게 됩니다. 성공적인 저녁에는 방문자들이 함께 모여 그들의 경험을 나누며 서로 배우게 할 수도 있습니다. 잘 수행한 자들의 의기 충천한 모습은 별 성과를 거두지 못했을까 봐 두려워하는 자들을 격려해 줄 것입니다.

연중의 어떤 시기는 다른 시기보다 방문하기에 더 적합합니다. 가을은 교회의 활기찬 시기로 새 교인을 흡수할 보다 많은 기회를 줍니다. 가을은 그 지역으로 이사 온 자들을 가장 많이 방문하는 시기입니다. 크리스마스 직전 수 주일간은 사람들이 그리스도와 그리스도교 가정에 대한 이야기를 많이 하도록 만드는 요소가 있습니다. 신년 직후의 기간은 많은 교회가 한가한 시기입니다. 사순절 분위기는 전도에 도움이 될 수 있습니다.

새신자반이나 새 가족들을 맞아들이는 행사 날짜가 방문자들이 나가기 전에 정해진다면, 그것은 그들의 방문에 대한 이유가 될 수 있습니다. 이러한 계획은 예비 교인에게 결신할 기회를 줍니다. 방문 날짜는 교회력이 분명해지고 방문자들이 정해지고 또 준비가 적절하게 될 수 있도록 사전에 잘 정해야 합니다.

효과적인
시간 관리

15

　'성공의 90%가 시간 경영에 달려 있다'는 말은 상당히 정확한 진술로 생각됩니다. 우리는 많은 모임들을 달력 속에 기록해 놓고 생활을 가능한 한 복잡하게 만들고 싶어하는 경향이 있습니다. 마치 너무 많은 옷을 구겨 넣은 옷가방처럼, 틈 사이로 삐죽삐죽 나온 모양이 되고 맙니다. 그러나 이상하게도 우리의 기대와는 달리 더 많은 일을 할수록 즐거움은 더 적어집니다.

　하나의 해결책이 있습니다. 우리는 에베소서 5장에서 효율적인 시간 관리의 원리를 발견할 수 있습니다.(성경은 최고의 경영학 교본입니다.)

　"그런즉 너희가 어떻게 행할지를 자세히 주의하여 지혜 없는 자 같이 하지 말고 오직 지혜 있는 자 같이 하여 세월을 아끼라. 때가 악하니라. 그러므로 어리석은 자가 되지 말고 오직 주의 뜻이 무엇인가 이해하라."(엡 5:15~17)

　성경은 에베소서 5장뿐 아니라 다른 여러 곳에서도 우리에게 삶의 두 가지 방식, 즉 어리석은 삶과 지혜로운 삶이 있다는 것을 가르쳐 주고 있습니다. 에베소서 5장 16절의 "세월을 아끼라"는 말을 다르게 번역하면 "모든 기회를 활용하라"(RSV), 또는 "시간을 구속하라"(KJV)입니다.

지혜롭게 살아가는 비결

어리석지 않고 지혜롭게 살아가는 비결은 무엇일까요? 17절에서 그 해답을 발견합니다.

"오직 주의 뜻이 무엇인가 이해하라."

능률적인 시간 관리의 기본 원리는 하나님의 뜻을 행하는 것에 초점을 맞추는 일입니다. 매일매일 하나님께서 당신에게 원하시는 일이 무엇인가를 기도하면서 분별하십시오. 세상에서 가장 뛰어난 관리 기술도 하나님께서 원하시는 활동들에 초점을 맞추지 않은 한, 무가치하게 됩니다.

찰스 훔멜(Charles E. Hummel)은 그의 책, 「긴급성의 압제」(Tyranny of the Urgent)(Wheaton, Ill,:Inter- Varsity press, 1967)에서 삶의 긴급한 일들이 거의 중요하지 않으며 동시에 중요한 일들은 거의 긴급한 일이 아니라는 것을 지적합니다. 얼마나 옳은 말입니까!

또한 찰스 훔멜은 급하지 않은 삶을 살아가는 비결을 나누고 있는데, 주님에게서 그 예를 발견합니다. 예수님께서는 짧은 시간 안에 많은 것들을 해결하도록 압력을 받으셨을 뿐 아니라 사람들이 예수님에게 바랐던 기대는 우리가 상상할 수 없을 만큼 컸을 것입니다. 사람들은 병 고침을 원했습니다. 상담을 원했고, 하나님을 더 잘 알기를 원했습니다. 주님에게 부과된 그 요구와 압력들은 우리가 전 생애 동안 겪어야 하는 요구와 압력의 총 합계 이상이었을 것입니다. 그와 같은 요구와 압력 속에서 예수님은 그의 삶에 대한 목적과 방향을 견지하며, 조용한 평화를 누리셨습니다. 3년간의 공생애 기간 끝에 이르렀을 때 그는, "아버지께서 내게 하라고 주신 일을 내가 이루었습니다."(요 17:4)라고 하나님께 기도하실 수 있었습니다.

이렇게 말하는 것이 어떻게 가능할 수 있었을까요? 모든 사람이 하나님 나라를 알지 못하고 있는 상황에서 주님께서 그렇게 말씀하시는 것이 합당한 것이었나요?

다음 구절에서 우리는 주님의 삶의 비결을 발견합니다. "새벽 아직도 밝기 전에 예수께서 일어나 나가 한적한 곳으로 가사 거기서 기도하시더니."(막 1:35) 주님은 아버지께 헌신되어 있었습니다. 기도를 통해 매일의 삶을 그에게 의지했습니다. 아버지와 함께 있는 혼자의 시간이 그날의 하나님의 뜻을 분별하게 했습니다. 주님은 목적 있는 삶을 영위하실 수 있었습니다. 왜냐하면 그는 항상 아버지의 뜻에 초점을 맞추었기 때문입니다.

행할 수 있는 모든 가능한 일 중에서 예수님은 하나님께서 자신을 보내신 뜻에 합당한 일들을 행하셨습니다. 이에 공생애 마지막 때에, "아버지께서 내게 하라고 주신 일을 이루었습니다."라고 말씀하실 수 있었던 것입니다. 이것이 하나님의 뜻을 행하는 것에 초점을 맞추는 시간 관리의 비결입니다.

시간 관리의 9가지 원리

훌륭한 시간 관리는 원리와 기술만의 문제가 아닙니다. 무엇보다도 성도는 매일 매일 주어지는 하나님의 뜻을 분별해야 하며, 그 인도하심에 따라 순종해야 합니다. 여러분이 바른 태도를 가지고 있다면 이러한 시간 관리의 원리들을 실천할 수 있습니다.

1. 평가할 수 있는 목표와 계획들을 설정하십시오.

시간 경영은 그것이 분명하고도 평가할 수 있는 목표들과 관계를 가질 때만 생산적이 됩니다. 하나님의 뜻을 모르거나 자신이 성취하려고 하는 바를 모른다면, 지혜롭게 시간을 사용할 수 없습니다.

"뚜렷한 목표가 없는 사람들은 무척 열심히 노력하지만 어디에도 도달하지 못한다."

2. 어디에 시간을 사용하고 있는지를 파악하십시오.

시간의 사용처를 파악하는 작업은 시간표를 작성하는 것입니다. 다음 한 주간 동안의 일과표를 정확히 기록합니다. 약속, 자유 시간, 전화 통화 시간, 대화, 심부름, 일상 업무 시간, 그리고 계획 수립 시간 등을 상세하게 기록하면 그 주간이 끝날 때 매우 흥미 있는 분석 자료를 손에 쥘 수 있을 것입니다. 행동을 기록하고 있다는 사실 때문에 그 주간에 평소와는 어느 정도 다른 생활을 하게 되었음을 알게 될 것입니다.

일주일 혹은 이주일간의 일과표를 계속 작성하십시오. 이러한 작업을 통해 여러분은 여러분이 가는 장소와 행하는 일들을 조정할 수 있게 됩니다.

피터 드러커(Peter Druker)는 「유능한 행정가(The Effective Executive)」라는 책에서 이렇게 말합니다. "모든 일은 시간을 필요로 한다. 이것이 유일한 보편적인 조건이다.

모든 작업이 시간 안에서 시간을 소모하면서 이루어진다. 그러나 대부분의 사람들은 이와 같은 독특하며 불편하고 필수적인 자원을 당연한 것으로 간주한다. 유능한 행정가를 특징짓는 유일한 것은, 시간 관리에 얼마나 철저한가 하는 점이다."

유능한 행정가에게 진실인 것은, 유능한 목회 사역자들에게도 동일하게 참됩니다. 연구 결과에 의하면 목사들은 자기 시간의 거의 50%를 경영과 지도하는 일에 할당하고 있습니다.

정기적으로 이렇게 자문하십시오. '나의 목표가 오늘의 시간 계획에 반영되어 있었는가?' 시간 사용법을 평가하기 위해 시간을 투자한다면, 삶은 극적으로 변화될 것입니다. 스스로 물어 보십시오. '지금 행하고 있는 일이 나의 하루의 삶과 교환할 수 있을 만큼 가치 있는 일인가?' 그리고 행동을 기록함으로써 그 행동을 변화시킬 수 있다는 것을 잊지 마십시오.

3. 시간을 낭비하게 하는 요소를 분석하여 제거하십시오.

여러분은 분명 시간을 낭비하는 어떤 사람들을 알고 있을 것입니다. 자신에게도 있는 시간 낭비의 사례들을 관찰해 보십시오. 보통의 경우에는 다음과 같은 것들이 포함됩니다. 텔레비전, 신문, 다른 사람이 할 수 있는 사소한 일들, 오락, 우편물, 과도한 준비, 운전, 계획되지 않았던 방문, 효과 없는 독서 습관, 늦잠, 그리고 안일함.

시간 낭비의 요소들을 정확히 분석하여 제거해야 합니다. 그 중 일부는 어느 정도 필요하고 중요한 것으로 보이기도 합니다. 능률적인 시간 경영은 참으로 중요한 일에 초점을 맞추는 동시에 비생산적인 활동들을 주저하지 않고 제거하는 자기 훈련을 요청합니다.

4. 자기 자신을 잘 파악하십시오.

여러분의 영적 은사들은 무엇입니까? 그 은사들에 맞추어서 시간과 노력을 투자하십시오.

여러분의 능력은 밤에 더욱 잘 발휘됩니까, 아니면 아침인가요? 내 경우 아침 시간은 능률적으로 이용할 수 있지만 오후에는 그 능률이 저하됩니다. 아침 일찍 최고의 컨디션으로 시작하여 점차 내려갑니다. 그러나 같은 도시에 있는 다른 목사는 밤 10시 이후에 그의 연구를 시작한다고 합니다. 자녀들이 모두 잠들고 전화 소리도 들리지 않는 그 시간이 설교를 준비할 수 있는 최상의 시간이라고 합니다. 만약 그 목사가 낮에 그렇게 하려 했다면 매우 짧고 얕은 설교밖에 준비하지 못할 것입니다. 하나님께서 여러분에게 형성시켜 놓으신 방법에 적합하도록, 가장 생산적인 시간을 중심으로 하루를 계획하십시오.

또한 여러분은 업무 중심적인가요, 아니면 사람 중심적인가요? 만약 업무 중심적인 사람이라면, '사람'을 다루는 일, 즉 병원 방문, 상담 등의 일에 숙련되지 못할 것입니다. 사람 중심적인 지도자라면 해결해야 할 중요한 업무들에 주의를 집중할 필요가 있습니다.

우리는 우리의 기질에 맞게 행동해야 합니다. 그러나 때때로 유능한 경영자가 되기 위해 그것과 싸워야 할 필요도 있습니다.

5. 계획을 수립하고 우선순위를 정하십시오.

매일 행해야 하는 일들을 정확히 파악할 때, 일에 대한 부담감을 많이 제거할 수 있습니다. 이를 위해 매일 저녁 다음날의 일과표를 작성하고 부족한 것이 없는지 확인하십시오. 여러분의 노력을 꼭 필요한 일에 집중시킬 수 있으며, 곁길로 빠져들 위험을 피할 수 있게 됩니다. 결국 시간의 낭비가 사라집니다.

베들레헴 철강회사 회장인 찰스 슈밥(Charles Schwaab)이 경영 상담가인 아이비 리(Ivy Lee)에게 이렇게 말했습니다. "리씨, 나는 좀 더 많은 것들을 실행하고 싶소. 그리고 필요하다면 어떤 대가라도 지불하려 하오." 리는 주머니에서 카드 몇 장을 꺼내 슈밥에게 건네주었습니다. "나는 당신이 내일 행해야 할 일들을 중요도에 따라 기록해 보기를 바랍니다. 내일 당신이 출근했을 때, 그것의 1번 항에서부터 마지막까지 행하십시오. 그리고 그날 저녁에 새로운 목록을 작성하십시오. 이 과정을 원하는 만큼 반복하신 다음, 직원들에게도 그 일을 시켜보십시오. 그리고 난 후, 이 작업의 가치를 평가해서 저에게 수표를 보내 주시기 바랍니다."

몇 주가 지나서, 리는 2만5천 달러의 수표를 받게 되었습니다.

여기서 여러분은 그 이상의 가치가 있는 정보를 얻었습니다. 그것은 마치 20%의 노력으로 80%의 결과를 얻는 것처럼 보입니다. 시간 경영에 있어서 우리는 그 20%가 무엇인지를 알아야 합니다. 우리는 계속 질문해 보아야 합니다. '행해야 할 실제적으로 중요한 몇 가지 일들은 무엇인가?' 하나님께서 원하시는 우선순위는 무엇인가?' 이 같은 영역들은 우리의 상황에 따라 지속적으로 변화할 것입니다.

우선순위를 정해서 그에 합당한 일과표를 작성하는 것이 능률적인 지도자가 되는 유일한 방법입니다. 우선순위가 무엇이며, 왜 그렇게 행하고 있는가 하는 이유를 알아야 합니다. 그렇게 한다면, 잠재적인 많은 난관들을 겪을 때 그 상황을 처리할 수 있는 통찰력을 얻게 됩니다. 하나님과 동행한다면 그 난관도 유익한 결과를 가져다줍니다.

기도를 통해 날마다 하나님의 뜻을 분별하십시오. 그 난관을 어떻게 대처할 것인지 기도로 결정하십시오. 계획표를 작성하는 동안 하나님으로부터의 인도하심을 구하십시오.

일주일 중 하루는 우선적으로 남겨 놓으십시오. 연구 결과에서도 6일 동안 일하고 하루는 쉬는 것이 가장 능률적임을 보여 줍니다. 휴식과 여가를 위한 하루를 침해해서는 안 됩니다.

주간 계획표를 표준화하십시오. 주간 계획표가 안정될수록 더욱 큰 능률을 올릴 수 있습니다. 예를 들어, 목회자들은 설교 준비 시간을 형편에 따라 이곳저곳으로 옮겨서는 안 됩니다. 연구 시간을 고정시켜 놓아야 합니다. 생활이 규칙적일 때 더욱 생산적일 수 있습니다.

여러분의 한 주간을 관찰하십시오. 목회자의 경우 시간의 3분의 1을 설교와 강의를 준비하는 설교자로서의 기능에 할당할 수 있습니다. 다른 3분의 1은 사람들을 돌보는 목자의 기능에 할당하고, 나머지 3분의 1을 지도자-경영자 기능에 투자할 수 있습니다. 이 구분을 근사치로서 적용하면서 상황과 은사에 따라 시간을 조정하십시오.

성공의 핵심적인 요소는 장기적인 목표를 설정하고 매일의 업무를 그 목표에 맞추는 것입니다. 계획을 위해 시간을 투자하는 습관을 형성하는 것입니다. 이것은 효과적인 지도력에 중요한 요소가 됩니다. 그리고 계획하고 우선순위를 결정하기 위해 시간을 드릴 때 하나님의 뜻을 발견하려고 노력하십시오. 여러분이 하나님의 뜻을 발견할 때 계획 수립의 과정이 영적으로 됩니다.

모든 자동차는 계기판 위에 경고등이 설치되어 있습니다. 운전하는 도중 적색등이 켜지고 과열신호가 표시되었다면, 문제가 생겼음을 인식해야 합니다. 그때 여러분은 차를 차도 밖으로 끌어내고, 트렁크의 도구함에서 망치를 꺼내, 그것으로 적색

등을 깨뜨려 버린 후 "이제 수리되었어!"라고 말할 수도 있습니다. 그렇다면 4~5마일도 채 가지 못하여 새로운 엔진을 필요로 하게 될 것이 분명합니다.

경고등이 켜지는 것 자체가 문제가 아닙니다. 그것은 해결해야 할 큰 문제가 있음을 보여 줄 뿐입니다. 위험 경고등이 켜질 때는, 속도를 늦추고 계획을 수립하고 우선순위를 정해야 할 때임을 뜻하는 것입니다.

6. "아니오!"라고 말하는 법을 배우십시오.

영어 단어 중 가장 짧은 것에 속하는 이것을 사람들이 가장 말하기 어려워한다는 사실이 흥미롭습니다. 목회 사역에 있어서는 더욱 그러합니다. 여러분은 자신의 한계를 알아야 합니다. 사랑의 마음으로, 그러나 확고한 자세로 "아니오!"라고 말하십시오. 여러분이 모든 것을 행할 수는 없습니다. 가족, 교회 그리고 자신을 위해, 여러분의 한계와 인간됨을 인정하십시오. 그리고 "아니오!"라고 말하십시오. 어떤 일에 대해 "아니오!"라고 말하는 것은, 다른 일에 대해 "예!"라고 말할 수 있게 합니다.

7. 위임하고, 위임하고, 또 위임하십시오!

모든 것을 해야 한다는 생각을 버리십시오. 하나님께서는 어떤 부분에 대해서 여러분에게 능력을 주셨습니다. 그러나 여러분에게 능력이 주어지지 않은 부분에 대해서는 그 일을 담당할 다른 사람들을 보내셨습니다. 업무와 책임들을 다른 사람들에게 위임하여 여러분의 시간 사용을 최대화하십시오.

8. 비슷한 활동들을 집단화하십시오.

자동차를 생산하는 가장 빠른 길은 다양한 사람들이 전체 과정에 참여하는 조립식의 분업화 생산입니다. 같은 방식으로, 비슷한 활동들을 집단화함으로써 산업적인 효율성을 얻을 수 있습니다. 이것은 우리의 활동을 더욱 집중시킬 것이며, 더 큰 성과를 올리게 할 것입니다.

예를 들어, 목회에서는 전화 심방을 집단화할 수 있습니다. 전화해야 할 모든 곳을 일괄적으로 한꺼번에 전화하십시오. 각각의 대화 내용을 사전에 준비하면 필요한 모든 점을 놓치지 않을 것입니다.

사소한 일들을 집단화하십시오. 한 번의 외출로 필요한 모든 일을 행하도록 합니다. 이동 거리를 가장 능률적으로 다닐 수 있도록 미리 생각하는 시간을 가지는 것이 좋습니다.

우편물을 일시에 처리하십시오. 나폴레옹은 편지를 개봉하기 전에 3주간 동안 그대로 놓아 두곤 했다고 합니다. 왜냐하면 3주 동안에 편지 속의 문제들이 대부분 해결된다고 생각했기 때문입니다. 이렇게까지 권할 생각은 없습니다. 더욱이 우리에게는 그렇게 강한 의지력도 없습니다. 그러나 우편물을 자주 취급하지 말아야 합니다. 우편물을 취급할 때 아래의 지침들을 이용할 수 있습니다.

· 폐기하십시오. 70% 이상의 우편물들은 쓰레기통에 버려야 할 것들입니다.

· 받은 편지의 여백에 간단한 답변을 적은 뒤 되돌려 보냅니다. 그것이 가장 빠른 응답입니다. 필요한 내용은 복사해 놓습니다.

· 손으로 쓴 주(note)를 붙여 놓습니다. 그것을 통해 쉽게 자료화할 수 있습니다. 여러분은 포스트 잇(Post it)을 사용하여 편지지와 서류의 원래 내용을 더럽히지 않고도 자신의 글을 적을 수 있습니다.

· 받은 서류를 미결 사항철에 포함시킬 수 있습니다. 적절한 시간에 그것을 재고하여야 합니다.

9. 쉽게 찾을 수 있는 서류철을 만드십시오.

서류철을 잘못 이해한 사람은 그것을 단순한 서류 보관 장소로 생각합니다. 그것은 사실이 아닙니다. 서류철은 그 서류들을 다시 찾기 위한 도구입니다. 일반적으로 빠르게 보관시키면 시킬수록 다시 찾기는 더욱 어려워집니다. 왜냐하면 그 서류의 이름이나 분류를 기억하지 못하기 때문입니다. 한 서류를 보관하기 위해 5분 이상 소요했다면, 여러분은 그 이상의 결과를 얻을 수 있습니다.

서류철의 구성은 개인적인 문제입니다. 여러분에게 완전한 보관법을 가르쳐 줄 수 있는 사람은 없습니다. 자신에게 유용한 방법을 택하십시오. 여기서 몇 가지 제안하고자 합니다.

· 날짜가 명시된 미결 서류철을 만드십시오. 조처를 취할 필요가 있는 메모, 우편물, 그리고 문서들에 간단한 주(note)를 붙입니다. 그리고 적절한 날짜 아래에 보관합니다. 여러분은 시간에 맞춰 그 자료를 발견하게 될 것입니다. 이 방법은 주기적으로 일어나는 상황들을 처리하기에 좋습니다.

· 목회자들은 한 주제에 관련되는 자료들을 읽고 흥미있는 사실들을 발견할 때, 그것을 설교철에 보관할 수 있습니다. 메시지를 준비해야 할 때가 되면, 쉽게 그 예화들과 정보를 이끌어 낼 수 있습니다.

· 많은 사람들과 함께 복잡한 계획을 다룰 때, 그 안건에 관한 서신들을 전체적으로 보관할 수 있습니다.

· 알파벳 순서를 택하거나, 숫자로 순서를 정할 수 있습니다.

기본적인 원리는 이렇습니다. 의심스러울 때는 보관하지 마십시오. 그리고 2년마다 그 서류철들과 서재를 모두 재정리하십시오.

개인 전도의 방법

16

「개인 전도 핸드북」을 쓴 박영호 씨는 특별한 상황에서의
전도 자세에 대해 다음과 같이 설명하고 있습니다.

무신론자

예수 그리스도를 믿고자 하는 사람, 관심을 기울이고 있는 사람에게 복음을 전하기는 쉬우나 무관심한 무신론자에게 예수 그리스도를 전하는 것은 참으로 어렵습니다. 그래서 무신론자에게 복음을 전하려고 하는 전도자는 자주 실망을 하기도 합니다.

공격적인 사람은 오히려 대화의 실마리가 풀리기 쉽고 의외로 복음을 쉽게 받아들이기도 합니다. 그에 반하여 아무리 두들겨도 반응이 없는 무관심한 태도를 가진 사람에게는 전도하기가 매우 어렵습니다. 이런 사람은 귀가 있어도 듣지 않고 눈이 있어도 보지 않습니다. 더욱이 자신이 관심 없는 일에는 지극히 냉담하며 귀를 기울이려고 하지 않습니다. 이런 때가 가장 곤란을 느낄 때입니다. 그러나 그렇다고 하여 상대방이 관심을 가질 때까지 아무런 대책도 없이 기다릴 수는 없습니다. 예수님이 잃은 양을 찾아가셨듯이, 또한 초대교회의 제자들같이 우리는 '요원의 불길' 처럼 전도해야 합니다. 복음을 전하는 사람 없이 어떻게 들을 수 있겠습니까? 기회가 좋거나 나쁘거나 또한 관심이 있거나 없거나 복음 전도를 소홀히 해서는 안 됩니다. 만일 이런 저런 이유들로 전도하지 않으면 우리는 영원히 지고 마는 것입니다.

먼저 무신론자들의 특징을 알고 이해해야 개인 전도에 도움이 될 것입니다.

1. 무신론자의 특징

무신론자들은 세상에서 잠깐 없어지는 것들로 항상 바쁘게 다닙니다. 그들의 생활 범주는 자신을 구체적으로, 감정적으로, 물질적으로 그리고 사회적으로 만족시키려는 욕구 충족에 있습니다. 이들은 직업, 교육, 가정 생활 혹은 유흥이나 오락에 빠져 있어 '영원한 생명'에 대해서는 생각해 볼 시간이나 관심이 전혀 없습니다. 그들은 볼 수 없고 만질 수 없고 맛볼 수 없고 즉석에서 기쁨을 누릴 수 없는 것들에는 걱정하거나 관심을 기울일 가치를 느끼지 않습니다. 그들은 영원토록 살겠다는 생각을 전혀 허용치 않습니다. 그들은 죄, 사망 그리고 신의 구원 등의 문제를 마음에서 빨리 제거시킵니다. 신의 존재 자체를 부인하고 자기의 생활만을 영위합니다.

돈 버는 궁리로 온통 사로잡혀 있습니다. 이러한 무관심한 사람들에게 현재 자신의 상태를 돌아보고 자신의 영적인 필요성을 느끼도록 해야 합니다. 개인 전도자는 무신론자로 하여금 무언가 필요하고, 또 어떤 이유로 인하여 그들의 삶이 위험하다는 것을 깨닫게 해 주어야 합니다. 그들에게는 생활 속에서 모범을 보이며 전도해야 합니다.

2. 무신론자의 전도

1) 가정에서의 전도

① 가족의 구원 : 구원을 받은 그리스도인은 복음의 증인으로서 우선 자기 가정에 파견을 받은 것입니다. 가족 가운데는 그리스도인인 그에게 냉소를 보내거나 그의 그리스도인 됨을 반대하는 무신론자가 있기 마련입니다. 때문에 종종 비난과 무리한 요구가 생길 수도 있습니다. 그러나 두려워하거나 근심해서는 안 됩니다. "주 예수를 믿으라. 그리하면 너와 네 집이 구원을 받으리라."(행 16:31) 이 진실된 약속을 믿고 기도하고 인내하며 기다릴 줄 알아야 합니다. 무엇보다 무신론자 가족의 구원을 위하여 기도하는 것은 모든 그리스도인에게 부과된 책임입니다.

② 모범과 인내의 생활 : 그리스도에 대하여 전하려고 하여도 무신론자는 제대로 듣지 않으려 하는 경우가 대부분입니다. 또한 상대조차 하지 않을 때도 있습니다. 그뿐 아니라 "예수한테 홀렸다"고 힐난하며 책망하기까지 합니다. 가족이라는 깊은 관계가 있기에 전도하기에 더 곤란을 느끼기가 쉽습니다. 그렇다고 해서 자기 이야기나 복음 전도를 들어주지 않는다고 화를 내서는 안 됩니다. 백 마디의 말보다 한

가지 행동이 중요하다는 말이 있습니다. 가족에게 전도할 때는 전도의 말을 하기 앞서서 행동과 생활 속에서 모범을 보여야 합니다. 그래서 그리스도에 대한 관심을 불러일으켜야 합니다. 인내를 가지고, 하나님의 말씀을 좇아 행동하며, 하나님과 사람 앞에 부끄러움이 없는 생활을 계속하면 무관심한 가족들이 감동을 받게 됩니다.

③ 논쟁을 피할 것 : 결코 논쟁을 해서는 안 됩니다. 이것은 비단 가족에게 한정된 것만은 아닙니다. 전도할 때는 그 누구와도 논쟁(論爭)을 해서는 안 됩니다. 특히 함께 사는 가족과 논쟁을 벌여 관계가 파괴되는 것은 절대로 용납되지 않습니다. 만일 논쟁으로 부모님, 형제 또는 남편이나 아내에게 이겼다고 합시다. 과연 어떤 효과가 있을까요? 오히려 불화와 갈등만 일으키게 됩니다. 성령의 열매는 사랑입니다. 기쁨, 평화, 관용, 자비, 선의, 충성, 온유함과 절제입니다. 그리스도인이 맺는 성령의 열매는 반드시 가족에게 무엇인가 느끼게 하지 않고는 그대로 있지 못하게 됩니다. 그러므로 논쟁을 피하고 가족들과 조용히 이야기하며 올바른 행동을 해야 합니다. 그리하는 동안 하나님의 빛이 가족에게 비춰올 날이 반드시 올 것입니다.

④ 그리스도를 경외하는 생활 : 바른 행동과 자세로 그리스도를 증거하도록 마음가짐을 가져야 합니다. 외식하는 자세로 보란 듯이 하는 선행은 필요 없습니다. 그리스도를 경외하는 믿음이 동기가 되어서 선행이 자연스럽게 나타날 때 그리스도가 증거되는 것입니다. 특히 제사 문제로 식구들과 마찰이 있을 때는 '추도 예배'를 드리는 모범을 보여 주고 변화된 생활로 부모와 친척을 경외해야 합니다.

2) 직장과 학교에서의 전도

① 직장과 학교에서도 자신이 그리스도인이라는 것을 나타내는 용기가 필요합니다. 그리고 역시 그리스도를 믿는 믿음으로 나타나는 자연스런 행동이 커다란 증거를 해 줍니다. 새로 그리스도인이 된 자신을, 또 그리스도인이 된 후 예전보다 달라진 좋은 점을 무신론자들이 발견할 때 그들은 자신을 다시 돌아보게 됩니다. 또 관심과 흥미를 가지고 상대해 오게 됩니다. 이때 전도할 수 있는 기회가 옵니다. 이때 복음을 전하면 그들은 전도를 받아들이고 그리스도를 믿게 됩니다. 그렇게 하기 위하여 그리스도인은 항상 겸허한 마음을 가지고 하나님을 경외하는 믿음을 가져야 합니다. 그리스도인은 자신이 그리스도인임을 감추거나 부끄러워하지 말아야 합니다. 그리스도인으로서 기쁨으로 행동하고 살아가면, 그것이 곧 그리스도를 증거하는 것이며 복음의 첫 출발이 됩니다.

② 겸손한 자세 : 그리스도를 자랑하는 것은, 소극적으로 생각하면 자신에 대하여는 어디까지나 겸손하여 자신의 모든 것을 자랑하지 않는 것입니다. 여기서 말하는 자랑이란 뽐내거나 교만하라는 것이 아닙니다. 겸손하고 상냥한 태도로 자신의 주장만을 내세우는 자가 되지 말라는 것입니다. 하나님께서 우리에게 주신 마음은 능력과 사랑과 근신하는 마음(딤후 1:7)입니다. 그러나 선의의 표준인 하나님의 뜻에 따라 선의는 선의로, 악의는 악의대로 확신을 가지고 전도하는 일에 임하자는 것입니다. 두려워하고 수줍어하는 마음에서 뒤로 물러섰다가는 전도할 수 없습니다.

③ 대담한 자세 : 겸손하라고 해서 의지가 없는 신앙인이 되라는 것이 아닙니다. 하나님의 진리를 옹호하는 데 있어서 소극적이 되어서는 안 됩니다. 진리에 대하여는 대담해야 합니다. 하나님의 도우심에 의지하여 행동하는 그리스도인이 되어야 합니다. 술자리에서 술 마시는 것을 확실하게 거부하는 일은 그 좌석의 분위기를 흐려놓기에 앞서서 그들에게 그리스도께로의 관심을 갖도록 환기시킵니다. 어느 식당에서 식사하기 전에 간절히 기도하는 노신사를 보고 감동을 받은 한 청년이 있었습니다. 그 청년은 그 순간 자신의 모습이 너무 초라하고 볼품없음을 느꼈습니다. 결국 청년은 노신사의 지도를 받아 구원의 길로 인도받게 되었습니다. 우리는 하나님을 경외하는 동시에 일체의 행동에 올바름과 담대함을 가져야 합니다. 개인 전도자는 언제나 자신의 태도 가운데서 예수 그리스도를 증거하며 전도해 나가는 것이 자연스럽게 되도록 기도해야 합니다. 무관심함을 보이는 사람에게는 말보다 행동으로 빛나는 예수 그리스도를 나타내 보여 주어야 합니다. 그러면 기쁜 결과를 볼 수 있습니다.

3. 성경 말씀으로 전도

1) 죄 지은 사실

무신론자도 본래 하나님과 가깝게 교제하며 창조되었습니다. 인간은 에덴동산의 선악과 사건 이후에 하나님과 멀어진 뒤 무관심 속에서 살아가고 있습니다. 하나님을 떠나서 사는 사람은 영적인 소경이 되어 하나님으로부터 책망을 듣게 됩니다.(사 40:21)

무신론자는 자기 자신을 의지하고 살아가는 것이 얼마나 어리석고 쓸데없는 노력인지를 깨닫지 못하고 있습니다. 하나님을 섬기는 것이 지식의 근본이요, 그의 지혜와 훈계를 멸시함은 미련한 소치(잠 1:7)입니다. 그래서 무지한 영혼은 멸망당하고 맙니다. 개인 전도자는 하나님께 관심을 기울이고 있지 않음이 곧 죄라는 사실을 알아야 합니다. 그리고 인간의 죄가 깊으며 집요하다는 것을 깨달아, 죄에 대하여 상세히 알아야 합니다. 죄에 대하여 알지 못하고, 하나님에 대하여 모르던 사마리아 여인을 예수님은 회개시키셨습니다. 그리고 구원받도록 도우셨습니다. 예수 그리스도는 율법을 요약하여 "하나님을 사랑하고 이웃을 사랑하는바 하나님을 사랑함이 첫째 되는 계명"이라고 하였습니다. 이 명령에 따르지 않으면 곧 그것이 죄가 됩니다. 개인 전도자는 무신론자에게 얼마나 의지할 곳 없는 존재인가를 묻고 또 죄가 얼마나 무서운 것인가를 알게 하여 보다 빠르게 하나님에 대한 관심을 기울이게 해야 합니다.

2) 죄의 결과

"나를 잃는 자는 자기의 영혼을 해하는 자라. 나를 미워하는 자는 사망을 사랑하느니라."(잠 8:36)

"죄의 삯은 사망이요, 하나님의 은사는 그리스도 예수 우리 주 안에 있는 영생이니라."(롬 6:23)

죄의 결과가 영혼의 멸망임을 설명해 주지 않으면 믿음이 없는 사람은 자신이 어떤 위치에 처해 있는가를 모릅니다. 영혼의 멸망이 얼마나 무서운 것인가를, 죄를 범하고 있는 자는 깨닫지 못하고 있는 것입니다.

그러나 "한번 죽는 것은 사람에게 정해진 것이요, 그 후에는 심판이 있으리니"(히 9:27)라고 하였습니다. 그들은 하나님과 그의 독생자 예수 그리스도를 믿지 않으므로 심판을 받을 것입니다. 따라서 이 세상의 마지막 날에 영원한 멸망의 상태가 얼마나 비참한 것인가를 개인 전도자는 성경적으로 깊이 있게 설명해 주어야 합니다 (요 3:36, 살후 1:8~9, 벧후 3:10~12, 유 15, 계 20:11~15 ; 22:1~15). 이 형벌은 하나님께 무심했던 그들에게 적용된다는 점을 반드시 인식시켜 주지 않으면 안 됩니다. 이 경우 개인 전도자는 특히 성경의 권위와 확신을 가지고 이야기해야 합니다.

3) 구원의 길

죄의 결과인 심판에서 벗어나려면 좋은 행동과 경건한 생각과 선한 말로만 되는 것이 아닙니다. 심판에서 벗어나는 단 한 가지의 열쇠는 "그를 믿는 자는 심판을 받지 않는다."(요 3:18)는 것입니다. 그리스도를 믿는 일입니다. 의와 사랑으로 말미암아 우리의 속죄를 완성해 주신 구주 되시는 하나님을 믿는 것 외(요 14:6)에는 구원의 길이 없습니다. 예수 그리스도를 믿는 자에게는 죄의 용서와 더불어 의인이 되었다(행 13:38~39)고 인정해 주십니다.

그러므로 그리스도인에게는 이제 심판의 날이 두렵지 않고, 오히려 하나님의 자비하심에 의한 면류관(딤후 4:8)이 준비되어 있습니다. 이 사실이야말로 그리스도인에게 불후(不朽)의 희망을 갖게 하여 현세에서 하나님께 봉사하고 따라가는 커다란 격려가 됩니다. "그 때에 의인들은 자기 아버지 나라에서 해와 같이 빛나리라."(마 13:43)

하나님에 대하여 무관심한 사람에게 구원의 길을 안내할 때 개인 전도자가 주의해야 할 것이 있습니다. 성령을 거스르거나 성령을 잊어서는 안 됩니다. 또한 무신론자에게 믿음을 갖도록 강요해서도 안 됩니다. 상대방이 결신(決信)하지 않을지라도 "하나님의 입에서 나가는 말은 한 마디도 헛되이 돌아오지 않는다는"(사 55:11) 말씀을 기억하면서 복음을 전하는 기쁨에 감사해야 합니다.

회의론자

우리에게는 회피해서는 안 될, 전도의 대상이 되는 회의적인 사람들이 있습니다. 이 사람들에게 복음을 전할 경우에는 특별한 주의가 필요합니다. 그들은 대부분 투쟁적이므로 논쟁적인 말씨의 사용을 즐겨합니다. 개인 전도자는 그들의 상투적인 태도에 말려들어서는 안 됩니다. 어디까지나 냉정하게, 그리고 하나님의 사랑에 의지하여 담대하면서도 차근차근히 복음을 전해야 합니다.

1. 회의론자의 전도

1) 회의론자

회의론자 가운데는 성경에 대한 일체의 지식도 없이 남이 한 말만 듣고, 기독교에 대한 일반적인 편견과 비판을 마치 자기 자신의 견해인양 주장하는 사람들이 있습니다. 이들은 '무정견한 회의주의자'라고 할 수 있습니다. 이들에게는 참되시며 유일한 신은 오직 하나님뿐이라는 사실을 친절히 그리고 이론적으로 설명해 주면서 예수 그리스도의 구원이 얼마나 확실한 것인가 하는 사실을 납득할 때까지 시간을 두고 이끌어야 합니다.

불성실한 회의주의자도 적지 않습니다. 그들은 자신의 불신앙의 죄를 감추려고 회의적인 언사를 사용하며 자기만족을 구하려고 합니다. 그들에 대해서는 스스로를 속이려는 잘못을 버리고 정직하게 자신을 돌아볼 수 있도록 자극을 주는 것이 효과적인 전도 방법입니다. 그들은 때때로 성경의 내용이 어리석으며, 한낱 신화(神話)에 불과하다고 말합니다.

그러나 전지하신 하나님께서는 그들의 심령 속을 훤히 아십니다. 바울은, "십자가의 도가 멸망하는 자들에게는 미련한 것이요, 구원을 받는 우리에게는 하나님의 능력이라."(고전 1:18)고 했습니다. 개인 전도자는 회의론자들을 비웃거나 복음 전하는 것을 단념해서는 안 됩니다. 전도자의 목적은 그들 스스로 자신을 생각해 보며, 결국에는 하나님께로 돌아오도록 이끄는 것입니다. 개인 전도자의 성실한 복음 증거는 그들로 하여금 언젠가는 하나님 품으로 돌아오게 하는 씨앗이 됩니다. 그러나 복음을 받아들이지 않으면, "하나님이 미혹의 역사를 그들에게 보내사 거짓 것을 믿게 하심은 진리를 믿지 않고 불의를 좋아하는 모든 자들로 하여금 심판을 받게"(살후 2:11~12) 하고 맙니다. 개인 전도자는 성령의 인도하심 따라 현명한 방법과 진지한 태도로 그들의 영혼이 최후에는 하나님의 '의의 심판'을 받게 된다는 사실을 지적해 주어야 합니다. 만약 이렇게까지 말을 할지라도 그들이 하나님의 말씀을 경청하지 않고 불손한 태도로 나오면 대화를 중지하고, 다음에 만나 다시 이야기할 것을 약속하는 것이 좋습니다. 그러나 그들의 영혼 구원을 위하여 기도하는 것은 멈추지 말아야 합니다.

회의론자들 가운데는 성실히 진리를 탐구하려다가 그만 지나쳐 기독교에 대하여 회의를 품게 된 사람들도 있습니다. 이들과 복음을 이야기할 때는 더욱 진지한 자세로, 상대방을 이해하면서 대화를 나누는 것이 효과적입니다.

예수님은 "사람이 하나님의 뜻을 행하려 하면 이 교훈이 하나님께로부터 왔는지 내가 스스로 말함인지 알리라."(요 7:17)고 하셨습니다. 하나님께서는 성실하고, 열심히 진리를 찾는 이에게 하나님의 진리를 깨닫게 해 주십니다. 하나님의 진리는 권위 있는 하나님의 말씀, 즉 성경에 나타나 있습니다. 성경을 기록한 목적은 사람들로 하여금 예수님이 하나님의 아들이심을 믿게 하고, 그의 이름을 힘입어 생명을 얻게 하시려는 데(요 20:31) 있습니다. 하나님께서는 어리석은 자는 그 마음에 하나님이 없다고 말한다고 하셨습니다. 이 말씀에는 참으로 많은 진리가 들어 있습니다. 뿐만 아니라 인간의 실상을 예민하게 지적하고 있습니다. 인간은 자신의 모습을 돌이켜 보기 위하여서라도 성경을 연구하고 탐구할 필요가 있습니다. 따라서 개인 전도자는 진리를 찾으려는 이들에게 먼저, 성경이 권위 있는 하나님의 말씀임을 알려 주어야 합니다.

회의론자라 하여도 여러 경향이 있습니다. 따라서 회의적이라 할지라도 '어떤 의미로 그가 회의적인가?', '그 근거가 어디 있는가?' 등을 먼저 알아야 합니다. 많은 경우, 그들이 주장하는 바탕은 극히 빈약합니다. "아무것도 믿을 것이 없다.", "세상에는 절대적인 것과 영원한 진리가 있을 수 없다."는 따위의 말을 하나 실제로는 명확한 근거를 제시하지 못하면서 그저 "예수님을 믿을 수 없다."고 하는 경우가 많습니다. 다시 말해 그들의 근본적인 문제는 하나님을 믿지 않는 자체에 있으며, 자신을 하나님보다 높은 데다 두려는 것에 그 원인이 있으므로 이 점을 지적해 주어야 합니다.

2) 성경을 의심하는 사람

세계에서 가장 많이 읽히는 책이 성경입니다. 사람들은 성경을 스스로 읽고 감동 받지 않고는 배겨 낼 수가 없어 성경을 자기네 나라말로 번역하였습니다. 또한 하나님의 말씀을 평생의 좌우명이나 가훈으로 삼고 살아가는 이들도 많습니다. 그러나 중국의 격언에 '논어를 읽는 자가 논어를 모른다' 는 말이 있듯이 성경을 읽는 자가 성경을 모르는 경우가 많습니다. 에디오피아의 내시가 "누군가가 가르쳐 주지 않으면 도무지 알 수 없다."라고 빌립에게 호소한 사실이 사도행전에 기록되어 있습니다.

사람들은 때때로 자기에게 좋은, 자기 마음에 드는 구절만을 골라 내어 믿거나 제 생활에 적용합니다. 그런가 하면 한편에서는 성경을 의심하고 격렬히 비난하는 사람도 있습니다. 그러나 "모든 성경은 하나님의 감동으로 된 것으로 교훈과 책망과 바르게 함과 의로 교육하기에 유익하니"(딤후 3:16)라고 언명하고 있습니다. 성경의 확증은 성경 자체에 있습니다. 그리고 현대 학문과 기술의 진보와 고고학의 분야에서도 성경의 확실성을 뒷받침해 주는 많은 자료가 발견되고 있습니다. 하나님의 말씀인 성경을 받아들이지 않는 사람은 복음의 혜택을 전혀 받지 못할 뿐더러 오히려 하나님의 심판을 받을 것입니다.

그리스도인의 삶의 기준은 성경에 있습니다. 인간은 본래 하나님의 말씀을 표준으로 삼아 살도록 되어 있습니다. 그러므로 개인 전도자는 성경이 완전히 올바를 뿐만 아니라 전적으로 하나님의 말씀인 것을 사람들에게 알려 주어야 합니다.

3) 하나님을 의심하는 사람

하나님의 존재에 대하여 의심하는 사람들이 있습니다. 하나님은 우리의 눈에 보이지 않습니다. 그의 존재하심이 귀에 들리지도 않습니다. 손에 잡히지도 않습니다. 그러나 하나님은 모든 사람에게 자신을 나타내셨으며, 지금도 영적인 존재로서 사람들에게 자신을 나타내고 계십니다. "이는 하나님을 알 만한 것이 그들 속에 보임이라. 하나님께서 이를 그들에게 보이셨느니라. 창세로부터 그의 보이지 아니하는 것들 곧 그의 영원하신 능력과 신성이 그가 만드신 만물에 분명히 보여 알려졌나니."(롬 1:19~20)

또한 어리석은 자는 마음에 '하나님은 없다'고 한다고 하셨습니다. 그래서 이 어리석은 자들이 '하나님은 없다'는 것을 증명하려고 노력하였으나, 이 증명에는 도달하지 못하고 인생의 불행과 비참만을 초래하였습니다.

인간이 순수하게 하나님을 믿지 못하는 이유가 있습니다. 그것은 자신들의 죄 때문입니다. 죄로 말미암아 하나님께로 이르는 길이 막혀 있습니다. 태어날 때부터 원죄의 지배 아래 있기 때문에 그의 영혼은 하나님을 알 수 없으며, 하나님을 알고자 한다면 자신의 죄를 회개하고 예수 그리스도를 구주로 영접해야 합니다. 개인 전도자는 이 우주를 창조하신 하나님을 사람들에게 증거하여 누가 무어라고 하든지 그 말에 좌우되지 말고 "하나님은 살아 계신다."는 말을 하기까지 하나님의 살아 계심을 전해야 합니다.

4) 예수 그리스도를 부인하는 사람

하나님의 존재는 믿으나 그리스도는 믿을 필요가 없다고 하는 사람들을 종종 봅니다. 그들의 큰 결점은 죄의 두려움을 모른다는 것입니다. "나로 말미암지 않고는 아버지께로 올 자가 없느니라."라고 선언하신 그리스도만이 의롭고 거룩하신 하나님 앞으로 나아갈 수 있는 길입니다. 길 되신 그리스도를 부인하고서는 아무리 진리를 찾고 길을 구해도 도달할 수가 없습니다.

예수님이 하나님의 독생자라는 사실을 부인하는 회의론자들이 있습니다. 예수님은 하나님의 아들, 그리스도라는 것을 믿게 하는 것이 성경을 기록한 목적입니다. 사도들의 활동 목적도 여기에 있었습니다. 예수님의 못자국을 만져보지 않고는 못 믿겠다고 한 도마도 부활한 예수님 앞에서 "나의 주여! 나의 하나님이여!"라고 외쳤습니다. 예수 그리스도는 하나님과 같이 우리가 경배하고 찬송하며 예배할 거룩한 분(요 5:23)이십니다. 예수님이 신(神)이라는 것의 절대적인 증명은 그의 부활하심입니다. 제자들이 예수님의 시체를 훔쳐갔다든가 그가 기절하였을 뿐이었다는 등의 이유를 내걸고 사람들은 부활을 믿으려 하지 않습니다. 그러나 말씀을 잘 살펴보면 그런 말은 헛소리임이 분명합니다. 부활하신 예수님은 환상이 아니라 실체로서 여인들 앞에 나타나셨고 제자들과 함께 식사를 하기도 했습니다. 오백 명이 넘는 사람들에게 동시에 나타난 적도 있습니다.

예수님은 자신의 죽음으로 속죄를 완성하셨고 죽음에의 승리로 부활하셨으니 이것은 하나님의 아들로서의 능력을 나타내신 것입니다. 성경은 예수님이 그리스도이심을 부인하는 자는 거짓말하는 자(요일 2:22)라고 격렬히 말하고 있습니다.

개인 전도자는 진리를 고의로 인정하지 않는 자에게, 또 그리스도를 부인하는 자들과 예수님이 하나님의 아들임을 믿지 않는 회의론자들에게 사실 그대로를 전해주어야 합니다.

부정적인
반응을
다루는 법

17

케리 W. 쿠네(Gary W. Kuhne)

전도의 대상자가 냉담하고 부정적인 반응을 보인다면, 여러분은 어떻게 하겠습니까? 대화를 어색한 침묵으로나 새로운 화제로 전환시켜야 할까요? 아닙니다. 이런 경우에 나는 으레, "왜 그렇지요?" 하고 묻습니다. 그러면 대답은 보통 세 범주중 하나에 해당됩니다.

"아직 마음의 준비가 되어 있지 않다."

이런 사람에게는 더 많은 '빛'과 '물'이 필요합니다. 그는 아직 충분히 이해하지 못하고 있습니다. 그러므로 그에게는 그것을 깊이 생각해 볼 시간이 좀 더 필요합니다. 그에게 요한복음을 읽어 보되 매번 읽기 전에 깨우침을 주시도록 기도하라고 권해 주십시오. 기독교 서점에는 비그리스도인들이 복음을 이해하는 데 도움을 주는 좋은 책들이 많이 나와 있습니다. 이들 가운데 하나를 구입하여 관심을 두고 있는 비그리스도인에게 주어도 좋습니다.

전도 대상자에게 그리스도를 믿도록 강요하는 것은 오히려 해를 가져올 수 있습니다. 순수한 결단이 아닌 외적인 강요에 의한 결단은 대부분 삶 속에서 문제를 발생시킵니다. 오직 주님만이 하실 수 있는 것을 우리가 하려 해서는 안 됩니다. 사람을 준비시키고 이끄시는 분은 주님이십니다. 우리는 충성스럽게 기도하는 가운데 그리스도를 전하고, 그 사람에게 응답의 기회를 제공해 주는 것뿐입니다.

"별다른 이유는 없습니다."

바울은 아덴에서 이와 같은 사람들과 만나게 되었습니다. "그들이 죽은 자의 부활을 듣고 어떤 사람은 조롱도 하고 어떤 사람은 이 일에 대하여 네 말을 다시 듣겠다 하니 이에 바울이 그들 가운데서 떠나매 몇 사람이 그를 가까이하여 믿으니 그 중에는 아레오바고 관리 디오누시오와 다마리라 하는 여자와 또 다른 사람들도 있었더라."(행 17:32~34)

우리는 복음이 좋다는 것도 인정하고 우리의 진지함에 찬사를 보내면서도 막상 그리스도를 마음속에 영접하기는 꺼리는 사람들을 만납니다. 그들은 결단하기를 주저합니다. 이런 사람들은 매우 위험한 상태에 놓여 있습니다. 우리의 생명은 영원에 비추어 볼 때 단지 1회의 심장박동과 같을지도 모릅니다. 구원받지 못한 그들은 이 사실을 이해해야만 합니다. 그러한 상황에서 나는 다음의 성구들을 일러 줍니다.

"여호와께서 말씀하시되 오라 우리가 서로 변론하자. 너희의 죄가 주홍 같을지라도 눈과 같이 희어질 것이요 진홍 같이 붉을지라도 양털 같이 희게 되리라."(사 1:18)

"너는 청년의 때에 너의 창조주를 기억하라. 곧 곤고한 날이 이르기 전에, 나는 아무 낙이 없다고 할 해들이 가깝기 전에."(전 12:1)

"너는 내일 일을 자랑하지 말라. 하루 동안에 무슨 일이 일어날는지 네가 알 수 없음이니라."(잠 27:1)

"자주 책망을 받으면서도 목이 곧은 사람은 갑자기 패망을 당하고 피하지 못하리라."(잠 29:1)

"보라 지금은 은혜 받을 만한 때요, 보라 지금은 구원의 날이로다."(고후 6:2)

"너희가 섬길 자를 오늘 택하라."(수 24:15)

한번은 독일에서 한 젊은 미국인과 복음을 나누는 동안, 그의 마음에 자만심이 있는 것을 보았습니다. 그가 계속 경청하였기에 나도 계속 그리스도를 전했습니다. 말을 마친 나는 예수님을 그의 삶 속에 모셔들이기를 원하는지 물어 보았습니다. 그는 거부했고, 나는 그 이유를 물어 보았습니다. 그는 그것이 전부 사실임을 알고 있으며 또 믿어야 한다고 생각은 하지만 그렇게 하고 싶지 않다고 했습니다.

나는 그에게 예수님이 그의 죄를 위해 십자가에서 죽으셨고 그의 마음 문 밖에서 계심을 알지만 외면하고 있음을 헤어지기 전에 예수님께 말씀드리자고 제안하였습니다. 즉 예수님의 사랑을 알지만 그분을 거절하고 자기로부터 떠나가시기를 요청하고 있음을 예수님께 말씀드리자고 했습니다. 그는 다소 충격을 받은 것 같았습니다. 나는 고개를 숙이고 그가 기도하기를 기다렸습니다. 얼마 지나자, 그는 손을 뻗어 내 어깨를 툭 치고 말했습니다. "그렇게 말할 수는 없어요." 나는 그를 바라보고 말했습니다. "그게 자네가 말하고 있던 게 아닌가? 예수님에게 하는 대신 내게 한 것뿐이지." 그는 한참 생각에 잠겼으나 끝내 결단하지 못하고 자리를 떠나갔습니다. 하지만 그날 밤 그는 그리스도를 그의 삶 가운데 모셔 들였습니다.

진짜 장애물들

세 번째 범주는 솔직한 골칫거리나 문제점들입니다.

"나는 지속하지 못할 것 같다."

저녁 식사 때 한 친구를 집에 초대했습니다. 식사 후 그가 우리의 식사 기도에 대해 말을 꺼냈습니다. 그리하여 나는 쉽사리 화제를 영적인 문제로 확대시킬 수 있었습니다. 그리스도께 이르는 길을 나눈 후에, 나는 그에게 그리스도를 따라가는 사람이 되고 싶지 않느냐고 물었습니다. 그는 말했습니다. "리, 나는 지속할 수 없을 것 같네. 내 생활 속에는 꽤 깊이 빠져든 것들이 있다네. 그래서 자네 말대로 결심한다 해도, 곧 옛 길로 돌아갈 것만 같네."

나는 그의 문제를 이해한다고 말했습니다. 많은 사람들이 주님을 믿기로 결단한 후에도 죄의 문제로 갈등을 합니다. 성경에는 이러한 문제의 해결을 도와 주는 말씀들이 있습니다. 나는 고린도전서 10장 13절의 말씀을 인용했습니다. "사람이 감당할 시험 밖에는 너희가 당한 것이 없나니 오직 하나님은 미쁘사 너희가 감당하지 못할 시험 당함을 허락하지 아니하시고 시험 당할 즈음에 또한 피할 길을 내사 너희로 능히 감당하게 하시느니라." 이 구절은 사탄이 범죄하도록 유혹할 때, 주님께서 피할 길을 마련해 주심을 우리에게 확신시켜 줍니다. 그리고 주님께서는 우리가 감당할 수 없는 시험은 당하게 않게 하시며, 또한 그 시험을 이길 힘도 주십니다.

또 하나 놀라운 사실은 그리스도인들은 "신의 성품에 참여하는 자"라는 사실입니다. 초인간적인 인격을 지니게 되는 것입니다. 베드로는 이렇게 말합니다. "이로써 그 보배롭고 지극히 큰 약속을 우리에게 주사 이 약속으로 말미암아 너희가 정욕 때문에 세상에서 썩어질 것을 피하여 신성한 성품에 참여하는 자가 되게 하려 하셨느니라."(벧후 1:4) 그리고 물론, 그리스도는 우리가 그를 영접할 때 우리를 새 사람으로 만드십니다. "그런즉 누구든지 그리스도 안에 있으면 새로운 피조물이라. 이전 것은 지나갔으니 보라 새 것이 되었도다."(고후 5:17)

나는 그에게 예를 들어 보충 설명을 해 주었습니다. 하나의 벌레가 땅에 바싹 붙어 먼지 속을 기어다닙니다. 그러다가 어느 날 고치 속에 들어앉습니다. 일정 기간이 지나자, 변태가 일어나 하나의 새로운 피조물인 나방으로 변신합니다. 그 벌레는 더 이상 흙먼지 속을 기어다니지 않습니다. 다른 종류의 삶을 위해 만들어진 새 피조물로서 하늘을 날아다닙니다. "이전 것은 지나갔고 새 것이 된", "신의 성품에 참예하는 자"로서, 그리스도인은 옛 습관과 유혹을 이길 수 있게 되어 있습니다.

"나는 너무나 타락한 것 같다. 하나님은 날 용서해 주실 리 없다."

유럽에 있을 때 죄의식에 사로잡혀 있던 한 젊은 공산주의자와 이야기를 나눈 적이 있습니다. 그는 그의 어머니에게 깊은 마음의 상처를 주었는데, 그 기억이 납으로 된 추와도 같이 그를 억눌렀습니다. 나는 그에게 복음을 설명해 주는 기쁨을 얻었지만, 그는 만일 하나님이 존재한다면 자기와 같이 나쁜 짓을 한 사람을 용서하실 리 없다고 했습니다.

그리스도께 돌아온, 바울이 된 사울은 적어도 간접적인 살인자였습니다. 하나님을 향한 잘못된 열심으로 그는 "주의 제자들에 대하여 여전히 위협과 살기가 등등하였습니다."(행 9:1) 스데반이 돌에 맞아 죽을 때, 사울은 "그의 죽임 당함을 마땅히 여겼습니다."(행 8:1) 그렇지만 하나님께서는 사울을 용서해 주셨습니다. 용서하셨을 뿐만 아니라 그를 이방인의 사도로서, 그리고 신약 성경의 많은 부분의 저자로 크게 사용하셨습니다.

우리의 죄는 하나님의 은혜를 능가할 수 없습니다. 성경은 이러한 놀라운 진리로 가득 차 있습니다. 그리스도께 나아오면 우리는 과거가 어떠하든 그의 의를 옷 입게 됩니다. 우리는 이 사실을 구약("공의의 겉옷을 내게 더하심이"-사 61:10)과 신약("그 안에서 발견되려 함이니 내가 가진 의는 율법에서 난 것이 아니요 오직 그리스도를 믿음으로 말미암은 것이니 곧 믿음으로 하나님께로부터 난 의라."-빌 3:9)에서 모두 찾아볼 수 있습니다.

"나는 다른 사람 못지않게 선하다. 나는 기회를 얻게 될 것이다."

이 사람은 앞 사람과는 정반대입니다. 그의 문제는 죄 문제를 이해하지 못하고 있는 점입니다. 이런 사람에 대해 나는 이렇게 대답합니다. "그래요, 당신은 다른 사람 못지않게 선하지요. 그런데 다른 사람을 자세히 살펴보았습니까?"

성경은 다른 사람도 똑같은 문제 - 그것도 큰 문제 - 를 안고 있다고 분명히 지적해 줍니다. "모든 사람이 죄를 범하였으매 하나님의 영광에 이르지 못하더니."(롬 3:23) 이 말씀은 모든 사람이 하나님 앞에서 죄인이고 심판을 받게 되어 있음을 가르쳐 줍니다. 하나님이 보시기에 '사소한 죄'라는 것은 없습니다.

성경은 또한 죄를 빗나가는 것이라 묘사합니다. "우리는 다 양 같아서 그릇 행하여 각기 제 길로 갔거늘."(사 53:6) 우리는 화살로 과녁의 중심을 맞추려 하나 맞추지 못한 궁사와도 같습니다. 자기의 덕행을 다른 사람들과 비교하는 사람은 패자들의 무리로 위로를 삼는 사람입니다. 단 한 가지 안전한 비교가 있다면 그것은 "죄를 범하지 아니하시고 그 입에 거짓도 없으신"(벧전 2:22) 예수 그리스도와 비교하는 것입니다. 바로 이것이 우리가 도달해야 할 수준입니다. 아니면 하나님의 용서와 깨끗케 하심을 구해야 합니다.

"오늘날 교회에 위선자가 너무 많다."

옳습니다. 교회 안에는 위선자들이 많습니다. 그러나 그 사실은 진품(眞品), 곧 그 위선자들이 모방하려 애쓰는 참된 새 사람도 있음을 나타냅니다. 값싼 모조품은 항상 값진 진품을 모방합니다. 이와 같이 교회 안에 위선자들이 있다고 하는 것은 그리스도로 말미암아 변화된 사람들이 실재한다는 사실을 확증해 줍니다.

"모든 게 꾸민 이야기다."

한번은 무신론을 주장하는 일단의 젊은이들이 내게 이런 말을 했습니다. "당신은 꿈의 세계에 사는 몽상가입니다. 당신이 말하는 새 삶이라고 하는 것은 솔직히 사실이기에는 지나치게 좋습니다." 아이다호 주에 사는 한 대학생도 비슷한 말을 했습니다. 이 말을 함께 들은 어느 여학생이 나를 옹호하러 나섰습니다. "아니에요, 그건

꿈이 아니랍니다. 작년에 내게도 일어났던 일이지요." 그리고는 자기 간증을 나누었습니다. 간증을 들은 그 학생은 그녀의 개인적이고 확실한 간증에 입을 다물고 말았습니다.

그러한 비난에 대해서는 여러분의 간증이 최상의 해결책입니다. 그것은 이론도, 철학도 아닌, 역사적 사실입니다. 현실 세계 한 지점에서 우리에게 그런 일이 일어난 것입니다. 시편 107편 2절 말씀이 촉구하는 바와 같이, 여러분에게 일어난 일을 다른 사람들에게 말해 주십시오. "여호와의 속량을 받은 자들은 이같이 말할지어다. 여호와께서 대적의 손에서 그들을 속량하사."

이렇게 의심 많은 자에 대한 해결책은 한 번 시도해 보게 하는 것입니다. 진지한 태도로 성경을 읽어 보거나, 함께 성경 공부를 하도록 권면하십시오. 성경 말씀은 그에게 참 지혜를 가르쳐 줄 것입니다. "너희가 성경에서 영생을 얻는 줄 생각하고 성경을 연구하거니와 이 성경이 곧 내게 대하여 증언하는 것이니라. 그러나 너희가 영생을 얻기 위하여 내게 오기를 원하지 아니하는도다."(요 5:39~40)

"내 친구들이 어떻게 생각할까?"

하나님을 찾는 많은 이들이 다른 사람들의 반응 때문에 움츠립니다. 그들은 그 사람들의 존경이나 우정을 잃게 될까 봐 두려워합니다.

나는 어느 대학교에서 한 학생에게 복음을 전하고 있었습니다. 그는 복음을 열심히 들었습니다. 그는 캠퍼스 기숙사에서 생활하고 있었는데, 동료 학생들 사이에서 인기가 좋았습니다. 그리스도를 영접하기 원하는가 묻자, 그는 잠시 생각해 보더니 말했습니다. "제가 그렇게 하면 친구들이 뭐라 할까요?" "친구들이라니 누구 말입니까?" 내가 물었습니다. "기숙사에 사는 친구들 말이에요." "그러면 그 친구들 중에서 자네가 그리스도인이 되는 것에 반대할 사람 명단을 적어 보게."

마침내 여섯 사람을 찾아냈습니다. 그들은 모두 폭주가들이요, 형편없는 학생들임이 판명되었습니다. 나는 물었습니다. "자네의 삶을 하나님의 통치에 맡기겠나? 아니면 이 주정뱅이들의 통치에 맡기겠나? 문제는 바로 이거야. 자네는 하나님의 뜻에 굴복하든지 이 친구들의 뜻에 굴복하든지, 둘 중 하나지. 어느 것을 택하겠나?" 그는 그리스도를 선택했습니다.

사람들은 어느 날 하나님 앞에 서서 그들의 삶을 회개해야 함을 깨달아야 합니다.

각 사람은 숨겨 주거나 지지해 줄 친구도 없이 혼자 서게 될 것입니다. 하나님이 말씀하시고 생각하시는 것이 친구들의 의견보다 훨씬 더 중요합니다. 하나님의 판결은 이렇게 날 것입니다. "누구든지 생명책에 기록되지 못한 자는 불못에 던져지더라."(계 20:15)

"나는 인생을 즐기고 싶다."

세상 일이라고 하는 것이 일단 거기에 빠지면, 그것이 한낱 신기루에 불과하다는 것을 발견하게 될 때까지는 신나고 만족스럽고 매력적인 것처럼 보입니다. 뭔가 굉장한 생을 꿈꾼 나머지, 가정을 파탄으로 몰아가고 학업이나 근무에서 이탈하게 된 사람들의 이야기를 종종 들어왔습니다. 그들은 한때 이 죄, 저 죄 저지르면서 '떵떵거리며' 살았습니다. '세상, 육신, 그리고 마귀'의 것들에 깊이 관여하면 할수록, 그들은 공허감으로 더 괴로움을 당했습니다. 삶은 무미건조했습니다.

하나님에 대한 왜곡된 관점이 '좋은 삶'에 대하여 비뚤어진 관점을 가지게 합니다. 많은 사람들이 하나님을 악인들 위에 떨어지는 위협적인 바위 덩어리와 같은 존재, 혹은 삶에서 어떤 즐거움도 맛보지 못하도록 하는 데만 관심을 둔 우주 경찰관과 같은 분으로 생각합니다.

분명한 사실은 그리스도께서, 풍성한 삶을 우리에게서 빼앗기 위해서가 아니라 그것을 우리에게 주시기 위해 오셨다는 것입니다. 그는 슬픔이 아니라 기쁨을 가져오셨습니다. 좌절이 아니라 삶의 의미와 목적을 심어 주셨습니다. 그는 말씀하셨습니다. "내가 온 것은 양으로 생명을 얻게 하고 더 풍성히 얻게 하려는 것이라."(요 10:10) 그리고 모든 목표를 이루셨던 것과 마찬가지로 이 목표도 이루셨습니다.

"나는 교회에서 자라났다."

많은 사람들이 이렇게 말합니다. "나는 믿고 있어요. 나는 어렸을 때부터 빠지지 않고 교회에 나가곤 했죠. 기도도 약간 할 줄 알아요. 세례도 받았고요."

이 사람들은 성경과 하나님에 관하여 약간 알고 있기는 하지만, 그들 중 많은 이들이 교인이지 그리스도인은 아닙니다. 비극적인 것은 그들이 약 30cm밖에 안 되는 머리와 가슴과의 거리 차이로 하나님 나라를 놓치고 있다는 점입니다. 로마서 10장 9~10절은 이렇게 말합니다. "네가 만일 네 입으로 예수를 주로 시인하며 또 하나님께서 그를 죽은 자 가운데서 살리신 것을 네 마음에 믿으면 구원을 받으리라. 사람이 마음으로 믿어 의에 이르고 입으로 시인하여 구원에 이르느니라." 많은 사람들이 구원받을 만큼 그리스도에 관해서 충분히 알고는 있지만, 결단을 하지 못하고 있습니다. 마음으로 믿어 그리스도의 의를 받아들여야 하는 것입니다.

이런 사람을 위해 대답해 줄 수 있는 말은 다음과 같습니다. "잘 알겠습니다. 그런데, 당신은 이제껏 그리스도를 개인적으로 영접한 적이 있습니까?" 조금이라도 미심쩍은 사람은 자신이 예수님을 믿고 있는지 분명히 알아야 합니다. 요한복음 1장 12절은 "영접하는 자 곧 그 이름을 믿는 자들에게는 하나님의 자녀가 되는 권세를 주셨으니"라고 말씀합니다. '교회에 다니는 자'가 아니라, '오직 그리스도를 영접하는 사람들'에게만 하나님의 자녀가 되는 권세가 주어집니다.

전도 대상자의
반대 질문에 대한
답변

18

전도를 하다 보면 가끔 상대방으로부터 도전적인 질문을 받아서 어려움에 처할 때가 많습니다.
이 문제에 대한 조지·스위즈의 기본적인 해결 방안을 읽어 봅시다.

교회에 등록하기를 주저하는 대부분의 사람들은 가장 그럴듯한 수십 개의 이유들 중에 하나를 댈 것입니다. 이 이유들에 대하여 방문자들이 사전에 염두해 둔다면, 대다수의 부정적인 대답에 대하여 지혜로운 답변을 준비할 수 있을 것입니다. 지침을 주는 사람이 이러한 것들을 살펴보고 무슨 답변을 할지에 대하여 제의를 할 수도 있습니다.

방문자들은 사람들이 자기가 말하는 거부의 이유를 정말로 합당한 것으로 믿고 있다고 가정해야 합니다. 때때로 변명이 너무 궁색해서 그것을 진지하게 믿기가 어렵겠지만, 너무 오랫동안 궁색한 이유들을 대다보니 그것들을 믿게 되었는지도 모릅니다. 어떤 교인에게 하찮아 보이는 것이 교회 배경이 없는 어떤 사람에게는 중요하게 보일 수도 있는 것입니다.

종종 이러한 이유들에 대해 많은 말을 하지 않는 것이 최선이기도 합니다. 그런 말을 한 사람을 격려해 주며, 신중하게 그것을 달리 말하거나 한두 마디의 코멘트를 첨가할 수도 있습니다. 그리고 난 다음에 주제들로 계속해 나갑니다. 진짜 문제는 어떤 다른 것일 수도 있는 것입니다. 길게 논쟁을 끄는 것은 유익이 하나도 없습니다. 여기에서 제시한 의견들은 진짜 장애가 되는 난관들이 있을 경우에 한한 것입니다. 많은 경우 간단한 답변이 더욱 효과적입니다.

방문자들은 자기들이 얼마나 많은 것을 요구하고 있는지 망각할 수 있습니다. 충실한 교인이 되겠다는 약속은 교회를 위하여 해마다 오고가는 것을 포함하여 최소한 156시간을 필요로 하는 것입니다. 예상되는 헌금과 교회 일도 엄청나 보일지 모릅니다. 종교적 감정이 강한 사람은 단념하지 않겠지만, 교회에 관심이 별로 없는 사람들은 교인의 의무를 지지 않을 여러 가지 이유들을 찾아 낼 수 있습니다. 그래도 방문자들이 방문을 계속하게 되는 것은, 모든 명백한 반대 이유들에도 불구하고, 사람들이 계속하여 교회에 등록하고 있다는 사실을 알고 있기 때문입니다. 만일 상식적인 이점들만이 고려될 필요가 있는 전부였다면, 교회는 오래 전에 사라져 버렸을 것입니다.

실제적 난문제들

"여기에 얼마 동안이나 살지 모르겠습니다."

"얼마 동안이나 여기서 사셨습니까?"라고 질문해 보십시오. 상당한 기간 동안 있었다면, 그 상황의 성질에 따라 이 문제를 해결할 수 있을 것입니다. 방문자들은 다음과 같은 것을 지적할 수 있습니다. 이사하는 것은 교회의 교인 자격을 변경하는 것이 아니라, 다만 실제적인 것들에 부응해야 하는 지역 교회의 참여 기록만을 바꾸는 것이라고 말입니다.

유념해야 할 조건은 이동의 가능성이 아니라 체류의 가능성입니다. 1년 정도 계속 머물러 있을 수 있다면, 그 교인 자격은 변경되어야 합니다. 그 기간이 2년 이하일 경우는 그 교인 자격은 누구에게나 큰 어려움 없이 다시 옮겨질 수 있습니다. 신속한 이전은 교회 문제를 중요하게 생각하는 표시며, 소홀히 하는 것처럼 보이는 것이 바로 지체하는 것입니다. 교회 이전을 미루는 사람들은 어떤 교회의 교인이 되지 않고는 교인이 될 가능성이 없는 상황에 있는 것입니다. 교인 자격은 양치(養齒)식물과 같습니다. 그 뿌리가 공기 중에 오래 나와 있으면 있을수록 성공적인 이식 가능성은 줄어듭니다. 교회를 등한히 하는 버릇이 형성되는 것입니다.

"어느 교회로 나갈지 아직 결정하지 못했습니다."

결정이 이루어지기 위해서 무슨 조건이 필요한지 물어보십시오. 교적부를 다른 교회로 옮기는 것을 도와 주겠다고 제안하십시오. 방문자들은 자기들 교회의 좋은 점을 말하고 또한 다른 교회 교인들의 좋은 점도 말할 수 있습니다. 후에 고려되고 있는 다른 교회에 그 정보를 제공해 주십시오.

"나의 정든 교회를 떠난다는 것을 참을 수 없는 일이었습니다."

실제로 교회를 떠났다면 그 교회 교적부에 이름이 남아 있을지라도 떠났다는 그 사실을 바꾸지는 못합니다. 교회 교적부를 어수선하게 만드는 것은 그 정든 교회에 대한 아무런 호의가 되지 못하며 그것은 한 교인에 대한 부담만 안겨 줄 것입니다. 어느 교회에도 속해 있지 않는 것보다는 다른 어떤 교회에 속해 있을 경우에 그들이 정든 교회에 더 가까워질 것이라는 것을 알아야 합니다. 어떤 사람이 말하기를, "나는 옛 교회를 너무 좋아하기 때문에 거기에서 묻히고 싶다."라고 한다면, 재치 있는 대답은 못들을 지라도 정확한 대답은 "당신은 이미 그렇게 되었소."라는 것입니다.

가족적 전통이 방해가 될 수도 있습니다. "내가 그 교회(또는 교파)를 떠난다면, 부모님의 마음을 상하게 할 것입니다." 결혼을 하면 충성의 중심은 부모의 교회에서 그들의 새로운 교회로 옮겨져야 합니다. 대부분의 부모들은 소속한 교회 없이 지내기보다는 그들의 자녀들이 다른 교회에서라도 활동적인 교인이 되기를 오히려 바랄 것입니다. 우리의 종교적 결정이 다른 세대의 감정에 의하여 좌우될 수는 없습니다.

"참석할 수가 없기 때문에 교회에 입회해도 소용이 없습니다."

이때에는 교회 출석이 정말로 불가능한 지를 생각해 보아야 합니다. 사실이 그렇다면, 방문자들은 교회에 속하는 여러 가지 다른 측면에 대하여 말해 줄 수 있습니다. 교회는 주일 아침 예배 이외에도 많은 것을 가지고 있습니다. 환자나 주일에 일하는 사람도 교회에 등록하도록 격려해야 합니다.

그러나 때때로 실제적 문제는 가능성의 문제가 아니라 우선권의 문제일 경우가 있습니다. 더 좋아하는 일들이 있는 것입니다. 이러한 때는 충실한 교회 참여의 이점들에 관하여 말해 줘야 합니다. 주일에 쉬는 여유가 필요하다고 말하는 사람들에게는 예배를 통하여 얻게 되는 새로움과 평안에 대하여 말해 줄 수 있습니다. 우리는 다음과 같이 말하려고 하는 유혹을 피해야 합니다. "교인으로서 당신이 하는 일은 양심의 문제이므로, 교회는 일일이 지시하지 않습니다." 사람들이 정식 교인에 대한 낮은 견해나 기대감을 가지고 시작하게 되면, 그 이후의 흐름은 그 이상으로 올라가지 못할 수 있습니다. 사람들은 교회의 정식 교인 자격이 아닌 것으로는 도움을 받지 못합니다. 유명 인사 한 분이 내 친구 목사에게 이야기하기를, "나는 교회처럼 많은 선을 행하는 어떤 기관의 한 몫을 담당하기로 결심했습니다. 물질적인 기여도 하려고 합니다. 그렇지만 나는 교회에 다니는 사람은 아니라는 것을 말씀드려야겠군요."라고 하였습니다. 내 친구는 대답하기를, "언제라도 선생님이 교회에 돈을 기탁하면 저희는 기뻐할 것입니다만, 선생님이 진정한 교인이 되시지 않는다면 저희는 선생님을 받아들일 수가 없습니다."라고 하였습니다.

"헌금할 만한 돈이 없기 때문에 교회에 다닐 수 없습니다."

여기에서도 다시 방문자들은 그 사람이 헌금할 능력이 없는 것인지, 하기를 원치 않는 것인지를 알아봐야 합니다. 경제 사정이 어려워 헌금을 하지 못할 수도 있습니다. 이럴 경우에는 교회는 어떤 정해진 부과금이 없는 하나의 구성체임을 지적해 주어야 합니다. 헌금은 공개되지 않으며, 가장 적게 내는 사람들도 가장 많이 내는 사람들과 마찬가지의 칭찬을 받습니다. 그러나 교회의 유지와 활동은 교인들이 내는 헌금에 의존하고 있다는 사실도 설명해야 합니다.

그리스도 중심으로 산다고 자처하면서 자기 자신만을 위해 돈을 쓰는 이들은 언행이 일치하는 그리스도인이 아닙니다. 가지고 있는 물질을 어떻게 사용하는가 하는 것은, 실제로 우리가 무엇을 가장 중요한 것으로 믿고 있는가를 보여 줍니다. 우리의 실제 신앙 고백은 회계 장부에 나타납니다. 헌신은 '내는 것(giving)'으로 표현되어야 합니다. 방문자들은 "각 사람이 수입에 따라"(고전 16:2)의 원리를 설명해 주어야 합니다. 그들이 인색한 자들을 헌신한 그리스도의 제자들이라고 생각해서는 안 될 것입니다.

"나는 내 남편(아내)이 함께 교회 나가기를 기다리고 있습니다."

둘이 함께 교회에 나갔으면 하고 바라는 것은 자연스러운 생각입니다. 하지만 경험을 통해서 볼 때, 그렇지 못한 경우가 많습니다. 그래도 교회에 속해 있는 사람이 교회와 관련을 가지고 있지 않은 사람보다는 보다 쉽게 그 배우자를 교회로 이끌 수 있습니다. 둘 중에 하나가 교인일 경우 그들은 더 쉽게 교회 친구들을 사귀고 교회 활동에도 참여하게 될 것입니다.

"우리는 전에 있던 교회에서 너무 바쁘게 일했기 때문에 좀 쉬고 싶습니다."

이런 이유는 사실인지도 모릅니다. 이것은 어떤 가치 있는 일을 위하여 도움을 요청할 때에 못한다고 거절하기 싫어하는 사람들의 부류에서 들립니다. 그들에게 교회 일은 너무 짐스러운 것이 되었을지도 모릅니다. 새로운 사회로 이주하여 정착 했을 때, 그들은 모든 교회 일에서 떠나 즐거운 휴식을 취하며, 다시 거기에 말려들 지 않으려고 합니다. 방문자들은 그 사람들이 그렇게 훌륭한 교인들이었음을 칭찬 해 주며 또한 재확신시켜 줄 수 있습니다. 그러나 각 사람은 어떤 교회 활동을 할지 에 대하여 스스로 결정할 수 있습니다. 교회는 필요한대로 계속해서 요구하겠지만, 더 이상 일을 계속해서는 안 되겠다고 생각하는 사람에게 강제권을 행사하지는 않 습니다.

하지만 그리스도인에게 부과된 교회를 부양할 의무는 어떤 활동을 하는데 이름 을 적어 놓지 않는다고 하여 그 의무가 면제되는 것은 아닙니다. 여러 교회를 옮겨 다니며 즐기는 것은 그리스도인들의 욕구를 채워 주지 못합니다. 그것은 마치 영양 가가 결여된 즐거운 식사와 같습니다. 교회의 의무는 축복입니다. 우리가 그리스도 의 일을 할 때, 그를 알게 되고 그 임재를 느끼게 됩니다. 주지는 않고 받아먹기만 하 는 자들은 생기를 잃게 됩니다.

교회 활동에 참여하지 않는 사람들에게는, 교회는 언제나 그들의 참여를 원하고 환영한다는 사실을 느끼게 해 주어야 합니다. 그들이 아무 일도 하지 않고 있는 한 은 지나는 객(客)처럼 느낄 것입니다. 그들이 교회를 정말로 집처럼 느끼기까지는 교 회가 그들을 편하게 할 수 없습니다.

자기 의심(自己 疑心)

"나는 별로 아는 게 없습니다."

이것은 사실일지도 모릅니다. 한 번의 방문으로 기독교 신앙을 전부 설명할 수는 없습니다. 좀 더 알아야 할 필요성을 느끼는 사람들이라면, 방문자들은 '그리스도에 대하여 어떻게 배울 수 있는가' 하는 방법에 대하여 그들과 함께 계획하도록 합니 다. 흥미를 느끼지 못한다면, 그 당시로는 앞으로 나아갈 방도가 없습니다.

그런데 교인이라면 얼마만큼 알아야 하는가에 대한 어떤 과장된 견해가 있을 수 있습니다. 올바르게 그리스도를 주님으로 접하고서도 여전히 많은 진리를 알지 못할 수도 있습니다. 그런 사람들에게는 교회에 등록하는 사람들에게 요구되는 것은 다만 기본적인 신앙뿐이라는 것을 말해 줄 필요가 있습니다. 이를 해결하는 가장 좋은 방법은, 설문지를 만들어 그 안에 있는 내용 가운데 아는 것만을 솔직하게 적도록 하는 것입니다. 그것을 검토한 방문자들은 그들이 잘못 알고 있는 것은 무엇이며, 어떤 진리부터 알려 줘야 하는지 파악하게 될 것입니다. 평범한 말로 풀어서 충분히 이해시킨다면, 그들은 교회에 등록할 준비가 되지 않았다는 생각을 지우게 될 것입니다.

"나는 의심하는 것들이 너무 많습니다."

의심하는 것이 어떤 것들인지에 대하여 대화가 필요합니다. 때때로 사람들은 지옥(hell)을 믿지 못하거나 또는 삼위일체를 이해할 수 없기 때문에 등록할 수 없다고 말합니다. 그들에게는 모든 교리에 대하여 결론을 내릴 수 있을 때까지 교회 밖에서 기다릴 필요가 없다는 것을 이야기해 줄 수 있습니다. 이것은 교인이 되어 평생을 두고 알아볼 일인 것입니다. 방문자들이 간혹 그럴 필요가 없는데 같이 의심하면서 도와 주려고 애쓸 때가 있습니다. 그러나 긍정적인 면에 서서 그 사람이 믿고 있는 것을 생각하는 것이 더 중요합니다.

믿음에 대하여 의심하는 가장 빈번한 문제는 예수님이 하나님의 아들이라는 신앙에 관한 것입니다. 이때는 '예수님이 일반 사람들과 다른 점은 무엇인가요?', '그는 죽어 없어진 게 아니라 현존하시는 분이 아닌가요?', '당신의 하나님 인식은 그로부터 오지 않았나요?' 식의 질문을 하여 생각을 전환해 보도록 하는 것이 도움이 될 것입니다.

한편 문제가 계속 해결되지 않는다면, 방문자들은 담임 목사에게 직접 방문하여 부연 설명을 해 주도록 부탁해야 합니다.

"나는 그리스도인이라고 불릴 만큼 선량치가 못합니다."

여기에 대한 질문은 '충분히 선량하기를 원하십니까?' 입니다. 자기의 행위가 비도덕적임을 알고 있으면서도 그것을 고칠 의사를 가지고 있지 않은 사업가에게 다만 부분적인 순종이라도 그리스도께 드리라고 격려해서는 안 됩니다. 잘못이라고 알고 있는 것을 포기하려고도 하지 않는 사람에게 "교회는 죄인들을 위하여 있는 것입니다."라고 말해서도 안 됩니다. 교회는 사실 죄인들을 위하여 있기도 합니다. 그러나 선해지기 원하는 죄인들을 위하여 있는 것입니다. 그 사람에게는 "선생님은 자신에 대하여 정직하시군요. 선생님이 하고 계신 것을 포기해야 한다는 것도 알고 계십니다. 이것이 바로 위대한 회개의 첫걸음입니다. 분열된 생활을 하시게 되면 마음이 기쁠 수 없습니다. 하나님께서 원하시는 일을 하기로 결정하시는 날은 위대한 날이 될 것입니다."라고 이야기해 줄 수 있습니다.

대상자의 문제는 교회가 생각하기에는 죄악된 것이지만, 그 사람의 생각에는 괜찮은 어떤 것일 수도 있습니다. 방문자들은 왜 교회가 그것을 심각하게 다루는지에 대하여 명백하게 설명해 주어야 합니다. 하지만 생각의 차이가 너무 달라 이견의 접촉점을 찾을 수 없다면, 그것은 방문자들이 피해야 할 '불필요한 주제들' 중의 하나로 여기고 넘어가야 합니다. 방문자들이 이렇게 말할 수도 있습니다. "당신은 교회에서 그것이 비난받는 소리를 들을 것입니다. 교회는 하나의 선생이기도 하며, 선생은 위치와 기준을 지켜야 합니다. 하지만 당신이 그것을 그리스도께 불충실하지 않으면서 행할 수 있는 것이라고 믿으신다면, 또 그것이 당신이나 다른 어떤 사람을 해치지 않는 것이라고 생각하신다면, 그것은 당신을 교회의 교인이 되지 못하게 하지는 않을 것입니다."

고치기는 원하지만 불가능하게 느껴지는 것일 수도 있습니다. 이런 문제는 알코올 중독이나 마약, 원수됨 또는 좋지 못한 기질, 못된 습관일지도 모릅니다. 이러한 사람들은 교회의 회원이 되는 첫 번째 조건이 바로 자기의 부족함을 느끼는 것이라는 사실을 알아야 합니다. 자신이 교회에 다닐 만큼 충분히 선하다고 생각하는 사람은 바람직한 사람이 못 될 것입니다. 우리는 도움을 얻도록 그리스도께 의지해야 합니다. 우리는 마땅한 도리대로 살아갈 힘을 얻기 위하여 교회에 등록하는 것입니다.

교회 비판(敎會 批判)
"그리스도인이 되기 위하여 교회에 다닐 필요는 없습니다." 또는 "교인들도 교인 아닌 사람들보다 나은 게 없습니다."

교회 다니는 사람과 다니지 않는 사람들의 덕성을 비교해 놓은 통계 자료가 없기 때문에, 이 문제에 대해서는 논쟁을 피하고 바로 실제적인 문제로 들어가는 것이 좋습니다. 즉 '교회가 당신을 보다 나은 사람이 되도록 도울 수 있었는가?' 하는 것입니다. 방문자는 자신의 간증으로 시작할 수 있습니다. "나는 많은 잘못을 가지고 있는 교인들 중 하나입니다. 그렇지만 지금 나는 교회 없이 지냈을 경우보다는 엄청나게 더 나은 사람이 된 것을 알 수 있습니다." 보다 나은 사람이 되도록 돕기 위하여 교회가 한 일을 말해 줄 수도 있고, 왜 자녀들이 교회의 인도와 가르침을 받기를 원하는지 말해 주어도 좋습니다. 물질 문명이 우리의 영혼을 깔아뭉개려고 위협하는 세상에서 어떻게 교회가 우리에게 영적인 경험을 주며 종교적 진리를 기억나게 하는지에 대하여 이야기해도 좋습니다.

그리스도께서는 죄인들을 교회로 불러들이며, 그들은 모든 불쾌한 인간적 기질을 가지고 들어옵니다. 하지만 그들이 점점 나아지고 있는 한, 교회는 성공합니다. 한 방문자는 이렇게 말했습니다. "만일 예수님이 당신과 나를 그의 교회에 두시면, 우리는 교인들에 대하여 아무리 많은 기대를 걸어도 지나치지 않습니다. 당신이 알게 될 얼마간의 아주 훌륭한 사람들은 교회로부터 그들이 얻은 것 때문에 현재의 그들이 되어 있는 것입니다." 기억해 둘 만한 두 가지 실용적인 질문은 이러합니다. '당신은 원하는 만큼 신령한가?'와 '교회의 도움으로 더 나아질 수 있는 기회를 가져보았는가?' 입니다.

"부모의 청에 못 이겨 교회에 나갔는데 이제는 질렸습니다."

가장 적절한 반응은 어릴 때의 좋지 못한 경험에 대한 이야기를 사려 깊게 정성껏 귀 기울여 들으며 그가 겪었을 고통에 대하여 충분히 공감해 주는 것입니다. 그리고 나서 성인이 되어서도 과거의 그 상처를 그대로 간직하고 있는 것이 과연 어떤 의미가 있는지 스스로 되돌아보게 합니다. 이러한 문제는 고통의 정도가 심하지 않는 경우가 대부분이므로 충분히 대화를 나눈 다음에는 긍정적인 다른 주제로 자연스럽게 넘어가도록 합니다. 그런 경험들은 그리스도와의 관계를 진지하게 생각하고 교회가 줄 수 있던 것에 대한 필요를 느끼는 사람에게는 별 장애물이 되지 않을 것입니다.

"나는 이미 그리스도인입니다. 나는 교파주의자가 되고 싶지는 않습니다."

사람들은 종종 지적하기를 그리스도께서는 결코 갈라진 교회들을 의도하시지는 않았을 것이라고 합니다. 그리고 만일 그들 중 어느 하나에 가담하면 종파 분립 죄에 참여하는 것이라고 합니다. 그들에게는 교파는 단순히 예수 그리스도의 교회로 들어가는 문들이라는 것을 말해 줄 필요가 있습니다. 기독교가 여러 집단으로 분리된 이유가 모두 그릇된 것만은 아닙니다. 지역적인 분리와 언어의 차이는 그것에 큰 관계가 있습니다. 교회의 마땅한 모습에 대한 다른 견해들이 때로는 분립된 조직을 필요로 하였습니다.

방문자들은 이렇게 말할 수 있습니다. "우리는 우리 교파를 위하여 방문하고 있는 것이 아니라, 위대한 한 교회를 위하여 하고 있는 것입니다. 선생님이 어느 교회에 등록하시든지 그들 모두와 가까워질 것입니다."

"당신의 교회는 불친절합니다."

방문자는 이렇게 말할 수 있습니다. "당신이 나쁜 인상을 받은 것이 이상한 일은 아닙니다. 다만 저는 그것이 대표적인 것이라고 믿지는 않습니다. 종종 일부 방문객들은 우리 교회를 대단히 따뜻하고 친절하다고들 합니다. 부분적으로는 당신이 누구와 만나게 되었는가에 원인이 있거나, 아니면 당신 가까이에 있던 사람들이 교인이 아니었을지도 모를 일입니다. 다음 주일 교회에서 만나 뵐 수 있겠습니까? 저는 당신이 우리 교회가 얼마나 성심성의를 다하고 있는지 발견하도록 도울 수 있다고 생각합니다."

"나는 그 목사를 싫어합니다."

방문자들은 먼저 그 정도가 어느 정도인가 파악하고 나서, 그 다음에 언제 떠날지도 모르는 목회자 때문에 교회에 등록하는 것도 잘못이며, 오직 목회자 때문에 교회에 나오지 않는다는 것도 잘못이라고 말해 줄 수 있습니다.

사람들을 교회로 이끄는 에케 호모(Ecce Homo, '그 사람을 보라')라는 말은 설교자를 가리키는 것이 아닙니다. 교회 생활의 위대한 유익들이 목회자가 누구든 간에 교인들을 위하여 거기에 있습니다. 모든 인간은 장점과 단점을 가지고 있습니다. 교회 교인들은 목사의 좋은 점 때문에 그를 사랑하기도 하고 그의 부족한 것들을 보충하기 위해 노력하기도 합니다. 방문자들은 또한 사람들이 진정으로 그들의 목사님을 알게 될 때 그에게 감사하게 된다는 것도 말해 줄 수 있습니다. 목사님이 하신 좋은 일들에 대하여 말하고, 또 그가 존경을 받고 있는 특징들에 관해서도 이야기할 수 있습니다.

"교회에서 무슨 일이 있은 후 나는 다시는 교회에 다니지 않겠다고 결심했습니다."

가능하면 그 나쁜 경험이 무엇이었는가를 알아 내는 것이 좋습니다. 이해하는 마음으로 들어주는 사람에게 그런 일을 말하는 것은, 그것을 보다 덜 심각하게 보이도록 만들기도 합니다. 아마도 방문자가 그것은 매우 예외적인 일이라는 것을 말해 주거나 약간의 완화를 지적할 수도 있습니다.

교회에 대하여 환멸을 느꼈다고 말하는 사람들에게는 교회는 훈련을 받는 체육관과 같아서 시련을 통하여 그리스도인답게 행동하도록 훈련시킨다는 사실을 말해 줄 수 있습니다. 사람들이 서로 잘못 대하고 과실을 범하게 하는 인간성은 그들이 교회에 등록할 때 함께 가지고 들어온 것입니다. 좋지 못한 일들이 일어나지만, 교회에서는 그것들이 그리스도의 교훈과 그의 사랑의 지도 아래에서 일어나는 것입니다. 교회는 우리에게 실천을 통하여 우리의 야비함을 고치는 방법과 남들의 결점을 다루는 방법을 가르쳐 줍니다.

교회에서의 실천 생활로 우리가 배워야 하는 덕성 중의 하나는 용서함입니다. 그 사람에게는 다음과 같이 말할 수 있습니다. "당신의 비통함은 아직도 마음 깊숙이 맺혀 있어서 당신의 영적 생활을 방해하고 있습니다. 하나님께서 당신이 용서하도록 도우실 것입니다. 그것은 영광스러운 자유의 느낌을 가져다 줄 것입니다. 당신이 용서하고 다시금 자유하게 되는 것은 당신이 교회로 돌아옴으로써 표현될 수 있습니다."

가정에서의
전도

19

「전도학 개론」의 저자인 스카보로우(L. R. Scarborough)의 글입니다.

　　"이러므로 너희는 나의 이 말을 너희의 마음과 뜻에 두고 또 그것을 너희의 손목에 매어 기호를 삼고 너희 미간에 붙여 표를 삼으며 또 그것을 너희의 자녀에게 가르치며 집에 앉아 있을 때에든지, 길을 갈 때에든지, 누워 있을 때에든지, 일어날 때에든지 이 말씀을 강론하고 또 네 집 문설주와 바깥 문에 기록하라. 그리하면 여호와께서 너희 조상들에게 주리라고 맹세하신 땅에서 너희의 날과 너희의 자녀의 날이 많아서 하늘이 땅을 덮는 날과 같으리라."(신 11:18~21)

　　"그가 이 작은 자 중의 하나를 실족하게 할진대 차라리 연자맷돌이 그 목에 매여 바다에 던져지는 것이 나으리라."(눅 17:2)

　　"사람들이 예수께서 만져 주심을 바라고 자기 어린 아기를 데리고 오매 제자들이 보고 꾸짖거늘 예수께서 그 어린 아이들을 불러 가까이 하시고 이르시되 어린 아이들이 내게 오는 것을 용납하고 금하지 말라. 하나님의 나라가 이런 자의 것이니라. 내가 진실로 너희에게 이르노니 누구든지 하나님의 나라를 어린 아이와 같이 받아들이지 않는 자는 결단코 거기 들어가지 못하리라 하시니라."(눅 18:15~17)

자녀에 대한 부모의 책임

영혼 구원은 가정에서부터 시작되어야 합니다. 하나님 앞에서 부모는 자녀들의 영적인 상태에 대한 책임이 있습니다. 특별히 아버지들에게 하나님의 진리를 자녀들에게 알리라는 명령을 하셨습니다. "주의 신실을 아버지가 그의 자녀에게 알게 하리이다."(사 38:19)

"그를 이리로 데려오라."(마 17:17)는 명령은 사탄의 세력 하에 있는 아이들을 가진 모든 아버지에게 주시는 그리스도의 명령입니다.

"주 다윗의 자손이여, 나를 불쌍히 여기소서. 내 딸이 흉악하게 귀신 들렸나이다."(마 15:22)라는 간구가 그리스도 밖에 있는 자녀를 가진 모든 어머니의 심령에서 나오는 끊임없는 부르짖음이 되어야 할 것입니다. 디모데의 외할머니와 어머니는 어렸을 때부터 디모데에게 하나님의 말씀을 가르쳤습니다.(딤후 1:5, 3:15) 모세는 부모들에게 그들의 집에 앉았을 때에 자녀에게 하나님의 말씀을 가르치라고 명했습니다.(신 11:19~20)

예수님도 "어린 아이들이 내게 오는 것을 용납하고 금하지 말라."(눅 18:16)고 말씀하셨습니다. 이것은 그들을 교회에 데리고 오라는 말씀이 아닙니다. 그들을 어렸을 때에 구원의 빛 가운데로 인도하라는 말씀입니다. 자녀들을 이 세상에서 잘 살도록 보살펴 주어야 하는 책임보다도 자녀들의 영원한 행복의 문제를 해결해 줘야 하는 부모의 책임이 훨씬 더 큽니다. 우리의 자녀들을 이 땅에서 훌륭한 시민으로 살아가도록 먹이고 입히고 보호하고 공부시킨다면, 우리는 마땅히 그들이 하늘나라의 시민으로서 필요한 모든 준비를 갖추도록 도와 줘야 할 것입니다.

엘리사가 수넴 여인에게 물었던 "아이가 평안하냐?"(왕하 4:26)는 질문이 모든 부모의 마음에 항상 자리잡고 있어야 할 것입니다. "젊은 압살롬은 잘 있느냐?"(삼하 18:29)는 질문은 비록 자신이 죽음의 위험 가운데 처해 있을지라도 자기 아들에게 더 큰 관심을 쏟는 부모의 마음을 표현해 주고 있습니다. 다윗은 부르짖었습니다. "내 아들 압살롬아 내 아들 내 아들 압살롬아 차라리 내가 너를 대신하여 죽었더면, 압살롬 내 아들아 내 아들아!"(삼하 18:33) 다윗의 슬픔은 진작 자기 아들에게 관심을 갖지 않았던 데에 대한 것이었습니다. 많은 부모들이 자녀가 어렸을 때에는 그들의 영적 상태에 관해 관심을 갖지 않습니다. 그러다가 그들이 어떤 문제에 빠지거나 갑작스러운 죽음에 봉착하게 되었을 때 영원의 문제에 대해 생각합니다. 가장 무서운 무관심은 영혼에 대한 무관심입니다.

자녀들의 구원에 대한 부모의 책임

부모들은 자녀들이 어릴 때 그리스도 앞으로 인도해야 합니다. 왜냐하면 첫째로, 어릴 때에는 부모의 영향을 많이 받기 때문입니다. 어렸을 때에는 부모에 대한 자녀의 신뢰가 단순하며 진실하고 큽니다. 신앙에 대한 가르침을 주기에 좋은 마음 밭을 가진 때입니다.

둘째로, 어린아이들이 그리스도께 돌아오기가 쉽기 때문입니다. 그들의 심령은 아직 죄로 인해 단단해지지 않았기 때문에 신앙적인 진리에 쉽게 반응합니다. 물론 그들도 성품상으로는 죄인입니다. 그러나 아직 죄의 행위가 그들의 심령을 무감각하게 만들지는 않았습니다. 그들은 하나님의 부르심에 쉽게 자신을 양도합니다.

셋째로, 부모들이 자녀들의 문제와 필요에 대해 잘 알고 있기에 좋은 기회를 잡을 수 있습니다. 부모는 자녀들이 죄의식을 가지고 있을 때와 하나님 앞에서 책임 의식을 느낄 때를 잘 알 수 있습니다. 바로 그러한 때에 자녀들의 마음에 구원에 대한 진리를 심어 주어야 합니다.

넷째로, 어릴 때라도 질병이나 사고 등으로 사망에 이르는 경우가 있기 때문입니다. 우리 주위에 얼마나 많은 어린이들이 죽어가고 있습니까! 그들 중에는 구원받은 아이들도 있고 구원받지 못한 아이들도 있습니다. 부모는 후회하기 전에 자녀들이 구원받도록 해야 합니다. 그리고 그를 위해 기도해야 합니다.

"오! 하나님, 우리 자녀들이 그리스도의 보혈을 통해 그들의 심령을 당신께 드리며 죄가 그들을 지옥으로 이끌어 가지 못하도록 보호하고 인도하옵소서. 저희로 하여금 자녀들에게 생명의 길을 분명하고 확실하게 가르치게 하시고 매일매일 그들을 위해 기도하게 하옵소서. 진정 그런 부모가 되게 하옵소서."

다섯째로, 그들의 삶을 그리스도를 위한 봉사로 인도할 수 있기 때문입니다. 영원한 사망에서 구원함을 얻은 영혼에게 가장 중요한 것은, 그리스도를 위한 봉사에 그의 생애를 드리는 것입니다. 부모의 올바른 인도 없는 자녀들이 절망과 말할 수 없는 슬픔 속에서 지내든지 혹은 그들의 생애를 영원히 낭비해 버리고 말 것입니다.

부모들의 주의사항

부모들은 생명의 문제를 다룰 때 자녀들에게 너무 강압적으로 하지 않도록 주의해야 합니다. 다른 문제를 다루는 것과 마찬가지로 조용히, 그리고 차근차근 가르쳐야 합니다. 자녀들이 어려서 하나님의 계획을 모두 이해할 수 없다고 해도 날마다 말씀의 '신령한 젖'을 공급해 주어야 합니다. 그리스도를 영접하는 것은 우리 영혼이 할 수 있는 가장 간단한 것입니다. 아이들을 올바로 가르치도록 유의하십시오.

부모들은 자녀들에게 그리스도의 명령과 부모의 뜻을 혼돈하지 않도록 해 줘야 합니다. 교회에 가는 것은 하나님께 대한 책임이지 부모에 대한 책임은 아닙니다. 우리는 이 점을 분명히 해야 합니다. 아이들이 교회 등록, 세례, 믿음의 고백, 구원 그리고 교리와 하나님의 말씀을 배운 후에 스스로 자기 결정에 따라 행동하도록 해 줘야 합니다.

부모들은 자녀들이 그리스도를 향해 성장하며, 교회 생활과 봉사 생활에 진보를 나타내도록 격려하는 데 최선을 다해야 합니다. 연약한 식물일수록 상처를 받거나 꺾이기 쉽습니다.

아홉 살 먹은 딸이 예수 그리스도를 안 후 교회에 가서 공적으로 자신의 신앙을 고백하겠다는 것을 못하게 막은 일로 인해 가슴아파하는 어머니를 본 적이 있습니다. 그 아이가 그 후 한 달도 못 되어 죽고 말았습니다. 그 어머니는 이후 몇 년 동안을 슬픔과 고통 가운데 지냈습니다. 그 어머니는 아이를 교회에 가지 못하도록 막음으로 인해 하나님 앞에서 자신의 책임을 다할 수 있는 기회를 영영 상실해 버리고 말았습니다.

부모들은 그들 자신의 삶과 행동이 자녀들에게 좋은 영향을 주도록 주의를 기울여야 합니다. 그리스도께서 말씀하셨습니다. "그가 이 작은 자 중의 하나를 실족하게 할진대 차라리 연자맷돌이 그 목에 매여 바다에 던져지는 것이 나으리라."(눅 17:2)

교회 성장에 관한 성서적 근거

20

교회 성장학자인 피터 왜그너(C. Peter Wagner) 교수는
교회 성장의 성서적인 근거를 다음과 같이 피력하고 있습니다.

신약 시대의 기독교에서, 또한 교회 성장에서 하나님의 전반적인 목적은 구원받지 못한 세상 사람들을 구원시키는 데 그 기초를 두고 있었습니다. "인자가 온 것은 잃어버린 자를 찾아 구원하려 함이니라."(눅 19:10)고 예수님은 친히 말씀하셨습니다. 또 베드로는 "주의 약속은 어떤 이들이 더디다고 생각하는 것 같이 더딘 것이 아니라, 오직 주께서는 너희를 대하여 오래 참으사 아무도 멸망하지 아니하고 다 회개하기에 이르기를 원하시느니라."(벧후 3:9)고 말함으로, 오래 참으시는 주님에 대해 가르쳐 주고 있습니다.

아담과 하와가 금단의 과실을 먹고 죄를 범하였을 때 하나님께서는 즉각적으로 동산에서 아담을 찾으셨습니다. "여호와 하나님이 아담을 부르시며 그에게 이르시되 네가 어디 있느냐."(창 3:9) 이때부터 시작하여 하나님께서는 죄를 짓고 하나님에게서 떠난 백성들을 능동적으로 찾고 계십니다. 하나님께서는 잃어버린 죄인을 찾으시는 일을 이렇게 중요시하셨기에 최후에는 그의 독생자까지 보내시게 됩니다. "하나님이 세상을 이처럼 사랑하사 독생자를 주셨으니, 이는 그를 믿는 자마다 멸망하지 않고 영생을 얻게 하려 하심이라."(요 3:16)

하나님께서 잃어버린 자들을 찾아 모으시기 위하여 마련하신 조치가, 곧 복음입

니다. 바로 이것이 기쁜 소식입니다. 예수님은 이 복음의 기쁜 소식을 만민에게 전할 것(막 16:15)을 당부하셨습니다. 바울은 바로 이 복음을 데살로니가 사람들에게 힘차게 전파하였으며, 저들로 하여금 하나님께 돌아오게 하였습니다. "그들이 우리에 대하여 스스로 말하기를 우리가 어떻게 너희 가운데에 들어갔는지와 너희가 어떻게 우상을 버리고 하나님께로 돌아와서 살아 계시고 참되신 하나님을 섬기는지와."(살전 1:9)

멸망받는 자와 구원받는 자의 차이점은 오직 복음에 대한 저들의 반응에 달려 있습니다. 그러므로 잃어버린 백성이 복음의 소리를 듣고 죄를 회개하여 그리스도를 주님으로 믿는다는 사실은 너무나도 중대한 일입니다.

인간의 이성으로 완전히 이해하기는 불가능한 일이지만, 하나님께서는 복음을 자신 혼자서 모든 백성에게 알리기로 작정하지 않으셨습니다. 물론 하나님께서 원하시기만 하면 복음을 스스로 모든 백성에게 알릴 수도 있지만, 하나님은 그렇게 하지 않으시고 그리스도인들을 사용하셔서 그 임무를 수행하도록 작정하셨습니다. 성경은 다음과 같이 말합니다. "누구든지 주의 이름을 부르는 자는 구원을 받으리라."(롬 10:13) 이와 동시에 바로 이어 다음과 같이 말하고 있습니다. "그런즉 그들이 믿지 아니하는 이를 어찌 부르리요. 듣지도 못한 이를 어찌 믿으리요. 전파하는 자가 없이 어찌 들으리요."(롬 10:14) 전파하는 자 없이는 믿음이 나타날 수 없는 것입니다.

신약 성경은 우리에게 우리가 '하나님의 청지기'라는 사실을 여러 번 상기시킵니다. 신약 성경이 기록되던 당시, 청지기의 직분을 가진 사람은 주인의 일을 맡아 책임지고 처리하였습니다. 만약 청지기가 실수를 하게 되면 주인이 손해를 보게 되고, 또 청지기 역시 거기에 대한 대가를 지불하였습니다.(마 25:26~29)

"맡은 자들에게(청지기들) 구할 것은 충성이니라."(고전 4:2) 충성된 청지기는 주인의 뜻을 이루기 위해서 가능한 모든 수단과 노력을 동원합니다. 그리하여 성공적으로 업무를 수행하게 되면 그때 청지기는 "착하고 충성된 종"(마 25:21)이라고 일컬음을 받게 됩니다. 바울은 스스로 자신에 대해 생각하기를 "하나님의 비밀을 맡은 청지기"(고전 4:1)로 생각했습니다. 바울은 복음 전하는 일을 위임받았던 것입니다. 이 점은 우리도 마찬가지입니다. 훈련된 그리스도인들은 저들의 직무를 수행하는 데 있어서 이 청지기 직분을 대단히 중요하게 생각합니다.

주님은 되도록 많은 생명들이 길을 찾아 구원받기를 원하고 계십니다. 주님은 당신의 청지기들이 이 목적을 달성하기를 바라십니다. 그래서 이 과업을 수행하는 데 없어서는 안 될 자원을 청지기들에게 아낌없이 공급하여 주시는 것입니다. 우리는 예수님께서 그의 제자들에게 다음과 같이 말씀하신 것을 볼 수 있습니다. "볼지어다. 내가 내 아버지께서 약속하신 것을 너희에게 보내리니 너희는 위로부터 능력으로 입혀질 때까지 이 성에 머물라 하시니라."(눅 24:49) 제자들은 주님의 이 말씀을 따라 기도하면서 기다렸습니다. 그리고 드디어 이 능력을 받게 되자 더 이상 기다리지 않았습니다. 제자들은 오순절 날에 행동하였습니다. 교회의 성장은 바로 그때 그곳에서 시작되었습니다. 단 하루 만에 제자의 수는 120명에서 3,120명으로 늘어났습니다. 그리고 그 이후로도 제자들의 수는 날로 늘어났습니다.(행 2:47)

청지기는 주님을 섬기기 위하여 자신이 가지고 있는 모든 자원을 사용하는 것이 바람직합니다. 즉 시간과 돈과 힘을 모두 사용해야 하는 것입니다. 하나님께서는 모든 인간의 자원이 그의 영광을 위하여 사용되기를 원하고 계십니다. 그런데 어떤 그리스도인들은 저들의 시간과 돈을 바치는 데는 충성스런 청지기 역할을 하나 저들의 힘을 사용하는 데는, 특히 정신적인 힘을 사용하는 데는 용감하지 못한 사람들이 있습니다. 이와 같은 그리스도인들은 성령으로 충만해질수록 정신을 사용해야 할 필요성은 적어진다고 생각하는 사람입니다. 때문에 이러한 사람들에게는 그 반대의 현상도 진실한 것으로 받아들여지는 것입니다. 즉, 정신을 사용하면 할수록 영적인 사람이 되지 못한다는 것입니다. 이러한 부류에 속하는 사람들은 일반적으로 교회 성장에 관한 견해를 받아들이는 데 어려운 문제를 가집니다.

하나님께서는 우리의 갈 길을 가르쳐 보여 주기를 즐거워하십니다. 우리는 이성을 가지지 못한 말이나 노새처럼 취급되어서는 안 됩니다. "내가 네 갈 길을 가르쳐 보이고 너를 주목하여 훈계하리로다. 너희는 무지한 말이나 노새 같이 되지 말지어다. 그것들은 재갈과 굴레로 단속하지 아니하면 너희에게 가까이 가지 아니하리로다."(시 32:8~9) 인간과 짐승의 차이는 하나님께서 그의 형상을 따라 이성적(理性的)인 존재로 만드셨다는 데 있습니다. 그러므로 예수님이 무리들을 향하여, "네 마음을 다하고 목숨을 다하고 뜻을 다하여 주 너의 하나님을 사랑하라."(마 22:37)는 말씀을 하실 수 있으셨던 것입니다.

교회란 무엇인가?

피터 왜그너(C. Peter Wagner) 교수는 '교회란 무엇인가?'에 대해
간단하고 명확한 설명을 하고 있습니다.

교회 성장 운동의 '교회'는 예수님이 마태복음 16장 18절에서 언급했던 그러한 교회입니다. 여기서 예수님은 "내가 이 반석 위에 내 교회를 세우리니"라고 말씀하셨습니다. 교회 성장 운동의 '교회'는 '그의' 교회입니다. 그 교회가 침례교회인가, 감리교회인가, 장로교회인가 하는 것은 부차적입니다. 그 교회가 크냐 작으냐 하는 것은 부차적입니다. 그 교회가 농촌 교회냐, 도시 교회냐, 근교의 교회냐, 도심의 교회냐 하는 것은 부차적입니다. 가장 중요시해야 할 점은 그 교회가 예수 그리스도의 교회이고 순종의 방식을 통해 하나님께 영광을 돌린다는 점입니다.

아마도 교회 성장론자들이 마음속에 그리는 교회의 모형은 사도행전 2장에서 발견될 것입니다. 사도행전 2장은 주로 성서의 규범적인 부분이라기보다 오히려 기술적인 부분이라는 지적이 타당합니다. 그럼에도 불구하고 어느 정도 실질적으로 하나님 나라에 합당한 생활 방식을 반영해 주었다는 것에 대해서는 거의 누구도 부정하지 못할 것입니다. 기도와 성령 충만의 결과로 시작된 것이, 바로 이 공동체였습니다. 그 공동체를 설립한 3,000명의 사람들은 회개하였고, 예수님을 믿었고, 세례를 받았습니다. 그들은 기독교 교리에 관한 그들의 지식을 향상시켰습니다. 서로 교제를 나누었고, 복음을 향상시켰습니다. 그들은 주의 만찬에 참여하였습니다. 기도

하였습니다. 소유물을 서로 나누며 겸손한 마음을 가졌습니다. 하나님을 찬양하였습니다. 그들은 가정에도 소그룹을 만들었습니다. 그들은 분명히 하나님의 뜻을 행하고 하나님께 영광을 돌렸습니다.

그런데 한 가지 더 특기할 것이 있습니다. 그들은 적극적으로 복음 전도에 순종하였습니다. 그들은 주위에 있는 불신자들을 향해 활동을 전개하였습니다. 그리하여 "주께서 구원받는 사람을 날마다 더하게 하셨습니다."

하나님께서는 분명히 예루살렘에 있는 그 교회가 성장하기를 바라셨습니다. 그 교회는 성장하였습니다. 왜냐하면 신자들이 모든 일에 순종하였기 때문이었습니다. 그리고 일부 예외가 있다 할지라도 하나님께서는 오늘날의 대부분의 교회들도 복음 전도 위임을 중시하고 성장하고 증대하기를 기대하십니다. 체스터 드룩이 말한 것처럼 말입니다. "작고, 약하고, 고루하고, 정체된 교인들은 그리스도의 영광을 드높이기 위해서 아무것도 행하지 못합니다. 힘 있고 살아 움직이고, 증거하고, 전진하는 교회들은 그리스도에게 합당한 영광과 존귀를 드립니다."

교회 성장이란
무엇인가?

22

현 한국 교회라는 목회 현장을 고려하면서 교회 성장에 대해 생각해 보고자 합니다.

개념 정립을 위한 노력

교회 성장이란 무엇인가요? 이 질문에 대하여 교회 성장학의 대가인 피터 왜그너(C. Peter Wagner) 교수는 다음과 같이 간결하면서도 명확한 대답을 제시하고 있습니다. "교회 성장이란, 예수 그리스도와의 개인적인 관계가 없던 모든 남녀를 그리스도에게로 인도하여 그와 교제하게 하고 책임적인 교회의 일원이 되게 하는 것이다."

위의 설명에는 두 가지 중요한 개념이 숨겨 있습니다. 첫째는 '예수 그리스도와 개인적인 관계 혹은 그와의 관계'로, 그 내용을 좀 더 구체적으로 표현하면 존 웨슬리 식의 체험을 근거로 한 '개인 구원의 경험'입니다. 즉 사람들에게 예수 그리스도를 통한 구원의 경험을 분명히 갖도록 하자는 것입니다. 둘째는 '책임적인 교회의 일원'이라는 개념입니다. 이것은 교회 내에서 교인들을 잘 훈련시켜 여러 가지의 책임을 적절히 수행케 한다는 말입니다. 이때 평신도에게 가장 절실하게 요구되는 책임 부분이 바로 '전도'입니다. 그러므로 왜그너 교수의 이론을 다시 종합적으로 서술해 보면 "교회 성장이란, 사람에게 구원의 경험을 하게 한 후 전도인으로서의 성숙한 교인이 되게 하는 것"입니다.

교회 성장을 이야기할 때 한 가지 제외시키지 말아야 할 중요한 관점이 있습니다.

그것은 교회 성장이란 어느 정도 자체 교회를 성장시킨 후 그 축적된 힘을 가지고 많은 교회를 개척하려는 것입니다. 교회 성장이란 교회를 개척하기 위하여(개척 교회를 돕기 위하여) 내 교회의 재정이나 외적인 힘을 성장, 축적하는 일입니다. 이 점은 특별히 교회 성장을 꿈꾸고 있는 목회자들이나 이미 성장에 성공한 목회자들이 분명히 알고 있어야 합니다. 그러므로 우리는 교회 성장의 궁극적인 목적이 내 교회의 성장이 아니고 하나님의 교회의 성장임을 고백, 실천할 수 있어야 합니다.

윤리적인 고려

교회 성장학은 선교의 대상자가 기성 교회 밖의 비기독교인이 됨은 물론이며, 동시에 기성 교회 안에 있는 신자들도 포함되어야 한다고 주장합니다. 즉 예수 그리스도의 이름으로 구원받아야 할 사람의 범주에는, 교회 밖에 있는 믿지 않는 자들은 물론 교회 안에 있는 이름만 걸려 있는 기독교인도 포함되어야 한다는 것입니다. 사실 기성 교회 안에는 교인은 되었으나 아직도 구원을 경험치 못한 교인들이 많이 있습니다. 현대 선교의 전환점을 제시한 랄프 윈터(Ralph D. Winter) 같은 학자의 주장에 따르면, 교회 내에 있는 교인들의 80퍼센트 가량이 아직도 구원을 경험치 못한 자들이라고 합니다. 그러므로 교회 성장학은 교회 내에 있는 이름만의 교인들에게 회개를 요구하고 있습니다. 특별히 목회자는 이들을 위하여 설교를 통한 회개의 촉구는 물론, 목회의 다양한 프로그램을 개발하여 이들이 회개를 경험하도록 노력해야 합니다. 실상 교회 성장은 교인들의 전도를 통하여 이루어지며, 전도는 회개의 경험 후에 자연적으로 오는 신앙 행위의 결과입니다. 이렇게 생각해 볼 때 개체 교회의 성장은 목회의 목적이 아니고 기독자의 원초적인 경험 중 하나인 회개 운동의 자연스러운 결과일 뿐입니다.

둘째로, 교회 성장이 회개로 시작된 구원 경험의 결과라고 한다면, 교회 성장은 우리를 향하신 예수 그리스도의 위대한 명령에 이미 포함되어 있습니다. 왜냐하면 우리를 향한 예수 그리스도의 위대한 명령은 세상 끝까지 가서 모든 인간을 다 구원하라(마 28:18~20, 막 16:15~16, 눅 24:46~48, 요 20:21~23, 행 1:8)는 것이기 때문입니다. 교회 성장학의 윤리적 출발점은 바로 이 예수님의 명령에 근거하고 있습니다. 따라서 모든 인간은 다 구원받아야 하며, 모든 교회는 다 이 교회 성장 운동에 뛰어들어야 합니다. 교회 성장의 결과로 얻어진 여러 가지 부가 그 교회 담임자나 혹은 몇몇의 평신도 지도자들에게 돌아가서는 안 됩니다. 모든 영광은 오직 예수 그리스도께로 환원되어야 합니다. 예수 그리스도의 피 흘리심이 없이 어찌 교회 성장이 가능할 수 있었겠습니까?

셋째로, 이 명령(교회 성장)은 어떤 대가를 지불하고서라도 꼭 성취되어야만 합니다. 특별히 교회 성장을 방해하는 모든 비성서적인 사상들은 교회 내에서 말끔히 추방되어야 합니다. 또한 건전한 교회 성장을 비본질적인 것으로 변질시키려는, 말하자면 인간적인 영웅심이나 개인적인 이기심을 교회 성장을 통하여 만족시키려는 모든 시도는 근절되어야만 합니다. 교회 성장의 결과인 경제적인 부로부터의 탈피는 현대 교회가 지니고 있는 심각한 윤리적인 과제 중의 하나입니다.

목회적인 측면

모든 교회는 담임 목회자와 교우들의 요구에 충족되는 범위 안에서 제 나름대로의 목회 철학을 가지고 있습니다. 교회 성장을 꿈꾸는 교회는 모름지기 '영혼 구원'을 목회 철학의 제 1항목으로 삼고 이를 위한 의식화 작업을 서둘러야 합니다. 예를 들면 교회 내의 사회 봉사와 사회 참여는 영혼 구원이라는 과제를 위한 수단과 방법으로 취급되어야 한다는 말입니다.

둘째로, 목회자는 교인들에게 지도자로서의 '권위'를 인정받을 수 있어야 합니다. 교인들을 향한 목회자의 권위는 교회 성장에 매우 중요한 관건이 됩니다. 이 '권위'는 수직적으로 예수 그리스도의 마지막 명령에 절대적으로 복종하겠다는 신앙적인 결단과, 수평적으로는 교인들로부터 목회 전문인으로서의 인정과 목회를 위한 열심과 희생, 인간적인 성실성을 인정받을 때 얻어질 수 있습니다.

셋째로, 목회자는 평신도를 위한 훈련과 교육 프로그램을 개발하여 교인들을 전도인으로 살아가게 해야 합니다. 전도의 충동은 구원의 경험을 통해서 얻어지나, 전도의 효과는 교육과 훈련에 달려 있습니다. 이 일을 위해 목회자는 개인 전도에 대한 지식과 경험을 소유하고 있어야 합니다. 또한 자신의 개인적인 능력과 물질과 시간을 희생할 수 있어야 함은 물론입니다.

결론적으로, 한국 교회사의 흐름을 볼 때 다른 교파에 비교해서 한국 감리교회는 폭발적인 큰 성장을 경험하지 못했습니다. 그러나 1970년 이후부터 감리교회는 다른 교파와 비교하여 매우 높은 성장 비율을 유지하고 있습니다. 사실 신학적으로 볼 때 감리교회는 그 어느 교파보다도 성장의 가능성을 많이 가지고 있습니다. 존 웨슬리의 신학과 사상에 포함되어 있는, 선교를 향한 뜨거운 열기가 바로 그것이 아닌가 생각합니다. 이제 한국 감리교회는 이 성장의 기운을 계속 발전시켜 '영혼 구원'을 향한 목회적 정열과 이를 현실화시키기 위한 프로그램을 개발하여 힘차게 앞으로 밀고 나아가야 합니다. 왜그너 교수는 이렇게 얘기하고 있습니다. "모든 교회는 다 성장할 수 있습니다. 그 교회 목회자와 교인들이 성장을 위한 값을 제대로 지불만 한다면…."

초대교회의
성장

23

피터 왜그너(C. Peter Wagner) 교수는 초대교회 성장 과정에 대해
다음과 같이 정리하고 있습니다.

사도행전은 예수님이 떠나가신 후에 이 작은 교회에서 성령으로 인해 어떠한 사건이 발생했는지 말해 주고 있습니다. "그 말을 받은 사람들은 세례를 받으매 이 날에 신도의 수가 삼천이나 더하더라."(행 2:41)

이 날은 바로 오순절이었습니다. 베드로와 여러 사도들은 전도자로서 저들의 임무를 완수했습니다. 그리고 나머지 120명의 성도들은 성령의 은사를 활용하며 새신자들을 양육했습니다. 이들 새신자들이 회개를 하고 세례를 받으므로 교회는 급성장하기 시작했습니다. 이와 같은 성장이 얼마나 급진적이었던지 연간 성장 비율이나 십 년간의 성장 비율을 계산한다는 것이 오히려 터무니없는 일이었습니다. 120명의 교인이 하루 사이에 3,120명이 되지 않았던가요.

이 3,000명은 진정한 제자들이었습니다. 양적으로 많은 사람이 믿음을 가지게 되었다는 사실이 질적인 퇴보를 가져온 것 같지는 않습니다.

"그들이 사도의 가르침을 받아 서로 교제하고 떡을 떼며 오로지 기도하기를 힘쓰니라."(행 2:42)

"주께서 구원 받는 사람을 날마다 더하게 하시니라."(행 2:47)

오순절은 금방 달았다가 식는 냄비와 같은 것이 아니었습니다. 예루살렘 교회는

다음과 같은 말을 결코 하지 않았습니다. "우리는 전도 운동을 끝냈습니다. 이제는 강화 훈련에 들어가야 할 시기입니다." 예수님은 저들에게 교회 성장 원리를 충분히 가르치셨기 때문에, 저들은 전도 운동과 새신자 교육을 따로 분리시켜서는 안 된다는 사실을 잘 알고 있었습니다. 저들은 새신자들을 양육하고 믿음을 굳게 만들어 주면서도 전도 운동을 중단하지 않았습니다. 이와 같은 결과로 말미암아 새신자는 날마다 늘어나게 되었습니다.

이리하여 얼마나 많은 교인들이 늘어나게 되었던가요? 누가는 이 점에 대하여 우리에게 말하지 않습니다. 그러나 또 다른 3,000명이 더 늘어난 것으로 가정해도 무방할 것입니다. 그렇다면 총 교인 수는 6,000명이 됩니다. 다음 구절은 교인의 정확한 수를 제시하고 있습니다. "말씀을 들은 사람 중에 믿는 자가 많으니 남자의 수가 약 오천이나 되었더라."(행 4:4) 이처럼 큰 역사(役事)가 나타나자 행정 관원들이 관여하게 되었습니다. 남자 교인 수만으로도 5,000명이 넘게 되자 베드로와 요한은 복음을 과감하게 전파한 이유로 감옥에 갇히게 되었습니다.

그러면 여기에서 구원을 받은 여자의 수(數)는 얼마나 되었을까? 아마 여자의 수도 5,000명은 되지 않았을까요? 이렇게 볼 때 교인의 총 수는 8,120명 내지 11,000명이 되었을 것입니다. "하나님의 말씀이 점점 왕성하여 예루살렘에 있는 제자의 수가 더 심히 많아지고."(행 6:7)

이렇게 예루살렘 교회가 급성장을 거듭하게 되므로 여기에서는 제자의 수가 더하여졌다는 표현 대신에, "제자의 수가 더 심히 많아지고"라는 표현을 사용하고 있습니다. 어찌나 급속히 성장했는지 정확한 비율을 조사한다는 것조차 불가능할 정도였습니다. 그러나 사도행전 6장 – 120명에서 시작했던 교회로서의 – 그 당시와 박해가 시작되었던 그 당시에 증가된 교인 수는 10,000명에서 25,000명 사이로 보면 틀림이 없을 것 같습니다.

제자들에게 위임된 위대한 사명은 성취돼 가고 있었습니다. 예수님을 개인적으로 알고 있던 초대 제자들은 활발하게 복음을 전파하며 새로운 교회들을 세움으로 부분적으로라도 예수님에 대한 충성심을 나타내 보일 수 있었습니다. 예루살렘에서 참으로 놀라운 출발이 이루어진 것입니다. 그러나 주님께서 위임하신 말씀은 다음과 같은 말씀이 아니었던가요. "오직 성령이 너희에게 임하시면 너희가 권능을 받고 예루살렘과 온 유대와 사마리아와 땅 끝까지 이르러 내 증인이 되리라 하시니라."

(행 1:8) 그러므로 저들은 예루살렘과 유대를 출발하여 사마리아로 전진하였습니다.

이리하여 어떤 일이 발생하게 되었나요? "빌립이 하나님 나라와 및 예수 그리스도의 이름에 관하여 전도함을 그들이 믿고 남녀가 다 세례를 받으니."(행 8:12)

우리는 여기에서 전도자 빌립을 발견할 수 있습니다.(빌립은 예수님이 십자가에 달려 돌아가실 당시에는 아직 그리스도인이 되지 않은 것으로 보입니다. 그러나 박해로 말미암아 예루살렘에서 쫓겨난 빌립은 사마리아에 교회를 세웠습니다. 빌립은 이 마을 저 마을을 다니면서 복음을 전하였고 아울러 유대인들에게 전통적으로 멸시를 당해오던 이 고장에서 교회는 놀라운 성장을 하게 되었습니다.)

"그리하여 온 유대와 갈릴리와 사마리아 교회가 평안하여 든든히 서 가고 주를 경외함과 성령의 위로로 진행하여 수가 더 많아지니라."(행 9:31)

이때에 복음이 갈릴리 땅에 들어가서 그곳에 교회가 설립되었습니다. 여기에서 흥미로운 사실을 찾아볼 수 있는데, 그것은 누가가 처음에 "제자의 수가 더해졌다."고 말했다가 그 다음에는 "제자의 수가 심히 많아졌다."고 말하였는데, 이제 여기에 와서는 전도 운동이 어찌나 급진전되었던지 "교회의 수가 더 많아지니라."고 말한 사실입니다.

"룻다와 사론에 사는 사람들이 다 그를 보고 주께로 돌아오니라."(행 9:35)

여기에서는 어떤 새로운 사건이 발생합니다. 베드로를 통하여 어떤 한 중풍병자가 고침을 받았는데, 그 결과로 두 개의 마을 전체가 집단적으로 그리스도를 따르기로 결심한 것입니다. 이와 같이 마을 사람들 전체가 그리스도에게 돌아온 현상은 교회 성장학에 중요한 한 부분이 되었습니다. 세계 여러 곳에서는 룻다와 사론에서 일어났던 것과 같은, 마을 사람 전체의 운동을 통하여 군중들이 집단적으로 그리스도인이 되고 있습니다.

"주의 손이 그들과 함께 하시매 수많은 사람들이 믿고 주께 돌아오더라."(행 11:21)

이 말씀은 이방인 세계에서의 교회 성장의 시발을 신호하고 있습니다. 과거에는 유대와 사마리아에서 교회가 많이 늘어났으나, 이제 여기에서는 이방인들이 안디옥에서 주님께로 돌아오기 시작한 것입니다. 제 1세기가 다 가기 전에 그 당시 정치적 상황은 사실상 유대인들의 기독교 운동을 종식시키도록 만들었습니다. 그러나 안디옥에 있는 이방인들 사이에서 시작된 전도 운동은 계속적으로 불타올랐습니다.

"두아디라 시에 있는 자색 옷감 장사로서 하나님을 섬기는 루디아라 하는 한 여

자가 말을 듣고 있을 때, 주께서 그 마음을 열어 바울의 말을 따르게 하신지라."(행 16:14)

이 구절은 빌립보 교회에 대한 말씀인데 대단히 중요한 의미를 가집니다. 그 이유는 이 말씀이 유럽에서 교회가 제일 처음 세워진 사건을 말하고 있기 때문입니다. 이러한 발전이 이루어지게 된 것은, 안디옥에서 시작된 이방인들의 복음 전파 운동이 바울과 바나바와 그 외의 몇몇 일꾼들의 선교 활동을 통하여 확산되어 간 결과였습니다.

"그들이 듣고 하나님께 영광을 돌리고 바울더러 이르되, 형제여 그대도 보는 바에 유대인 중에 믿는 자 수만 명이 있으니 다 율법에 열성을 가진 자라."(행 21:20)

여기에서 "유대인 중에 믿는 자 수만 명이 있으니"라는 말씀은, 바울의 전도 활동 말엽에 예수님의 추종자가 된 유대인의 수(數)가 수만 명에 이르렀다는 사실을 말합니다.(바울은 대부분의 시간을 이방인들에게 복음을 전하고 교회를 세우는 데 사용하였습니다.)

여기에서 수만(萬) 명이란 수는 10만 명 정도를 가리킨다고 볼 수 있을까요?(우리말의 만과 영어의 만은 개념상의 차이가 있으므로 여기에서도 다소 차이가 있습니다. – 역자 주) 그렇게 본다면 오순절 오후 이때까지의 기간이 30년쯤이 되므로 오순절에 3,120명으로 시작한 예루살렘 교회는 십 년간의 성장 비율 22.2%를 유지한 셈입니다. 이는 무엇으로 보나 놀라운 성장 비율입니다. 하지만 여기에는 이방인들에게 집중적으로 전도한 바울과 바나바와 그 외의 일꾼들의 전도 활동 결과는 조금도 포함되지 않았습니다.

1907년의 대부흥 운동

24

다음은 이만신 목사의 글입니다. 한국 교회 역사 중
교회 부흥 운동의 핵심기였던 1907년 이후의 일을 기록하고 있습니다.

1907년 정월 첫 주간이 돌아왔습니다. 북한 전역에서 약 700명의 열렬한 기독교인들이 평양에 회집하여 특별한 수양회를 가지게 되었습니다. 이 주간에 하나님께서 특별한 은혜를 내려주실 것으로 누구나 다 큰 기대를 가지고 있었습니다. 그러나 별다른 의미 없이 한 주간이 지나고 마지막 날이 되었는데, 그 날은 정월 8일로 주일이었습니다.

그 주일날 밤 예배에는 장대현장로교회에서 약 1,500명의 신도가 운집했습니다. 하지만 천장이 놋쇠로 덮인 듯 기도는 잘 상달되질 못했습니다. 다음날 아침이면 각자 흩어져 자기 교회로 돌아가야만 했기에 모두들 더욱 간절히 간구하였습니다. 바로 그때였습니다. 그 교회의 조사였던 길선주 목사가 일어나더니 자기 죄를 자백하기 시작하는 것이었습니다. 그 모습을 지켜보던 회중은 모두 크게 놀랐습니다. 무겁게 짓누르던 방해의 장벽은 한순간에 무너져 내리고, 거룩하신 하나님께서 친히 임재하셨음을 모두 느꼈습니다. 참회의 마음이 청중을 휩쓸었습니다. 7시에 시작한 주일 밤 예배는 다음날 새벽 2시에도 끝나지 못했습니다. 수다한 교인들이 일어선 채로 울면서 자기 죄를 자백할 차례를 기다리고 있었습니다. 교인들은 눈물과 감격으로 밤새워 기도하였고, 그 감동의 격류는 며칠간 계속되었습니다. 통성 기도의 음성은 신비로운 조화와 여운을 가지고 있었으며, 통회의 울음은 설움의 폭발이라기보다는 성령의 임재에 압도되어 넘치는 영혼의 찬양 물결 같았습니다.

이 날에 대한 한 여 선교사의 평이 이색적입니다. "저런 고백들! 그것은 마치 지옥의 지붕을 열어젖힌 것이나 다름없습니다. 살인, 강간, 그리고 상상할 수도 없는 모든 종류의 불결과 음욕, 도적, 거짓, 질투…. 부끄러움도 없이! 사람의 힘이 무엇이든 이런 고백을 강제할 수는 없을 터입니다. 많은 교인들이 공포에 질려 창백해지고 그리고 마루에 얼굴을 가렸습니다."

대부흥 운동의 양상과 성격

1907년에 일어난 대부흥 운동은 평양에만 머물지 않았습니다. 전국 방방곡곡으로 큰 영적 파문을 일으켰고, 이는 교회들에 새로운 활기를 불어넣어 주기에 충분했습니다.

평양에 모인 수많은 기독교인들 사이에서 일어난 대부흥은 굉장한 힘을 발휘했습니다. 그들은 전국으로 퍼져 나가 성령이 한국 교회 전체에 큰 영향을 끼치도록 하였습니다. 1907년의 대부흥은 비단 사경회에 국한되지 않고 평양의 숭실대학, 장로회신학교, 그리고 그 밖의 많은 성경학교와 중학교에서도 대부흥이 일어나게 하였습니다. 이 부흥의 물결은 평양 시내의 학교에도 퍼져갔습니다. 김찬성이 인도하는 숭덕학교 기도회에서 백여 명의 학생들이 죄를 뉘우치고 통회 자복했으며, 채정민이 통회하자 그 불길은 다시 감리교 계통학교 학생들과 연결되어 교파의 벽을 뚫고 격류처럼 파급되었습니다.

평양에서 열었던 북장로교 선교부의 사경회가 끝난 다음, 이 사경회에 참석하여 부흥의 힘이 터지는 것을 본 사람들은 각기 시골로 들어가 이 부흥의 소문을 일반 교우에게 퍼뜨렸습니다. 소문이 처처에 전파됨에 따라 신령한 체험을 맛보고자 하는 열망과 기대는 지방 신자들의 마음속에 간절해졌습니다. 이 해(1907년) 봄에 길선주 목사가 서울에 와서 경기도 사경회를 열어 성령의 도리를 가르침으로써 성령의 감동을 받은 서울의 교회들이 전무후무한 대부흥을 이루게 되었습니다.

1907년 부흥회 때는 개성에서 500명의 신자가 증가하였고, 1910년에 있었던 한 달 동안의 특별성회에서는 2,500명이 회집했습니다. 이 부흥의 횃불은 남한 지역에서 드높이 빛났습니다. 이에 앞서 1906년 가을에는 남감리회 선교부(Southern

Methodist Mission)의 저다인 목사(Rev. J. L. Gerdine)가 목포에서 사경회를 인도한 바 있었는데, 그곳에서 이미 성령의 위대한 강림이 교회에 내려졌던 것입니다. 급속한 성장과 대부흥을 가져온 이 기간 동안에는 성서의 가르침도 강조되었습니다.

감리교회에서도 새로운 개종자들에게 신앙의 기본 원리를 가르칠 교사들을 훈련시키는 일이 긴급한 과제가 되었습니다. 감리교회도 사경회를 개최함으로써 그러한 과업을 수행하였습니다. 1907년을 전후하여 급속히 이루어진 교세 확장은 한국의 오순절(Korean Pentecost)이 일어났던 장로교의 중심지인 평양 주변에만 국한된 것이 아니었습니다. 감리교도 1907년을 전후하여 교인의 급격한 증가를 경험하였습니다. 또한 교회 자체의 성장과 마찬가지로 성경에 대한 지식을 탐구하고자 하는 막대한 기독교인들의 수효는 놀라운 결과를 가져왔습니다.

정리하자면 첫째, 비기독교인 친척들에게 교회에 대한 관심을 갖게 하였고, 사경회를 더욱 더 왕성하게 만드는 데 도움이 되었습니다.

둘째, 그 막대한 수효는 사경회의 목표를 철저히 성경에 두도록 하였습니다.

셋째, 외국인 선교사들이 돌보기에는 사경회 수가 너무도 많았기에 자연히 한국인 교사들이 그것을 맡게 되었습니다.

넷째, 이러한 사경회는 1907년의 대부흥회에 대하여 확고한 성서적 근거를 제공해 주었습니다.

다섯째, 사경회는 항상 복음 전도 운동과 관련되었습니다.

이 초기 부흥 운동이 건전하게 전개될 수 있었던 것은 사경회, 즉 성경 공부와 심령 부흥 운동을 병행하였기 때문이었습니다. 각 처에서 개최한 사경회마다 많은 신자들이 모여들어 성경, 즉 하나님의 말씀을 열심히 공부했고, 그 말씀은 신앙 지식의 계몽을 맡았던 것입니다.

평양에서는 사경회 개최와 함께 면밀하고 조직적인 복음 전도 운동이 전개되었는데, 아침에는 성경 공부를 하고 오후에는 조직적인 축호 전도에 나섰습니다. 그들은 두 사람씩 짝을 지어 나가 평양 시내 집집마다 다니며 전도하였습니다. 이 전도 운동을 위하여 교인들이 선택한 두 가지 전도 방법은 다음과 같았습니다. 하나는 전도 사업에 참여하기 위하여 자신의 시간을 제공하는 방식이었습니다. 농민들은 전도사를 임용할 만한 재력을 가지고 있지 못하였고, 실제 전도사도 많지 않았습니다. 이에 따라 일반 신도들은 자기들이 전도에 참여할 수 있는 시간을 바쳤습니다. 그리고 나머지 방법은 기독교 문서, 특히 쪽 복음서의 배포였습니다.

이렇게 원산과 평양, 목포에서 일어나 교회와 신학교, 학교들을 거쳐 전국 방방곡곡에 파급된 부흥회 정신과 그 열정은 경건주의적 부흥의 원형에서 출발했다는 인상이 짙었고, 따라서 저 먼 초대 한국 교회 신앙의 원형에로 귀의했다고 볼 수 있는 운동이었습니다.

이상의 이야기로 우리는 이 부흥 운동이 비기독교인을 신자화하려는 운동이라기보다는, 이미 신자가 된 사람들의 영적 생활을 소생시키는 부흥이었다는 것을 알 수 있습니다. 부흥은 신자들로 하여금 자기가 발견한 신앙 경험을 타인에게 전하고 싶어하는 새로운 충동을 갖게 하였습니다. 따라서 신자들이 부흥될수록 교인의 수는 절로 늘어나게 되었습니다.

우리는 교인 상대의 부흥 운동과 비기독교인을 신자화하는 전도 운동과는 밀접한 관계가 있다는 것을 잊어서는 안 됩니다. 한 신자가 새롭고 또한 지금까지 깨닫지 못했던 더 높은 경지의 신앙 체험을 하게 되면, 곧 신자로서의 자기 책임을 분명히 깨닫게 됩니다. 이처럼 부흥 운동과 전도 운동은 신앙 운동의 양면이었습니다.

1907년 대부흥 운동의 두 번째 성격은 사경기도회적인 데 있습니다. 그것은 이 운동의 기원에서부터 분명했습니다. 이 운동의 기원은 1903년 원산에서 감리교 선교사들이 중국 주재 선교사 화이트(M. C. White) 여사의 인도로 한 주일 동안 기도와 성서 연구 모임을 가진 데 있습니다. 이 모임에 로버트 하디(R. A. Hardie) 선교사가 참석하고 있었는데, 그는 본래 캐나다대학 선교회의 파송을 받아 의료 선교사로 한국에 왔으나 1898년 남감리회 선교부에 가담하여 강원도 북쪽에서 선교를 하고 있었습니다. 그러나 그의 사역은 결실이 없었고 실패감에 큰 타격을 받고 있었습니다. 그러던 차에 1903년 원산 모임에서 새로운 영적 체험을 얻게 되었고, 그는 동료 선교사들 앞에서 선교사로서의 실패 원인을 고백하고 회개하였습니다. 그의 실패 원인은 한국 사람들과 마음과 마음을 나누는 커뮤니케이션이 없었다는 데 있었습니다. 그 당시 외국 선교사들은 한국 농민들과 거리를 두고 관계했었습니다. 1903년 원산 모임의 열매는 하디 선교사로부터 시작된 선교사들의 자기반성과 각성에 있었습니다. 이와 같은 모임은 1904년 원산에서도 있었고 선교사들은 동일한 신앙 체험을 하였습니다.

이 소식은 평양에 있는 한인 교우들에게도 전해져, 그들 역시 그와 같은 은혜받기를 원하였습니다. 평양의 선교사들은 계속 사경기도회를 열었으며, 이 모임을 통하여 한인 교인들도 신령한 체험을 얻게 되기를 소원했습니다. 이 사경회는 한국 교회의 신속한 성장과 부흥의 원인이 되었습니다.

1907년 부흥 운동의 세 번째 성격은 죄의 고백이었습니다. 1907년 1월 초 평양 장대현교회에서는 선교사들과 한국인들이 연합한 대사경회가 열렸는데, 모임이 열린 10일 동안 낮에는 성경 공부를 하고 밤에는 특별 전도 집회를 가졌습니다. 이 저녁 집회에 참여한 남자 성도의 수가 1,500명이었다고 합니다. 장대현교회의 장로였던 정익로 씨가 전하는 바에 따르면, 길선주 목사의 회개의 부르짖음에 그 누구도 죄를 자복하지 않을 수 없었으며 통회하지 않을 수 없었다는 것입니다. 이 대부흥의 표적은 한국인과 미국인을 막론하고 기독교인들 사이에서 일어난 불가항력적인 죄의 자각과 공중 앞에서 죄를 자복하는 모습으로 나타났습니다.

이 부흥 운동의 네 번째 성격은 통성 기도였습니다. 이 정황을 목격한 사람의 글에 의하면, 어느 날 그래함 리(Graham Lee) 선교사의 사회로 기도회가 시작되었는데, 여러 사람이 기도하기를 원하므로 사회자가 그러면 다 같이 기도하기를 제의하였다고 합니다. 그리고 일제히 소리내어 기도하기 시작하였는데 그 정황은 실로 글로 표현할 수 없을 정도였다고 합니다.

마지막으로 이 부흥 운동의 중요한 성격은 전도 위주였습니다. 가가호호 심방하며 전도하였기 때문에 복음을 온 도시에 널리 전하는 기회가 되었습니다. 한국의 초대교회도 신약의 초대교회처럼, 새로운 소망과 감격에 따른 자발적인 전도 생활이 한국 교회를 성장시키는 큰 원동력이 되었던 것입니다.

대부흥 운동의 결과

대부흥 운동으로 인하여 파생된 결과들을 살펴보면 다음과 같습니다.

이 부흥 운동으로 교회의 신앙 수준은 더 높아졌고, 성경 교육을 함께 실시함으로 광신이나 정신 이상 같은 경우는 하나도 없었으며, 수천 명의 신도가 올바른 마음 자세를 배우고, 다수인에게 성직의 소명을 받게 하였습니다. 또 많은 교회들이 성경 말씀을 공부하게 되었으며 이를 위해 무려 천 명이 모이는 대집회가 거행되기도 했습니다. 수천 명이 글 읽기를 배우고 기독교를 알아보려고 문의하며, 술주정꾼, 도박꾼, 도적놈, 오입쟁이, 살인 강도, 불교도들, 여러 잡신을 섬기는 사람들이 그리스도 안에서 새 사람이 되어 옛 것은 다 지나가게 되었습니다. 이 일대 각성 운동은 한국 교회의 심령적 신생의 표적이 되었습니다. 부흥 운동을 통해 자기들이 저지른 모든 죄를 깊이 회개하였고, 예수님의 십자가 공로를 믿음으로 사죄를 받은 사실과 신도들 사이에 품었던 원망과 적대 감정을 고백하면서 서로 화해하는 경험을 하였습니다. 신자들의 이러한 신앙 체험은 한국 교회의 신앙 성격이 되었습니다.

부흥 운동이 가져온 또 하나의 결과는 신자들과 선교사들 간의 이해 증진이었습니다. 상이한 전통과 사고방식의 차이로 피차에 원만한 이해가 어려웠습니다. 선교사들은 으레 한인들에 대하여 고자세를 취하였으며, 그들과는 인간적으로 동류가 아닌 듯이 자처하였습니다. 반면 한인들은 선교사들을 자기네 선생으로 보았을 뿐만 아니라 지혜와 심령적 발전 능력에 있어서도 훨씬 우수한 사람들로 여겼습니다.

선교사들은 부흥회의 성령 체험으로 한인들이 교인되기 전에 지었던 죄를 자복하는 계기를 통해 그들의 생활 내막과 도덕적 부패상을 똑똑하게 알게 되었습니다. 그러나 교인들이 떨쳐놓은 흉악한 죄악은 신자가 된 후에도 그러하다는 것을 뜻하는 것이 아니었습니다. 도리어 참된 신자가 되려면 도덕적으로 새롭게 태어나는 삶이 필요함을 드러낸 것이었습니다. 한편, 한인 교인들은 선교사들도 역시 다 성자가 아니라는 사실을 알게 되었습니다.

또 부흥 운동은 종교적인 습관을 세우는 결과를 가져왔습니다. 이 운동은 선교사들끼리 성경 연구와 기도로 모였던 집회에서 시작하였으며, 평양의 부흥 운동은 장로교 남자 사경회 때에 일어났습니다. 기독교 문서는 처음부터 이 한반도의 선교 전파에 커다란 공헌을 하였거니와 이제 성경 연구도 교인들의 종교적 습관 형성에 주요한 위치를 차지하게 되었습니다.

또 다른 결과는 헌금을 풍성히 바치는 점이었습니다. 어떤 선교사는 헌금을 너무 많이 바치는 까닭에 헌금에 관한 말을 구태여 하지 않게 되었다고 합니다.

초대교회가 성령의 인도하심으로 하나님의 말씀을 뜨겁게 사랑하였던 것과 같이 한국 교회 역시 그러했습니다. 부흥하던 그때에는 일자무식의 부인들까지도 성경을 열심히 배웠습니다. 또 예수님을 믿는 행상인들은 언제든지 성경을 지니고 다녔는데, 길을 가다가 여관을 들러 성경을 펴고 읽을 때 많은 사람들이 듣고 감화를 받아 구원에 이르게 되었다고 합니다.

한국 백성들은 좋은 글을 숭상하는 전통을 이어왔고 수백 년 동안 그러한 고전들을 지니고 살아왔기 때문에, 성경이 그들에게 주어지자 그들은 그것을 배울 수 있는 기회를 열렬히 환영했습니다.

부흥 운동을 통하여 일어난 종교적 대각성은 믿지 아니하는 동족들을 기독교의 신앙으로 귀의하게 하려는 열정을 증가시켰습니다. 여러 기독교 선교 단체들은 피차에 협력 내지는 교파의 통합까지도 이룩하려는 태세를 갖추었습니다.

이러한 정세는 전국적인 운동으로 나타났습니다. 국민 전체를 빠른 기간 안에 신자화하려는, 1907~1910년 동안에 광범위하게 일어난 이 운동을 '백만 명 신자화 운동'이라고 합니다. 이 운동으로 한국 교회는 양적으로 거듭나게 되었고 이로써 이후에 겪어야 했던 가혹한 시련을 극복할 수 있었습니다.

1907년 부흥 운동은 성령의 은사, 죄의 회개, 열심 있는 기도는 있었으나 정치 · 문화의 문제는 전혀 언급을 하지 않았습니다. 현대 선교학적 용어로 표현하면 개인 구원만이 강조되고 사회 구원의 문제는 무시되었다는 말입니다. 그들에게는 정치 신학이 없었습니다. 부흥 운동에서도 그리스도 재림과 회개만이 강조되었을 뿐이었습니다. 1907년 부흥 운동의 챔피언이었던 길선주 목사에게도 말세론, 주 재림의 징조, 7년 대환난, 천년 세계 등이 강조되었을 뿐 사회 참여 신학은 없었던 것 같습니다. 이것이 한국 교회의 부흥 패턴을 형성했다고 생각합니다.

한편 한국 교회에 새벽기도회를 정착시키는 결과를 낳기도 했습니다. 한국 교회의 새벽기도는 길 목사의 시범으로 비롯되었습니다. 1906년 가을 장대현교회 조사로 시무할 때 박치록 장로와 함께 새벽기도를 시작한 그는 한 달이 채 지나지 않아 큰 은혜를 받았습니다. 그리하여 이것을 당회에 청원하여 수차 논의한 끝에 전 교회가 새벽기도회를 하기로 가결한 것입니다. 이것이 한국 교회 새벽기도회의 시초입니다.

그리고 무엇보다도 이 부흥 운동이 한민족 역사에서 가지는 의미는, 우리 민족에게 강한 하나님의 신앙과 애국 정신을 심어 주어 일제 36년간의 견디기 어려운 민족적 압박과 고난을 이겨 나갈 저력을 키워 주었다는 점입니다.

중생(重生)한
교인입니까?

25

다음은 헤롤드 엘 픽켓트(Harold L. Fickett) 목사가 쓴 글로,
그리스도인들에게 '나는 과연 중생한 참된 교인인가?' 하는 질문을 던지며
신앙인으로서의 모습을 솔직히 바라보도록 하고 있습니다.

오늘날 교회가 당면한 가장 심각한 문제가 무엇이냐 묻는다면 나는 서슴지 않고 대답할 수 있습니다. 그것은 우리 교회 내의 중생하지 않은 교인들입니다. 나는 이 점을 깊이 생각하고 명상해 보고 있습니다. 어째서 이러한 현상이 우리 안에 존재하고 있는가? 나는 이에 대한 해답으로, 다수의 사람들이 진심으로 예수 그리스도를 사랑하여서가 아니라 특정한 교역자에게 의존하여 교회에 들어오기 때문이라는 사실을 들겠습니다. 그 특정한 교역자가 떠나면 그들은 원래가 그리스도의 제자가 아니요, 그 목사의 추종자였던고로 교회에서 빠져 나가고 맙니다.

우리는 이에 대한 성경적 예증을 사도행전 8장에서 들 수 있습니다. '사마리아' 성읍에서 마술사 '시몬'이 국민적 영웅으로 추대받던 사실을 기억할 것입니다. 사람들은 그를 신처럼 떠받들었습니다. 마술의 힘에 매료된 것입니다. 이때에 집사 '빌립'이 그 도시에 와서 대중 전도 집회를 시작했습니다. 전도 운동의 일환으로 귀신 들린 자의 악귀를 쫓아 내며, 중풍병자를 고치고, 앉은뱅이를 걷게 했습니다. 자연히 사람들은 '빌립'에게 매료되고, 마술사 '시몬'은 잊어버리게 됩니다.

12절에서 우리는 다음 기록을 읽게 됩니다. "빌립이 하나님 나라와 및 예수 그리스도의 이름에 관하여 전도함을 그들이 믿고 남녀가 다 세례를 받으니."

위의 상반절을 자세히 음미해 보면 '빌립'이 전도한 '말씀'을 믿기보다 그렇게 전도한 '빌립'을 믿었다는 어감이 강합니다. 빌립이 전한 '그리스도'를 의지하지 않고 그리스도를 전하던 '빌립'을 의지한 것이요, 어제까지 마술사 '시몬'에게 빠져 있던 사람들이 오늘은 집사요, 전도자인 '빌립'에게 빠진 것입니다. 여기서 그리스도는 그들의 안중에 없었다는 결론이 됩니다. '베드로'와 '요한'이 예루살렘에서 내려와 사태를 조사해 보니 믿음에 빠진 이런 사람들이 실제로는 한 명도 중생하지 못한 것을 알게 되었습니다. 이는 당연한 일이었습니다. 그래서 사도들은 성령에 대하여 무지한 사마리아인들을 그리스도께 직접 인도하였고, 그 결과 성령께서 각 사람 위에 임하여 오시게 되었습니다. 내가 말하는 요점은 이것입니다. 즉 오늘날의 교인들 역시 이 사마리아인과 같다는 것입니다. 강단의 설교자가 전하는 그리스도를 바라보지 않고, 그리스도를 전하는 설교자를 앙망하는 것입니다.

나는 캘리포니아 주 포모나의 '제일침례교회'에서 목회를 한 적이 있습니다. 그 교회 교역자로 있을 때 나는 한 가지 조그만 연구 사업을 벌였습니다. 다름 아니라 꼼꼼하게 그 교회의 역사를 살펴본 것입니다. 살펴보니 아주 묘한 사실이 발견되었습니다. 한 예로, '고든 파머' 박사가 담임 목사가 되었을 때 새 사람들이 교회에 많이 들어왔습니다. 그러나 이 상당수의 사람들이 '파머' 박사 퇴직시에 곧장 자리를 떠났습니다. 이것은 '파머' 박사의 책임이 아니었습니다. 그는 어느 누구 못지않게 주 예수 그리스도의 한량없는 은혜의 부요함을 외친 분입니다. 오직 그리스도께만 시선을 집중하고 그분만 의지할 것을 교인들에게 호소한 분이었습니다. 그런데 이런 그의 호소력이 너무나 매력적이었는지 사람들은 그가 전한 구주는 보지 못하고 강단의 설교자만 본 것이 되어 버렸습니다.

다음에는 '프랭크 케프너' 박사가 부임했는데, 이분 또한 훌륭한 설교가였습니다. 그분의 설교에 많은 사람이 반해 버렸습니다. 그래서 그들은 믿음의 고백을 하고 침례받아 교인이 되었습니다. 그러나 '케프너' 박사가 전한 그리스도를 그들 중 일부는 한 번도 보지 않고 오직 본 것은 '케프너' 박사뿐이었습니다. '케프너'의 제자들 역시 그가 떠나자 그들 자신이 중생치 못한 사실만 증명해 보였습니다.

'휴버트 데이빗슨' 목사가 '프랭크 케프너' 목사를 이었습니다. 이분 역시 유능한 설교자였습니다. 그의 목회로 교회의 전도 활동이 더할 수 없이 발전했습니다. 대단한 숫자가 교인으로 돌아왔습니다. 거의가 다 중생한 체험을 얻었지만 인간 '데

이빗슨' 목사가 떠나면서부터 정체를 드러내기 시작했습니다. 그 교회와만 상종을 끊은 것이 아니라 다른 교회와도 교제가 없었습니다. 주의 사업에 관해 아주 자취를 감추어 버린 그들 역시 '데이빗슨'의 제자였습니다.

포모나제일침례교회에서 제일 마지막으로 한 나의 설교는 바로 이 연구의 종합 보고 겸 결론이었습니다. 지난 여러 해 동안 '파머' 문도(門徒), '케프너' 문도, '데이빗슨' 문도 등이 만들어 놓은 손실을 말하고, 오직 주 예수 그리스도 그분만 따르고 사랑할 것을 간곡히 호소했습니다. 나 '헤롤드 픽켓트'는 "단지 친구의 한 사람으로, 그리고 전임 목사로서만 인정하여 '픽켓트'의 제자가 되지 말도록 당부하고, 오직 그리스도 주님만 평생의 동경과 애경의 대상으로 삼을 것"을 역설했습니다. 영원 세계와 생명에 관한 유일한 소망은 어느 목사님을 통함이 아니라 오직 그리스도 그분만을 통해서라고 강조했습니다. 나의 이 호소가 대부분에게는 소화가 되었으나 나의 후임으로 '코올' 박사가 들어오자 별 수 없이 또 빈 자리들이 생기게 되었으니, 이는 영락없는 '픽켓트' 문도들 때문이었습니다. 그리스도인들이 아니라 '픽켓트'의 제자들이었던 것입니다.

내가 지적하고 싶은 것은 '파머' 박사나 '케프너' 박사나 '데이빗슨' 박사나 그리고 이 사람이나 다 한 가지 동일한 마음이었으니, 그것은 우리가 섬기던 모든 심령이 다 만왕의 왕이신 그분만 사랑하고 섬기게 하기 위함이었습니다. 내가 확신하는 바는 대부분의 심령들이 우리의 호소에 따랐지만 그래도 그 중에는 우리가 전한 그리스도는 제쳐놓고 설교자밖에는 보이지 않는 중생하지 않은 무리가 섞여 있었던 것입니다.

현재는 '픽켓트' 파를 생산하는 일이 없도록 모든 양심적인 노력을 기울이고 있습니다. 교회 앞에 나아와 교인 되기로 작정하는 각자마다 목사 때문에가 아니라 주 예수 그리스도 한 분 때문임을 분명히 하도록 애를 쓰고 있습니다. 그러나 교인 전부가 다 100% 중생 교인으로 목적을 달성했다고는 보지 않습니다.

그래서 나는 이 점에 관하여 크게 도움이 되는 두 가지 중요한 방법을 쓰고 있습니다. 먼저, 누구든지 자기의 처음 신앙을 공중 고백하면 즉시 그를 교인으로 등록시키지 않습니다. 대신 면담실로 안내하여 수련받은 면담자가 그 구원의 체험부터 점검합니다. 면담자 자신이 그의 구원받은 체험에 관하여 충분히 수긍이 가기까지 계속합니다. 그것을 마치면 제2차 면담을 주선합니다. 이 2차 면담에서는 다시 한 번 구원의 도리를 명시해 주고, 그에 관한 질문이나 애로점 등을 듣습니다. 질문이 있으면 면담자는 최선을 다해 답변해 주고, 애로사항이 있으면 그 애로점이 철저히 해결되기 전까지 교인으로 추천하지 않습니다. 그 대신 면담자는 목사 중의 한 사람과 제3차 면담을 주선하여 그 특정 사항을 해결해 주도록 합니다. 제2차 면담에서는 교인으로 등록되기 위한 요건을 아울러 설명합니다. 교회 헌금에 대해서, 출석에 대해서, 구주 예수 그리스도와 은혜와 지식 안에 자라가는 법도에 대해서, 교회 내의 각종 봉사 및 전도 활동의 참여에 관해서, 그리고 필수적인 것은 아니지만 원하면 가입할 수 있는 초신자 특별반이 있음을 소개합니다.

두 번째로 취하는 방법은, 교인이 되었다고 해서 반드시 구원받은 것이 아님을 잊어버리지 않을 정도로 강단에서 강조하는 일입니다. 만약 자기의 구원 문제를 교인된 것으로써 안심한다면 그 개인은 헛다리짚는 것입니다. 개인의 실상태는 그 개인과 하나님이 아십니다. 사람은 외모를 보나 하나님은 중심을 보시기 때문에 동료 교인들에게는 자기의 실상을 숨길 수 있으나 하나님의 눈은 속일 수 없습니다. 하나님은 사람의 심령 상태를 있는 그대로 다 아십니다. 나는 이상과 같이 지적하고 강조합니다. 지금이라도 늦지 않으니 교인이면서도 아직껏 중생의 체험이 없는 이는 주저치 말고 앞으로 나아와 예수 그리스도를 자기의 구주로 모시라고 촉구합니다. 그러면 이에 대하여 반응을 보이는 자가 앞으로 나오는데, 이 경우가 자주 있습니다. 이들은 나중에 내게 와서, 처음 교회에 나올 때는 즉흥적인 기분에서 나왔을 뿐 진지한 중생 경험이 없었노라고 고백합니다.

11년 전 어느 주일 밤에 설교를 마친 나는 참석한 모든 교인을 상대로 아직도 구원받지 못한 사람은 다 앞으로 나아와 주께 헌신하라고 호소한 일이 있었습니다. 그런데 한 사람이 자리를 털고 교회 맨 뒷좌석에서 나오는데, 보니 누구보다 신실한 신앙을 가졌다고 여기던 집사님이었습니다. 당시에 우리 교회에서 가장 믿음 좋고 가장 교회 일에 충성이고 가장 신령한 집사 열 명을 대라면 두말없이 이 집사를 맨 첫 손가락으로 꼽았을 것입니다. 이런 집사가 앞으로 나오니 나는 별다른 생각 없이 악수를 청하며 이렇게 물었습니다. "집사님께서는 더욱 헌신하시겠다는 의미로 나오셨죠?" 나는 '그렇다'는 대답만 기대하고 있었습니다. 그런데 뜻밖의 대답에 나는 아연실색하고 말았습니다.

"아! 아닙니다, 목사님. 그리스도를 저의 구주로 믿으려고 나왔습니다. 제가 교회 활동을 워낙 많이 하기 때문에 제가 진실된 그리스도인이라 생각하시겠지만 사실은 아니었습니다. 중생한 일이 없었습니다. 며칠 전 밤에 저는 제 생활을 성찰해 봤습니다. 그 결과 내가 아무것도 아닌 바로 위선자요, 신앙인처럼 생활하고 신앙인처럼 활동하고 신앙인을 흉내내면서 하나님을 섬기고 교회를 섬기는 척 했다는 사실을 깨달았습니다. 마음 중심엔 한 번도 진지한 회개가 없었고 중생도 없었고 결국 구원이 없었다는 것을 알았습니다. 그래서 잠자리에서 일어나 그날 밤 주 앞에 무릎을 꿇었습니다. 내 주님이요, 내 구속주로 예수 그리스도를 이 마음 가운데 영접해 모셨습니다. 오늘밤 저는 이 사실을 대중 앞에 자백하고 아울러 회개, 중생, 다음에는 세례가 따른다는 성경의 가르침에 따라 제게 다시 세례를 베풀어 주시길 간청하고자 앞으로 나왔습니다."

나는 이 사건으로 한 가지 사실을 분명히 배우게 되었습니다. 사람의 내부 상태를 자기 자신과 하나님은 다 안다는 것입니다. 그래서 교인이라는 가면을 쓰고 그리스도인 행세를 하는 모든 위선에서 벗어날 것을 교인들에게 자주 경고해야겠다고 작정한 것입니다. 구주로서의 예수 그리스도를 확실히 알고 있는가 스스로 점검해 보기를 이제껏 여러 번 우리 교인에게 역설해 왔거니와 앞으로도 계속할 것입니다.

비판자가 되어서는 안 된다는 것을 알고 있으나, 우리 교회의 교인 중에 중생하지 않은 이가 다수 있는 줄 압니다. 성경은 "비판을 받지 않으려거든 비판하지 말라."고 했습니다. 그러나 "그 열매로 그들을 알리라."는 말씀도 기억하고 있습니다. 교역자는 열매의 관찰자가 되지 않을 수 없습니다. 우리 교회 내에 그리스도인으로 자처하는 이들 중 일부는 그 열매를 살핀 결과 중생의 체험이 한 번도 없었다고 단정할 수 있습니다. 이런 사실은 내 마음을 몹시 무겁게 합니다. 내 책임이라고 느끼기 때문입니다. 고로 그들의 실상을 일깨우고 깨우치기 위해 나의 전력을 다하여, 성령께서 그들을 은혜 중 인도하셔서 하나님과의 바른 관계를 맺도록 기도하지 않을 수 없는 것입니다.

이렇게 이야기한다고 교회의 제도적 무용론을 주장함은 결코 아닙니다. 왜냐하면 교인이 된다는 것은 중생에 따르는 필수적인 사실이기 때문입니다. 사실이 그렇지 않다면 사도 바울이야말로 주를 위한 그의 모든 노력이 다 허사로 돌아갔다고 보아야 옳을 것입니다. 그의 3차에 걸친 모든 전도 여행을 면밀히 조사해 보면 그가 찾아간 지방마다 그곳에 지역 교회를 세우기 위해 오랫동안, 그리고 일심으로 수고한 것을 알 수 있습니다. 그가 떠난 후에 그 지방의 모든 전도 활동은 바로 이 단체, 이 기관에 매인 것을 '바울'은 알고 있었던 것입니다. 그리스도의 몸 된 성도들을 사랑한 '바울'은 그 육성과 안녕에 기여하는 교회란 조직체를 크게 소중히 생각하였습니다. 그가 쓴 13통의 편지문 중 9편이 지역 교회에 보내진 것입니다.

참으로 마음 아픈 것은, 아프다 못해 솔직히 말하여 분노를 느끼게 하는 것은 "나는 그리스도의 몸, 즉 눈에 보이지 않는 교회의 일원입니다. 내 일신에 관한 한 교인이 되고 안 되고는 아무 의미가 없습니다."라고 하는 초(超) 신령파들의 자기 변명입니다. 이전 목회지에서 한 부인이 전화를 걸어 왔습니다. 장례식 예배를 앞둔 약 세 시간 전이었습니다. 어떤 이야기를 하다가 지금 장례식 예배를 보려는 그 유가족들이 실은 참된 신자가 아니라는 말이 여인에게서 나왔습니다. 그러니 목사님이 설교하거든 건전하고 복음적이고 전도에 중점을 둔 내용으로 해 달라는 것입니다. 나야 누가 부탁하나 안 하나 장례식 설교로는 꼭 전도 내용을 중점으로 하기 때문에 그러마 하고 대답하고, "부인은 어느 교회 다니십니까?" 하고 물어 보았습니다. 그러자 그녀는 상냥하다기보다 차라리 메스껍다고 해야 할 목소리로, "저요? 전 그리스도의 몸 된 교회의 일원이에요. 이 지역 전부를 두루 살펴보았지만 마음에 맞는 교회가 없어요. 그러나 그런 게 무슨 대수로운 일인가요? 그리스도의 몸으로서 일원이 되어 있느냐가 중요하죠." 하는 것이었습니다. 그때에 나도 신사라는 자부심이 들어 망정이지 그렇지 않았다면 죄 없는 수화기만 망가졌을 것입니다.

통화를 얼른 끝내고 나서 나는 혼자 중얼거렸습니다. "하늘까지 높아진 여자, 지상에선 아무 쓸모가 없군." 주님인들 이런 바리새적 교만에 멀미를 느끼지 않으실까요? 이들이 스스로 낮아져 교회에까지 강림할 때엔 이런 사람들이야말로 여간 골칫거리가 아닙니다. 이 점에 관하여 한 설교자가 약간 빈정대며 말한 다음 말이 기억납니다. "우리 교회에 꼭 한 사람 신령한 교인이 있는데, 이 여자는 그녀가 육신적으로 살고 있다고 믿는 그녀 이외의 나머지 교인 전부를 합친 것보다 더 큰 골치를 내게 안겨다 주고 있단 말일세."

신약 성경의 교훈은 명백합니다. 돌이켜 세례받고, 교인이 되는 것입니다.

구원의 경험

26

존 웨슬리(John Wesley, 1703~1791)의 경험

웨슬리도 구원이 인간의 공로에 있지 않고 믿음에 있다는 것을 잘 알고 있었습니다. 그러나 구원이 단번에 이루어진다는 것은 아무래도 납득할 수 없었습니다. 이제까지 알고 믿어 오던 것과는 엄청나게 판이했기 때문입니다.

"나는 뵐러가 말한 사실을 도저히 알 수가 없었다. 어떻게 그것이 순식간에 이루어질 수 있는가? 어떻게 믿음이라는 것이 순식간에 사람의 마음속에 들어갈 수 있는가? 당장 사람이 어두움에서 빛으로, 죄와 육의 비참한 처지에서 의(義) 가운데로 그리고 성령의 기쁨 가운데로 들어갈 수 있단 말인가? 나는 바로 이 문제를 해결하기 위하여 성경을 다시 조사하기 시작했다. 특히 사도행전을 읽었다. 그리고 놀라운 사실을 발견했다. 성경의 모든 사실 하나하나가 모두 순간적으로 구원 얻은 그것만을 기록한 것이고, 다른 사실은 찾아볼 수 없었다."

사람의 구원이 믿는 즉시 이루어진다는 것을 존 웨슬리는 믿을 수가 없었습니다. 그의 이성으로 납득이 가지 않을 뿐 아니라 교회에서도 그렇게 가르치지 않았습니다. 이전 같으면 그런 말을 들었을 때 '이단' 이라고 당장 일갈해 버렸겠지만, 모라비아 교인들과 접하여 감화를 받은 터이므로 더 이상 그럴 수는 없었습니다.

웨슬리의 갈등은 계속되었습니다. 이러한 갈등 속에 있는 웨슬리에게 이런 사실에 대해서 구태여 설명할 필요는 없었습니다. 숱한 증인들을 직접 면대케 해 주는 것만으로도 족했던 것입니다.

"주일에도 나는 살아 있는 간증들을 접하게 되었다. 완고한 내 고집은 다시 무너져 버렸다. 그들을 내 눈으로 직접 목격한 다음에야 더 말할 것이 없었다. 그들은 하나님의 역사를 간증하기 시작했다. 하나님의 아들의 보혈을 믿으면 순식간에 구원하신 사실들을 증언했다. 나는 이 이상 더 의심할 수 없었다. 오직 나의 부르짖음은, '내가 믿나이다! 나의 믿음 없는 것을 도와 주소서'(막 9:24) 하는 것뿐이었다."

웨슬리는 새로 발견한 이 믿음을 교단에서 두려움 없이 전파하기 시작했습니다. 자기 자신은 아직 그러한 체험을 얻지 못했으나, 누구든지 믿는 순간에 구원이 단번에 이루어짐을 거리낌 없이 외쳤습니다. 그러나 반응은 냉담했습니다. 교회는 하나 둘씩 그에게 등을 돌리기 시작했고, 마침내 어느 교회도 그에게 문을 열어 주지 않았습니다. 영국 국교회 강단을 지키는 엄연한 성직자이면서도 성직자 대접을 못 받게 된 것입니다. 진리를 가르쳤건마는 진리와 그 전파자는 배척되었습니다.

마침내 그는 1738년 5월 24일 하나님의 자녀로 거듭나는 경험을 하게 됩니다.

"5월 24일 수요일 아침 5시경 나는 성경을 열어서 베드로후서를 읽었다. '이로써 그 보배롭고 지극히 큰 약속을 우리에게 주사 이 약속으로 말미암아 너희가 정욕 때문에 세상에서 썩어질 것을 피하여 신성한 성품에 참여하는 자가 되게 하려 하셨느니라.'(벧후 1:4)라는 말씀이 내 눈에 닿았다. 그날 오후, 교회에서 '여호와여, 내가 깊은 데서 주께 부르짖었나이다. 주여, 내 소리를 들으시며 나의 간구하는 소리에 귀를 기울이소서. 여호와여, 주께서 죄악을 감찰하실진대, 주여 누가 서리이까?'라는 성가대 합창을 들었다. 그리고 저녁이 되어 마음이 내키지는 않았지만 올더스게이트 거리(Aldersgate street)의 모임에 갔다. 그 집회는 페인트공인 홀런드 씨가 인도하고 있었다. 그는 루터의 로마서 강해의 서문을 읽고 있었다. 8시 45분쯤 그리스도를 믿는 믿음으로 말미암아 하나님이 우리 마음에 일으키시는 변화에 대하여 그 사람이 말할 때에 이상하게 내 마음에 감동이 왔다. 나는 나의 구원을 위하여 오직 그리스도만을 신뢰하고 있음을 느꼈다. 그리고 그가 나의 죄를, 바로 내 죄를 제하셨고, 죄와 사망의 법에서 나를 구원하셨다는 확신이 생겼다. 그 후 나를 특히 괴롭히며 박해하던 원수와 같은 사람들을 위하여 기도했다. 그리고 거기 있는 모든 사람 앞에서 공개적으로 내가 처음으로 마음속에 경험한 사실을 간증했다."

1738년 5월 24일 저녁 8시 45분, 이 순간은 웨슬리 생애 최고의 순간이었습니다.

이 일이 있은 지 4일 후인 5월 28일(주일) 저녁, 웨슬리는 많은 사람들 앞에서 "닷새 전에는 제가 그리스도인이 아니었습니다. 이것은 닷새 전에 내가 이 방에 와 있지 않았던 것만큼 확실합니다. 당신들도 구원을 받으려면 현재 자신이 그리스도인이 아님을 알고 시인하셔야 합니다."라고 말함으로써 거기 모인 사람들의 반대와 야유를 무수히 받았습니다.

감리교회의 창시자요, 구원 얻는 숱한 무리들의 영적 모범이었던 존 웨슬리는 이렇게 하여 새 생명에 들어가게 되었습니다. 그 결과 열심과 행사를 논할 것 같으면 사도 바울 못지 않았습니다. 다른 것이 있다면 바울은 산헤드린의 회원이었고, 웨슬리는 영국 성공회의 안수받은 성직자였다는 것뿐입니다. 두 사람 다 높은 교육을 받았고, 종교적으로 극히 헌신적인 지도자들이었습니다. 그러나 둘 다 구원받지 못했고, 중생(거듭남)하지 않으면 안 될 죄인들이었던 것입니다.

그 후 존 웨슬리가 얻은 산 믿음의 열매는 무엇이었던가요? 마음의 평강이었습니다. 그리고 죄에서의 해방이었습니다. 평안에서 우러나는 환희와 성결이었습니다. 그는 82세의 고령에 이르도록 사람들에게 도움을 주고, 전국을 일주하면서 그리스도의 복음을 증거하는 일에 노력을 아끼지 않았습니다.

존 칼빈(John Calvin, 1509~1564)의 경험

칼빈이 심각하게 갈등을 겪고 구원의 경험을 하게 된 것은, 그가 법률 공부를 마치고 파리로 돌아온 1531년 이후였습니다. 이 시기에 그는 많은 개혁주의자들과 만나 '내적인 빛'에 대한 이야기를 나누었습니다. 그리하여 1533년 어느 날 드디어 하나님의 빛이 그의 마음의 모든 의심을 걷히게 한 순간이 왔습니다. 그가 '시편 주석 서문'에 언급한 바와 같이 그것은 그야말로 '갑작스런 전환'이었습니다.

"이 갑작스런 전환으로 하나님은 나의 마음을 굴복시키고 유순하게 만들었다. 어느 누구보다도 가장 힘들었던 나를 단번에 굴복시키신 것이다."

그날 그는 성경 가운데서 그리스도를 참으로 발견하였습니다. 그리고 "오, 아버지! 그의 희망은 당신의 진노를 그치게 하고, 그의 피는 나의 많은 허물을 씻어버리고, 그의 십자가는 나의 저주를 대신 지고, 그의 죽음은 나의 속량이 되었나이다. 우리가 자신들을 위하여 여러 가지 쓸데없고 어리석은 방법들을 써 보았지만 당신은 거룩한 말씀을 등불과 같이 내 앞에 다시고, 또한 당신은 나의 마음을 감동시키사 나로 하여금 예수의 공로 이외에는 아무것도 상관치 않게 하셨나이다."라고 부르짖었습니다.

칼빈은 그 후 스스로 성경 연구를 시작했습니다.

"내가 얼마나 오랫동안 교황청의 미신에 사로잡혀 있었는지, 이 깊은 구렁텅이에서 나를 끄집어 내는 것은 결코 쉬운 일이 아니었다. 그러나 칠흑 속에 한 줄기 번뜩이는 섬광을 보듯 내가 얼마나 혼란 속에 있었는지를 깨달았다."(그는 사돌레 주교에게 답하는 편지 속에서 이렇게 기록하고 있습니다.)

칼빈은 자신의 경험을 간단하게 기록했지만, 그것은 교회사에 빛나는 인물 중 한 사람의 경험이 되었습니다. 그것은 전 세계적으로 중요한 순간이었습니다. 제네바의 역사가 이로 말미암아 완전히 다른 과정을 밟게 되었을 뿐 아니라 세계의 역사 또한 이 일로 인하여 중대한 영향을 받은 것입니다. 하나님은 진리에 대해서 한 사람의 눈을 뜨게 하셨습니다. 그리고 그 사람은 불굴의 정신으로 용감히 그 진리를 옹호한 것입니다. 칼빈은 다음과 같이 증언했습니다.

"하나님은 나에게 진리를 알고자 하는 순전한 마음과 순순히 따르고자 하는 자세를 주신 것이다."

그는 거듭남으로 말미암아 참 빛을 경험했습니다. 그것은 인간에게 받은 감화도 아니었고, 순간적인 충동도 아니었습니다. 살아 계신 하나님이 그를 위하여 그 그릇을 예비하신 것입니다.

마틴 루터(Martin Luther, 1483~1546)의 경험

루터는 1510년 가을부터 1511년 1월까지 로마로 여행을 떠났습니다. 27세의 철학 교수이자 신학도였던 루터에게 로마는 여러 가지 실망을 안겨 주었습니다. 그는 참회자의 불결한 모습, 수도사들의 무식과 무질서에 놀랐습니다. 아무튼 그가 로마에서 비텐베르크로 돌아왔을 때는 수도원의 부원장으로 승격되었고, 설교자가 되었습니다. 1512년 그는 신학 박사 학위를 받고, 비텐베르크 신학 교수가 되었습니다. 슈타우피츠는 자기가 맡고 있었던 성경 강좌를 루터에게 양보하였습니다. 루터가 29세가 되던 이듬해(1513년), 그의 내적인 갈등은 결정적인 결말에 이르렀습니다.

이때 루터는 바울 서신을 깊이 상고하던 중에 자신의 문제를 더욱 복잡하게 만드는 한 단어에 봉착했습니다. 그것은 '하나님의 의(義)'에 관한 것이었습니다. 그는 교수로서 '의'에 대한 아리스토텔레스의 정의를 강의하지 않을 수 없었고, 이름난 여러 사람들의 저술에서 '의'나 '정의'가 논해진 것을 주의 깊게 읽었습니다. 그래서 하나님의 의는 근본적으로 활동적인 것으로 죄인에 대한 하나님의 엄격한 심판, 즉 하나님의 특수한 행위라고 생각하게 되었습니다.

루터를 더욱 고뇌 속으로 몰아넣은 것은 로마서 1장 17절의 하나님의 의가 복음에 나타났다는 말이었습니다. 마침내 루터는 하나님의 요구는 여러 계명에 외적으로 복종하는 것은 물론이고 순수하고 온전한 마음을 요구하는 내적 동기와 의도에까지 미치는 것이라고 보게 되었으며, 그렇기 때문에 가혹한 요구라고 결론지었습니다. 하나님은 사랑의 대상이 아니라 공포의 대상으로서 인간에게 복종을 강요하는 분이라고 생각하게 된 것입니다. 율법에 복종할 수 없다는 느낌은 그에게 스스로 위선자라는 느낌을 더해 주었습니다.

그 당시 루터는 다음과 같이 말했습니다. "나는 하나님의 의(義)라는 말을 싫어했다. 나는 모든 설교자들이 습관적으로 사용하는 대로 하나님은 의로우시고 죄인과 의인을 심판하시는 분이라는, 고정 관념으로 정착한 의에 관하여 철학적인 방법으로 해석하도록 훈련을 받았기 때문이다. 내가 사람들 앞에서 한 사람의 수도사로서 아무리 흠없이 살았다고 할지라도 하나님 앞에서 내 스스로 몹시 불안한 양심을 지닌 죄인임을 느꼈으며, 또한 나는 하나님을 충분히 만족시켰다고 생각할 수도 믿을 수도 없었다. 나는 하나님을 사랑하지 않았으며 사실 정의의 하나님을 미워하기까지 하였다. 비록 드러내 놓고 하나님을 모독하지 않았다고 하더라도 많은 불평을 통해서 하나님을 욕되게 하였으며, 가끔 이렇게도 생각했다. '저 비참한 죄인들이 원죄로 말미암아 버림받고 십계명을 통해 온갖 압박을 당하는 것으로도 하나님께서는 충분치 못한 것처럼, 하나님은 슬픔 위에 슬픔을 더하시고 복음에서까지 분노를 보이셨음이 분명하다.' 이처럼 나는 격렬하게 분노하였다. 그러면서도 바울이 진정으로 말하고자 하는 바가 무엇인지를 알아보겠다는 갈급한 열성으로 하나님의 의와 진리를 열렬히 추구했다. 마침내 하나님은 나를 불쌍히 여기셨다."

1545년 라틴어로 출간된 루터의 전집 제1권 서문에서 그는 비텐베르크의 고탑 속에서의 경험이 얼마나 그의 영혼에 큰 기쁨을 던져 주었는가에 대해서 언급하고 있습니다. 이것이야말로 그의 모든 사고를 뒤바꿔 놓은 획기적인 전환점이었습니다.

"나는 생각을 가다듬고 '복음에는 하나님의 의가 나타나서 믿음으로 믿음에 이르게 하나니 기록된 바 오직 의인은 믿음으로 말미암아 살리라 함과 같으니라.' (롬 1:17)는 말씀에 집중하였다. 나는 하나님의 의가 하나님으로부터 받은 은총, 즉 믿음으로 사는 의라는 것을 알았으며 긍휼히 풍성하신 하나님이 믿음으로 말미암아 우리를 의롭게 하신다는 그 의가 복음으로 나타났다는 것을 깨달았다. 그 순간 천국으로 들어가는 듯한 새로운 느낌을 받았으며 성경 전체가 새롭게 보이기 시작했다. 나는 성경을 처음부터 끝까지 읽어 나갔다. 전에는 '하나님의 의'라는 말을 굉장히 배척했으나 이제는 사랑을 가지고, 그야말로 나를 위하여 존재하는 가장 달콤한 말씀이라는 사실을 발견했다. 바울이 말한 로마서 말씀은 내게 천국으로 통하는 문이 되었던 것이다."

비텐베르크 탑 속에서의 체험은 루터의 마음속 깊이 새겨져 그 후 그의 마음을 떠나지 않았습니다.

복음 전도의
장애 요인

27

사탄은 우리의 전도를 방해하고 있습니다.
신학자인 카이퍼(R. B. Kuiper)는 이 점에 대해서 다음과 같이 경고하고 있습니다.

하나님과 사탄

인류의 역사는 투쟁 – 여자의 후손과 뱀의 후손과의 투쟁(창 3:15), 교회와 세상의 투쟁,
즉 주로 그리스도와 적그리스도, 하나님과 사탄의 투쟁 – 의 역사입니다.

인간이 죄를 범해 타락한 이래로 사탄은 복음의 확장을 저지시키고, 복음이 전달
된 자들의 경우에는 그 복음을 무력하게 하려는 데 온 정력을 쏟았습니다.

역사의 가장 은밀한 비밀 중 하나는 하나님께서 사탄이 자신에게 강력하게 대적
하도록 허락하신다는 점입니다. 하나님이 전능하시다는 것은, 의심할 바 없이 무엇
이든지 허락하실 수 있다는 말입니다. "땅의 모든 사람들을 없는 것 같이 여기시며
하늘의 군대에게든지 땅의 사람에게든지 그는 자기 뜻대로 행하시나니 그의 손을
금하든지 혹시 이르기를 네가 무엇을 하느냐고 할 자가 아무도 없도다."(단 4:35)

따라서 사탄은 하나님의 허락 없이는 움직일 수 없습니다. 하나님께서는 그 지혜
가운데 종종 우리 인간들에게 하나님 나라에 파괴적인 것으로 인상을 주는 것들을
사탄이 행하도록 허락하신다는 것이 앞에서 내린 결론입니다. 그러나 이 사실은 우
리에게 불가사의한 비밀을 제공합니다. 우리는 이렇게 외쳐야 합니다. "깊도다. 하
나님의 지혜와 지식의 풍성함이여, 그의 판단은 헤아리지 못할 것이며 그의 길은 찾

지 못할 것이로다."(롬 11:33)

때로 하나님은 우리에게 사탄의 사역들이 하나님의 나라가 임하는 데 기여하도록 그것들을 지배하시는 하나님의 권세와 지혜를 볼 수 있는 눈을 주십니다. 하나의 명백한 실례를 초대교회의 체험에서 찾아볼 수 있습니다. 스데반이 돌에 맞아 죽은 사건에 이어 "예루살렘에 있는 교회에 큰 핍박이 나서 사도 외에는 다 유대와 사마리아 모든 땅으로 흩어졌습니다." 그러나 "그 흩어진 사람들이 두루 다니며 복음의 말씀을 전하였습니다."(행 8:1~4)

핍박은 변장된 축복임이 입증되었습니다. 왜냐하면 그 핍박으로 인해 복음이 전파되는 결과를 가져왔기 때문입니다. 이러한 과정은 교회 역사상에 매우 자주 반복되어서 '순교자의 피가 교회의 씨앗'이라는 격언이 생겨나기까지 하였습니다.

마귀의 사역들을 하나님께서 지배하신다고 하는 사실에 있어 어느 것과도 비교할 수 없는 가장 중요한 실례는, 하나님의 아들의 죽음입니다. 사탄이 가룟 유다에게 들어가 주님을 배반토록 했습니다(눅 22:3). 유대의 종교 지도자들은 사탄적 증오가 폭발점에 이르도록 가득 차서 그들의 경쟁자(예수)를 십자가에 못박으라고 요구했습니다. 그리고 본디오 빌라도가 예수님의 결백을 확신하면서도 대적들의 뜻에 따랐을 때 그가 사탄의 강요 하에 있었다는 것을 누가 부인할 수 있습니까? 그리하여 하나님의 아들이시며 이 땅에 사신 분으로 유일하게 완전하신 분을 공식적으로 죽음에 몰아넣는 극악한 범죄가 저질러졌습니다. 그러나 하나님은 그것을 지배하셔서 세상에 구원을 가져다주셨습니다. 사실 하나님은 그것을 영원 전부터 계획하셨습니다. 하나님의 어린 양은 창세 전에 죽기로 되어 있었던 것입니다.(계 13:8)

이와 같은 안목을 가지게 되면 그의 대적에 대한 하나님의 방법이 우리의 유한한 이해 범위를 넘어서는, 무한하신 하나님의 권세와 지혜를 신뢰할 수밖에 없게 됩니다.

하나님과 반기독교 통치자들

인간 정부는 축복인 동시에 저주입니다. 그것은 인간관계에 있어 정의(正義)를 유지하는 데 필요합니다. 정부가 없다면 인간 정부가 짓는 죄보다 더 거친 죄가 만연하게 될 것입니다. 또한 인간 정부는 죄에 대한 형벌을 규정해 놓고 있습니다. 에덴동산에서 인간이 하나님의 완전한 통치를 거슬러 반항하였을 때 하나님은 형벌로써 그의 죄 많고 어리석은 동료들의 아주 불완전한 통치에 복종하도록 하셨습니다. 의

심할 바 없이 세상 끝날에 가면 인간에 의한 통치는 하나의 커다란 실패라는 점이 드러날 것입니다. 오늘날에 있어서 시대의 징조들은 분명히 그런 방향으로 흘러가고 있음을 지적해 줍니다.

그리고 역사의 과정에 있어 반복적으로 복음이 정부에 의해 배척되어 왔던 사실은 그리 이상한 일이 아닙니다. 주목할 만한 것은 항상 그렇지는 않다고 해도 흔히 기독교 복음에 저항했던 세속 통치자들이 종교의 이름으로 그런 일을 했다는 점입니다. 몇 가지 예를 들어 보도록 합시다.

유대인의 산헤드린은 사도들이 예수님을 전파하는 것을 금했습니다.(행 4:18) 그들은 종교적 열정에 의해 동기를 부여받았으며 유대교를 옹호하고자 그랬던 것입니다. 초대교회의 역사를 살펴보면, 로마 황제들에 의한 난폭한 박해를 수없이 보게 됩니다. 그들은 자신들의 거룩성을 주장하면서 가이사 대신 나사렛 사람을 경배하는 것을 용납하지 않았습니다. 스페인의 알폰소(Alfonso) 2세는 발도파(Waldenses : 12세기에 프랑스인 발데스가 창시한 기독교의 일파)를 어떠한 방법으로든 도와 주거나 보호하거나 심지어 그들의 이야기를 듣는 자들은 누구든지 재산을 몰수하고 대역죄로 기소한다는 칙령을 내렸습니다. 이것은 교황의 금지령에 따라 내린 칙령이었습니다. 종교개혁 기간에 신교는 로마 가톨릭 정부로부터 법의 보호를 박탈당했습니다. 스페인의 종교 재판이나 프랑스의 성 바돌로매의 대학살을 생각해 보십시오. 지난 역사에서 일본 정부는 신도(神道) 사당에서 천황을 태양의 여신인 아마테라스(amarerasu)의 직계 후손이라고 하면서 그에게 경의를 표하라고 국민들에게 요구했었습니다. 이렇게 요구하는 행위는 애국 행위인 동시에 종교적 행위로, 이 양자는 신도에 있어 불가분리의 관계에 있습니다. 이는 일본은 일본을 숭배한다는 것을 뜻합니다.

오늘날에도 역시 반기독교 국가들은 복음을 억압하고 있습니다. 이 또한 종교의 이름으로 자행되고 있는 일입니다. 앞에서 말한 사실들을 보았을 때, 하나님은 잠시 물러나 계시며 현재는 사탄이 왕노릇을 하고 있고 그리스도는 천년 왕국이 임하기까지는 통치하지 않을 것이라고 가르치는 자들에게 공감하기란 어려운 일이 아닙니다. 그러나 그들은 참으로 오류에 빠져 있는 자들이 분명합니다. 북쪽의 야만인들을 명하여 강력한 로마 제국을 먼지처럼 부숴버리도록 하고, 그의 입김으로 스페인의 무적 함대를 폐기하고, 제2차 세계대전에서 일본을 재기 불능의 대패로 몰고 간 분은 바로 하나님이십니다. 우리는 믿음으로 하나님이 웃고 계시며 땅의 왕들을 조롱하고 계심을 압니다. 하나님께서는 "내가 나의 왕을 내 거룩한 산 시온에 세웠다."고 선포하십니다. 그는 이방인을 유업으로 주었으며 그 소유를 땅 끝까지 이르게 하셨습니다.(시 2:4~8) 그리고 때때로 믿음 안에서 시대의 징조를 살피는 자는 실제로 하나님의 웃으심을 식별할 수 있습니다.

하나님과 불신자

이 장에서는 우리가 직면하고 있는 또 다른 비밀의 국면을 생각해 보려고 합니다. 만약 하나님께서 구원하실 능력이 있고 "아무도 멸망치 않고 다 회개하기에 이르기를 원하신다."(벧후 3:9)면, 어떻게 불신앙 가운데서 복음을 거절하여 영원히 멸망하는 자들이 있겠습니까?

참으로 많은 사람들이 멸망한다는 사실에 관해서는 이상할 것이 전혀 없습니다. "모든 사람이 죄를 범하였으매 하나님의 영광에 이르지 못하더니."(롬 3:23) 본질상 모든 사람은 "허물과 죄로 죽은"(엡 2:1) 자들입니다. 모든 사람은 영원한 죽음에 처해져야 마땅합니다. 이러한 사람들이 멸망받는 것은 이상할 것이 없습니다. 그들 중에 얼마만의 사람들이라도 구원을 받게 되는 것은 놀라운 하나님의 은혜인 것입니다.

성경은 하나님께서 모든 죄인에게 영생을 주시고자 선택하시지는 않았다는 것을 분명히 가르치고 있습니다. 선택하다(choose)와 뽑아 내다(elelct)라는 말 자체가 그러한 사상을 배제하고 있습니다. 하나님께서는 주권적으로 어떤 이들을 선택하셨고, 또 주권적으로 다른 이들은 간과해 버리셨습니다. 그는 은혜로 어떤 이들을 구원코자 선택하시고, 또 공의로 다른 이들을 유기(遺棄)하셨습니다. "토기장이가 진흙 한 덩이로 하나는 귀히 쓸 그릇을, 하나는 천히 쓸 그릇을 만들 권한이 없느냐. 만일 하나님이 그의 진노를 보이시고 그의 능력을 알게 하고자 하사 멸하기로 준비된 진노의 그릇을 오래 참으심으로 관용하시고 또한 영광받기로 예비하신 바 긍휼의 그릇에 대하여 그 영광의 풍성함을 알게 하고자 하셨을지라도 무슨 말을 하리요."(롬 9:21~23)

돌트정경(The Canons of Dort)은 성경과 완전히 조화를 이루어 이렇게 가르칩니다. "어떤 이들이 하나님으로부터 믿음의 선물을 받고 다른 이들이 그것을 받지 못하는 것은 하나님의 영원한 섭리에서 나온다. … 그 섭리에 따라 하나님께서는 택한 자들이 비록 강퍅할지라도 은혜로 그들의 마음을 부드럽게 하시사 그들로 믿게 하시지만, 반면에 불택자(不擇者)들은 그들의 사악함과 완악함에 대해 공의롭게 심판하신다. 특히 여기에서 함께 멸망하여야 할 사람들 가운데서 깊고 자비로우시고 또한 의로우신 구별이 드러난다."(1장 6항)

그러나 유기의 섭리 가운데 나타난 하나님의 주권이 인간의 책임을 감소시키는 것은 결코 아닙니다. 하나님께서 유기된 자를 강제로 지옥에 보내는 것이 아니라 그들이 생명을 얻기 위해 그리스도께 나오려 하지 않기 때문에(요 5:40) 멸망당하는 것입니다. 하나님께서는 구원 얻는 자들에게 믿음을 주시는 분이기는 하지만, 멸망당하는 자들에게 불신앙을 주시는 분은 아닙니다. "하나님의 정하신 뜻과 미리 아신대로"(행 2:23) 주님을 배반한 가룟 유다가 자기의 악한 행위에 대한 책임을 지고 "제 곳으로"(행 1:25) 갔던 것처럼 유기된 자들은 자기 자신의 의도적 불신앙으로 인해 멸망당하는 것입니다. 불택자들 중에 그리스도를 믿으려 하였는데 하나님의 섭리가 가로막아서 믿지 못하는 일이 단 한 사람에게라도 있을 것이라고 생각해서는 결코 안 됩니다. 어떤 경우에나 유기자들은 생명보다 오히려 죽음을 더 사랑합니다.(잠 8:36)

돌트정경에서도 이 점을 이해하고 이렇게 말합니다. "말씀의 사역으로 인해 부름을 받은 자들이 돌아와서 회개하기를 거절하는 것은 복음의 잘못도 아니고 그리스도의 잘못도 아니며 복음으로 인간들을 부르시고 그들에게 각양 은사를 부여하시는 하나님의 잘못도 아니다. 잘못은 그들 자신에게 있는 것이다."(돌트정경 III~IV,9)

분명히 이해하도록 하고 강조적으로 언급해야 될 사실은 어떤 죄인이 구원받았다면 그 모든 영광은 하나님께 속한 것인 반면에 어떤 죄인이 멸망당했다면 그 모든 책임은 그 죄인에게 있는 것입니다.

여기에 참으로 비밀이 있습니다. 단지 인간인 우리가 이 문제에 쓸데없이 참견해서는 안 됩니다. 한편으로는 영원한 유기의 섭리에 나타난 하나님의 주권과 다른 한편으로 불신앙에 대한 불신자의 책임의 역설적인 주장을 완화시키려는 어떤 시도도 허락해서는 안 됩니다. 바울은 하나님에 관해 말하면서 이러한 역설을 보여 주고 있습니다. "그런즉 하나님께서 하고자 하시는 자를 긍휼히 여기시고 하고자 하시는 자를 완악하게 하시느니라. 혹 네가 내게 말하기를 그러면 하나님이 어찌하여 허물하시느냐. 누가 그 뜻을 대적하느냐 하리니 이 사람아 네가 누구이기에 감히 하나님께

반문하느냐. 지음을 받은 물건이 지은 자에게 어찌 나를 이같이 만들었느냐 말하겠느냐."(롬 9:18~20) 바울이 말한 것은 하나님의 주권을 호소한 것이었습니다. 사실상 그는 불신자에게 이렇게 말한 것입니다. "하나님은 주권적이시기 때문에 너를 완고(頑固)하게 하실 완전한 권리를 가지고 계신다. 이와 똑같은 이유로 하나님은 주권적이시기 때문에 네게 마음을 완고하게 한 책임을 부과하실 완전한 권리를 갖고 계신다. 간단히 말하자면 하나님은 전능자이신 하나님이시다."

이것이 바울의 신정설(申正設, Theodicy : 악의 존재를 허용하시는 하나님께 불의(不義)가 없다는 신학적 주장)입니다. 이와 아주 유사한 신정설이 하나님의 아들의 설교 가운데서 나타납니다. 예수님께서는 권능을 가장 많이 베푸신 마을들이 회개하지 않는 것을 호되게 질책하시고 심판의 날에 두로와 시돈이 그들보다 견디기 쉬우리라고 말씀하신 후에 이렇게 말씀하셨습니다. "천지의 주재(主宰)이신 아버지여, 이것을 지혜롭고 슬기 있는 자들에게는 숨기시고 어린 아이들에게는 나타내심을 감사하나이다. 옳소이다. 이렇게 된 것이 아버지의 뜻이니이다."(마 11:20~26)

사랑의 사도는 그의 복음서에서 조심스레 이러한 역설을 말하고 있는데, 그도 역시 단 한 부분이라도 타협하는 것을 단호하게 거절했습니다. 많은 유대인들이 그리스도를 거부했을 때 요한은 이렇게 설명했습니다. "이렇게 많은 표적을 그들 앞에서 행하셨으나 그를 믿지 아니하니 이는 선지자 이사야의 말씀을 이루려 하심이라. 이르되 주여 우리에게서 들은 바를 누가 믿었으며 주의 팔이 누구에게 나타났나이까 하였더라. 그들이 능히 믿지 못한 것은 이 때문이니 곧 이사야가 다시 일렀으되 그들의 눈을 멀게 하시고 그들의 마음을 완고(頑固)하게 하셨으니 이는 그들로 하여금 눈으로 보고 마음으로 깨닫고 돌이켜 내게 고침을 받지 못하게 하려 함이라 하였음이더라. 이사야가 이렇게 말한 것은 주의 영광을 보고 주를 가리켜 말한 것이라."(요 12:37~41) 곧이어 그는 예수님의 말씀을 기록함으로써 불신에 대한 책임이 불신자들에게 있음을 주장했습니다. "나를 저버리고 내 말을 받지 아니하는 자를 심판할 이가 있으니 곧 내가 한 그 말이 마지막 날에 그를 심판하리라."(요 12:48)

죄인들의 구원에 따른 모든 영광은 하나님에게 돌려져야 한다는 것이 성경에서 전반적으로 강조되고 있는 교훈입니다. 그렇다면 하나님은 유기된 자들의 파멸에서도 영광을 받으실까요? 이렇게 광범하고 다양한 경우들에서 하나님의 영광을 생각해 보지 않더라도 우리는 이 문제에 대해 명료한 확언으로 대답할 수 있습니다. 하나님께서 섭리하신 모든 것은 그가 자신의 영광을 위해서 섭리하신 것입니다. 인간사에서 일어나는 모든 사건은 하나님의 예정하신 경륜을 따라 일어나는 것이며, 여하튼 하나님의 영광을 드러내는 일이 됩니다. 사탄의 사역까지도 하나님은 자신의 영광을 위해 지배하고 계십니다.

복음 전도자 바울은 복음 전도의 결과에 관해 이렇게 말했습니다. "우리는 구원받는 자들에게나 망하는 자들에게나 하나님 앞에서 그리스도의 향기니, 이 사람에게는 사망으로부터 사망에 이르는 냄새요 저 사람에게는 생명으로부터 생명에 이르는 냄새라."(고후 2:15~16)

칼빈은 이렇게 주석을 달았습니다. "여기에서 우리는 주목할 만한 구절을 보게 되는데 이 구절은 만일 복음이 전파된다면 우리가 전하는 문제가 어찌되었든 간에 하나님을 기쁘시게 해 드리는 일이며 우리의 헌신은 그분에게 받아들여질 것이라는 점을 가르쳐 주고 있다. 그리고 또한 복음이 모든 사람에게 다 받아들여져 모두에게 유익을 주지 않는다는 사실이 복음의 존엄성을 손상시키는 것이 아님을 가르쳐 준다. 복음이 전한 자에게 멸망의 기회가 된다는 점에 있어서조차 하나님은 영광을 받으시는 까닭에 참으로 그렇게 되어야 하는 것이다." 그는 덧붙여서 이렇게 말했습니다. "복음은 구원을 위해 전파된다. 이는 복음의 속성을 합당하게 말해 주는 내용이다. 그러나 믿는 자들만이 이 구원에 참여하는 자다. 한편 불신자들 – 이는 그들의 잘못이다 – 에게는 죄의 선고의 기회가 된다."

불택자에 관해서 웨스트민스터 신앙고백(The Westminster Confession of Faith)에서는 이렇게 주장합니다. "피택자 이외의 나머지 인류에 대하여, 하나님께서는 그의 피조물들 위에 행사하시는 그의 주권적인 능력의 영광을 위하여 그가 기뻐하시는 대로 긍휼을 베풀기도 하시고 거두기도 하는, 그 자신의 뜻을 측량할 수 없는 계획에 따라서, 그들을 간과(看過)하시고, 그리고 그들의 죄를 인하여 그들이 치욕과 진노를 당하도록 작정하기를 기뻐하셨으니, 이는 그의 영광스런 공의를 찬미케 하려 하심이다."(Ⅲ장 7항)

하나님은 주권적인 분이십니다. 그의 주권을 손상시키는 것은 그가 하나님이신 것을 부인하는 것이 됩니다. 인간은 자유와 책임을 지닌 행위자(a free and responsible agent)입니다. 불신자는 외적인 강요에 의해서가 아니라 그 자신의 선택으로, 곧 자신의 본성에 따라 그리스도를 거절합니다. 그의 선택은 그 자신 – 하나님과 원수된 전적으로 부패한 죄인 – 에 의해 정해진 것입니다. "육신의 생각은 하나님과 원수가 되나니 이는 하나님의 법에 굴복하지 아니할 뿐 아니라 할 수도 없음이라."(롬 8:7)

하나님 나라와 사탄 나라의 대결

28

존 윔버(John Wimber) 목사의 글입니다.

귀신들과의 싸움은 이제 나에게 있어서는 지극히 평범한 사건에 불과합니다. 티페트(Alan Tippett) 선교사는 하나님 나라와 사탄 나라의 세력이 충돌하는 현상을 '능력 대결'이라고 부르고 있습니다. 이러한 현상은 언제 어디서든 일어나는 것이며, 사탄이 악령의 형태를 취해 사람을 통하여 역사하는 경우에 국한되는 것이 아님에도 불구하고, 악령을 쫓아 내는 일이야말로 가장 극적인 것이 아닐 수 없습니다.

능력 대결은 사람들로 하여금 복음을 믿게 하기 위하여 반드시 극복해야 할 세력이나 구조를 정복하는 것을 목표로 하고 있습니다. 이러한 능력 대결에 있어 가장 중요한 일은 불신(不信)이라는 악을 제거하는 일입니다. 왜냐하면 불신은 악령이나 질병에 비하여 쉽게 눈에 뜨이지 않는 것임에도 불구하고 사탄이 사용하고 있는 무기 가운데 가장 무서운 것이기 때문입니다. 우리가 성령체험을 통해 능력을 덧입어 불신자들을 그리스도에게로 인도할 때 우리는 사탄의 나라를 정복하는 도구로 쓰임 받게 됩니다. 이는 특히 선교 현장에서 확인할 수 있는 사실로, 교회 성장학자이자 선교학자인 왜그너(C. Peter Wagner) 교수는 원시 부족 집단에 있어서의 능력 대결과 복음 전도의 관계에 대하여 이렇게 설명하고 있습니다.

"능력 대결이란 부족 집단이 섬기고 두려워하는 거짓 신들(또는 영들)에 비하여 예수 그리스도의 능력이 훨씬 위대하다는 사실을 눈으로 볼 수 있게 입증한 것이다."

예수님은 능력 대결로 자신의 공생애(共生涯)를 시작하셨습니다. 40일 동안 광야에서 금식하며 마귀의 시험을 이겨 내신 예수님은 갈릴리 지방에 두루 다니면서 하나님 나라의 복음을 선포하고 열두 제자를 부르셨습니다. 얼마 후 안식일에 가버나움에 있는 회당에 들어가 가르치실 때에 "뭇 사람이 그의 교훈에 놀라니 이는 그가 가르치시는 것이 권위 있는 자와 같고 서기관들과 같지 아니하였습니다."(막 1:22) 마침 그 회당에 더러운 귀신 들린 사람이 있어 그는 이렇게 소리질렀습니다. "나사렛 예수여, 우리가 당신과 무슨 상관이 있나이까? 우리를 멸하러 왔나이까? 나는 당신이 누구인 줄 아노니 하나님의 거룩한 자니이다."

여기에서 우리는 하나님 나라에 대한 사탄 세력의 도전을 분명하게 볼 수 있습니다. 이에 그리스도께서는 귀신을 잠잠하게 하신 후 그 사람에게서 쫓아 내셨습니다. 사람들은 "더러운 귀신들을 명한즉 순종하는도다."라고 하면서 그리스도의 권능에 놀라움을 금치 못했습니다. 그날 저녁, 사람들은 많은 병자와 귀신 들린 자들을 예수님에게 데려왔습니다. 이에 예수님은 귀신을 내어 쫓으시고 "각색(各色) 병든 많은 사람을 고치셨습니다."(막 1:34)

구약 성서에 기록되어 있는 능력 대결의 사건 가운데 가장 극적인 것은, 아마도 엘리야가 갈멜산 위에서 450명의 바알 선지자들과 대결하는 장면(왕상 18장)일 것입니다. 우리는 여기서 하나님의 예언자와 사탄의 조종을 받는 한 종교 제도의 정면 대결을 보게 됩니다. 악한 왕 아합이 엘리야에게 "이스라엘을 괴롭게 한다."고 비방하자, 엘리야는 아합에게 여호와 하나님과 바알신 사이에 공개적인 대결을 제안합니다. 아합이 이를 받아들이고 갈멜산에서 대결을 벌이자, 하나님께서는 모든 백성이 지켜보는 앞에서 바알을 완전히 제압하셨습니다. 이때 엘리야는 바알 선지자들을 조롱하면서 "큰 소리로 부르라. 그는 신인즉 묵상하고 있는지 혹은 그가 잠깐 나갔는지 혹은 그가 길을 행하는지 혹은 그가 잠이 들어서 깨워야 할 것인지"(왕상 18:27)라고 한 것을 볼 수 있습니다. 이는 엘리야가 사탄의 세력을 격퇴하고 오직 여호와 하나님께서 우리의 주님이라는 사실을 입증하기 위해 대공세를 폈던 사건이었습니다.

이 이야기에서 가장 핵심적인 내용은 엘리야가 하나님의 말씀에 따라 하나님의 종으로서 행동하였다는 것입니다. "아브라함과 이삭과 이스라엘의 하나님 여호와여 주께서 이스라엘 중에서 하나님이신 것과 내가 주의 종인 것과 내가 주의 말씀대로 이 모든 일을 행하는 것을 오늘 알게 하옵소서."(왕상 18:36) 이 기도가 끝나자 하나님께서는 불을 내려 주시어 자신의 임재를 입증하셨습니다. 하나님의 종이 승리한 것이었습니다. 이에 모든 백성은 엎드려서 "여호와 그는 하나님이시로다! 여호와 그는 하나님이시로다!"라고 했습니다.

원시 부족들의 경우에는 복음의 놀라운 능력이 역사하는 것을 직접 목격함으로써 그리스도에게로 돌아오는 경우가 많습니다. 왜그너 교수는 케냐에 있는 한 마을에서 릴리라는 학생이 체험한 다음과 같은 사건을 소개하고 있습니다.

그 마을에서 갓 태어난 한 여자 아이가 말라리아에 걸려 위독한 상태에 있었습니다. 마을 사람들은 모두 그 아기가 곧 죽을 것으로 생각했습니다. 그러던 어느 날 밤 우리는 큰 비명소리에 잠이 깨어서 그 아기의 집으로 달려갔습니다. 아기는 눈이 하얗게 뒤집혀 있었으며 숨이 거의 끊어져 가고 있었습니다.

우리가 그 집에 도착했을 때는 이미 많은 사람들이 모여 있었으며, 계속해서 이웃들이 몰려오고 있었습니다. 우리는 그 집 안으로 들어갔습니다. 그곳에 모인 사람들은 이러한 위급한 상황에 속수무책이었으며, 나 역시 한밤중에 닥친 일이었고 차도 의료 도구도 갖추고 있지 않았기에 그들과 마찬가지 입장이었습니다. 그러나 어떻게 해서든지 손을 쓰지 않으면 안 될 상황이었으므로 나는 그 아이를 위해 하나님께 기도드리고 나서 결과를 기다려 보기로 했습니다.

나는 그 아기를 달라고 하여 그 몸에 손을 얹었습니다. 그러고 나서 아내와 마을 사람들에게 가까이 와서 죽어가는 아이를 위해 함께 기도하자고 했습니다. 그들이 집 안에 들어와 모두 자리를 잡고 앉자 나는 기도를 시작했습니다. 그것은 매우 간단한 기도로, 단지 예수님의 이름으로 낫게 해 주실 것을 주님께 간절히 기원한 것이었습니다. 그러고 나서 나는 아기 어머니에게 아기를 돌려 주었습니다.

바로 그 순간 아기는 호흡을 되찾으면서 울기 시작하였습니다. 아기는 그 후 정성어린 간호로 완전히 건강을 회복하였습니다. 나는 그때 그 일에 대하여 아무런 설명도 할 수 없었으나, 하나님의 능력이 나를 통해 역사했다는 것만은 분명하게 느낄 수 있었습니다. 그 사건 이후 그토록 신속하게 역사하시는 주님의 능력을 체험한 마을 사람들은 모두 그리스도에게로 돌아왔습니다.

이는 치명적인 병의 치유가 사람들로 하여금 그리스도에 대한 믿음을 찾게 하는 데 결정적인 역할을 한 경우입니다.

한편 티페트 선교사는 폴리네시아 남부에 있는 어느 섬에서 일어난 다음의 사건을 통해, 사람들이 거짓 신으로 인한 공포와 질곡에서 벗어난 경우를 소개하고 있습니다.

바이(Peter Vi) 선교사가 열심히 전도한 결과, 그 섬의 추장은 오직 하나님께 경배 드려야 한다고 믿게 되기에 이르렀습니다. 이로써 그가 지금까지 믿어 오던 해해타이 신과의 격렬한 능력 대결이 불가피하게 되었습니다. 해해타이 신을 섬기는 여 사제는 신들린 상태에서 나름대로 특이한 능력을 행하고 있었기에 사람들은 그녀를 두려워하고 있었습니다. 추장은 "이 몽둥이로 그 악신(惡神)을 두들겨 주겠다."고 하며 바나나 나무의 줄기를 잘라 몽둥이를 만들었습니다. 바이 선교사는 추장이 여 사제를 때려죽일 수도 있었기 때문에 그 몽둥이에서 딱딱한 부리 부분을 잘라 내게 했습니다. 여 사제가 신들린 상태에서 카바(의식에 사용하는 술)를 마시고 있을 때 추장은 그녀를 몽둥이로 때려 땅바닥에 뒹굴게 만들었습니다. 음주의 신이 미처 기력을 회복하기 전에 추장은 한 번 더 몽둥이로 강타하면서, 카바를 마시는 거짓 신을 죽도록 두들겨 주었노라고 승리의 환호성을 질렀습니다. 여 사제는 이 일로 인해 크나큰 굴욕을 당하게 되었고, 섬 사람들은 지금까지 섬겨오던 거짓 신에 비해 월등한 하나님의 능력을 직접 체험함으로써 공포와 질곡에서 해방되어 모두 그리스도의 복음을 믿는 역사가 일어났습니다.

아직도
계속되는
전투

29

능력 대결을 보다 잘 이해하기 위해서는 자연 현상에 대한 유비(類比)가 도움이 됩니다. 즉 온난전선과 한랭전선이 부딪칠 때 인간의 힘으로는 도저히 통제할 수 없을 정도로 엄청난 에너지가 방출되면서 번개와 뇌성이 일고 눈비가 내리며 때로는 폭풍이 일어나는 현상이 바로 그것입니다.

능력 대결 역시 이와 같은 현상으로써, 하나님 나라가 사탄의 나라와 정면으로 부딪치게 될 때(예수님이 사탄을 만나게 될 때)는 보통 인간의 힘으로는 통제할 수 없는 엄청난 사건이 발생하게 됩니다.

그리스도의 십자가 사건은 능력 대결 가운데 가장 위대한 사건이었다고 할 수 있습니다. 왜냐하면 바로 이 사건을 통하여 우리가 죄사함을 받고 육신과 세상과 마귀를 이길 수 있게 하기 위한 희생 제물이 바쳐졌기 때문입니다. 그리스도께서 운명하시자 모든 피조물이 큰 폭풍을 만난 듯이 요동했습니다. 땅이 진동하고 바위가 터졌으며, 성소 휘장이 둘로 찢어지고 태양도 세 시간 동안이나 빛을 잃었으며, 심지어 무덤이 열리고 "성도의 몸"(마 27:52)이 많이 일어나는 역사가 나타났습니다. 이는 그리스도의 죽음에서 생명의 위대한 능력이 방출되어 악의 통치하에 있던 모든 피조물을 온통 흔들어 놓았던 두 개의 나라, 두 개의 경륜(經綸)이 정면으로 충돌한 사건이었습니다. 이 사건에 이어 그리스도께서는 사흘 만에 부활하시어 하늘에 오르심으로써 사탄에 대한 승리를 확증하셨습니다.

그리스도를 믿는 모든 사람에게 구원이 약속된 것은 바로 이러한 능력 대결의 결과입니다. 그러나 그 약속된 구원을 이 세상에서 이루어 나아가는 것은 별개의 일이라는 사실을 잊어서는 안 됩니다. 즉 우리는 오늘날 하나님 나라의 완성을 바라보고 나아가는 중간 시대에 살고 있으며 아직도 사탄의 세력 가운데 살고 있기 때문에, 그 세력과의 피비린내 나는 전투에 참여할 각오가 되어 있어야만 한다는 것입니다. 사탄이 이 땅에서 틀림없이 멸망할 것이지만 아직도 살아서 우리 가운데 역사하고 있는 것입니다.

독일의 신학자 오스카 쿨만(Oscar Cullmann)은 '결국 패배할 수밖에 없는 사탄이 어떻게 아직도 많은 사람을 파멸시킬 수 있는 큰 세력을 가지고 역사하고 있는가'에 대하여 적절한 비유를 들어 설명하고 있습니다.

2차 대전이 막바지에 접어들었을 무렵 대부분의 군사 전문가들은 연합군이 노르망디 상륙 작전을 성공시켰던 1994년 6월 6일(D-Day)에 연합군 측의 승리가 확정된 것으로 생각했습니다. 그러나 연합군이 실제로 이 전쟁을 마무리짓는 데는 1945년 5월 8일(V-E Day)까지 11개월이나 더 걸렸으며, 이 기간 중 가장 피비린내 나는 전투를 통해 수많은 사람들이 희생되었습니다.

우리 그리스도인들 역시 이와 비슷한 상황에 처해 있습니다. 즉 하나님 나라의 궁극적인 완성은 부활 사건을 통해 이미 확정된 것임에도 불구하고, 우리는 그 나라의 완성을 위해 사탄의 세력과 끊임없이 싸워 나가야만 하는 것입니다.

우리는 그리스도의 군사들입니다. 바울은 디모데에게 "너는 그리스도 예수의 좋은 병사로 나와 함께 고난을 받으라."(딤후 2:3)고 권면하였습니다. 싸움의 고삐를 늦출 경우 엄청난 해를 끼칠지도 모르는 무서운 적과의 전투는 아직도 계속되고 있습니다. 따라서 우리는 성령께서 우리의 삶을 인도하시고 지배하시는 가운데 우리를 통해 적을 패배시킬 수 있는 준비를 갖추어야만 합니다.

성령의 사역

30

루이스 드르몬드(Lewis A. Drummond)는 우리가 알아야 할
각각의 능력에 대해 다음과 같이 설명하고 있습니다.

성령의 능력

성령의 사역을 두 가지 관점에서 살펴보기로 하겠습니다. 첫째로, 하나님께서는
그리스도인들이 거룩한 삶을 살 수 있게 성령을 보내셨습니다. 우리는 성령 없이 홀
로 거룩하게 살 수 없습니다. 둘째로, 성령께서 그리스도인들에게 능력으로 역사하
시는 목적은 그리스도인들의 봉사를 효과적이고 열매 맺는 것이 되게 하기 위해서
입니다. 20세기의 대표적 성령론자인 토레이(R. A. Torrey)는 다음과 같이 정확히 묘
사했습니다.

"성령께서는 하나님의 능력을 그리스도인들이 받아서 그것을 취할 수 있게 해 주
십니다. 그리스도 안에서의 생득권은 우리 안에 계시는 성령의 사역을 통해 실제적
이고 경험적인 우리의 소유권이 될 수 있기 때문에 하나님의 자녀들은 수많은 하나
님의 능력을 소유할 수 있습니다. 우리가 우리를 위한 성령님의 사역을 이해하는 한,
우리는 하나님께서 그리스도 안에서 우리를 위해 예비하신 충만한 능력을 획득할
수 있습니다."

만일 누구든지 효과적인 선교 활동을 하려면 반드시 성령의 능력을 의지해야 합
니다. 그렇다면 성령께서는 어떻게 우리에게 그리스도를 위해 성공적으로 살고 봉

사할 수 있도록 힘을 제공해 주시는 것일까요?

우선 모든 그리스도인 속에는 성령께서 내주하시며, 그리스도인들은 성령의 인침을 받았다는 것을 들 수 있습니다. 이 점은 신약 성경에 분명히 나타나 있습니다. 그러나 성경에서 분명히 말하고 있는 것은 모든 그리스도인은 성령으로 충만해야 한다는 것입니다. 성도는 단지 성령을 모시고 있는 것이 아니라, 성령으로 충만하여야 합니다. 이런 관계일 때 성령께서는 우리의 봉사를 능력 있게 만들어 주십니다. 이 점에 대해 다음의 성경 구절들이 잘 말해 주고 있습니다.

"볼지어다. 내가 내 아버지께서 약속하신 것을 너희에게 보내리니 너희는 위로부터 능력으로 입혀질 때까지 이 성에 머물라 하시니라."(눅 24:49)

"오직 성령이 너희에게 임하시면 너희가 권능을 받고 예루살렘과 온 유대와 사마리아와 땅 끝까지 이르러 내 증인이 되리라 하시니라."(행 1:8)

"그들이 다 성령의 충만함을 받고 성령이 말하게 하심을 따라 다른 언어들로 말하기를 시작하니라."(행 2:4)

"빌기를 다하매 모인 곳이 진동하더니 무리가 다 성령이 충만하여 담대히 하나님의 말씀을 전하니라."(행 4:31)

"술 취하지 말라. 이는 방탕한 것이니 오직 성령으로 충만함을 받으라."(엡 5:18)

위의 성경 구절 외에도 위대한 하나님의 사람들이 성령 충만한 생활을 간증해 주는 여러 구절들이 있습니다. 예를 들어 토레이는 말하기를 "나는 성령 세례를 받기를 원했습니다. 왜냐하면 사도행전 공부를 통해서 성령으로 충만하기 전에는 복음을 전할 자격이 없다는 것을 확신하게 되었기 때문입니다."라고 했습니다. 찰스 피니(Charles G. Finney)는 "나는 1821년 10월 10일 아침에 거듭나게 되었습니다. 그날 나는 성령의 충만한 세례를 받았었습니다."라고 말하고 있습니다. A. T. 피어슨은 성령 충만 후의 그의 사역에 관해 "내가 성령 세례를 받고 난 후의 18개월간은 예전의 그렇지 않았을 때의 18년간보다 더 많은 사역을 했음을 알 수 있습니다."라고 말했습니다.

어떻게 하면 성령 충만함을 받아 날마다 성령 충만한 가운데서 살아갈 수 있을까요?

그렇게 하려면 먼저 죄를 자백하고, 알고 있는 죄를 모두 버려야만 합니다. 우리는 예수 그리스도의 보혈로 깨끗하게 되어야 합니다. 이 원리는 명백합니다. 그리고 나서 우리는 주저함 없이 생명의 주인이신 예수 그리스도께 우리 자신을 거룩한 산 제물(롬 12:1~2)로 드려야 합니다. 마지막으로, 기도하며 성령께서 충만히 채워 주실 것(눅 11:13)을 믿어야 합니다. 그것은 간단합니다. 우리가 알고 있는 죄를 모두 자백하고 예수님에게 전폭적으로 굴복하고, 성령으로 채워 주심을 믿을 때 하나님께서는 우리의 필요를 채워 주십니다. 그러할 때 비로소 우리는 성령 충만한 그리스도인이 될 수 있습니다. 이것은 간단하지만 심오합니다.

'성령 충만한 것'과 '그리스도와 동행하는 삶'에는 분명히 관계가 있습니다. 성령 충만함은 거듭남과 같이 한 번으로 영원한 경험(or-all experience)이 되는 것이 아닙니다. 성령 충만할 때 완전해지는 것도 아닙니다. 성령 충만해졌는가를 알아볼 수 있는 특별한 은사도 없습니다. 그것은 또한 반드시 감정적인 것만은 아닙니다. 말하려고 하는 요점은 성령 충만함은 우리의 매일의 생활에 필요하다는 것입니다. 어떤 사람이 말한 대로 우리는 '새는 용기'(leaky Vessels) 같아서 매일 새로 채워 넣어야 할 필요가 있습니다. 그렇기 때문에 바울은 에베소서 5장 8절에서 "성령으로 계속 충만할 것"을 말했습니다. 따라서 매순간 주님과 동행하기 위해서는 날마다 주님께 나아와, 빈 그릇을 물가로 가져가 채우듯이, 성령으로 넘칠 수 있어야 합니다. 만일 우리가 주님과 동행하는 데 실패한다면, 우리는 주님의 일을 하는 데 무기력해지고 그리스도가 임재함의 기쁨도 상실하게 됩니다. 그러므로 하나님과 동행하려면 계속적으로 그의 능력으로 채움받아야 합니다. 이런 것이 계속해서 경험될 때 거룩한 생활의 능력을 보여 줄 수 있고, 성령의 능력이 우리의 사역을 효과적으로 만들게 됨을 볼 수 있습니다.

더 나아가서 우리가 성령 충만한 생활을 할 때 성경에는 많은 복들이 약속돼 있습니다.

"성령 안에서 우리는 죄와 사망의 법에서 해방된다."(롬 2:2)

"성령 안에서 우리는 속사람이 강건하게 된다."(엡 3:16)

"성령 안에서 우리는 하나님의 인도하심을 받게 된다."(롬 8:14)

"성령 안에서 우리는 열매 맺을 수 있다."(갈 5:22~23)

"성령 안에서 우리는 진리 가운데로 인도받는다."(요 16:13)

"성령 안에서 우리는 효과적으로 기도하는 법을 배운다."(엡 6:18)

"성령 안에서 우리는 다른 사람들에게 진리를 전달할 수 있다."(고전 2:15)

"성령 안에서 우리는 능력으로 복음을 전할 수 있다."(행 2:4~41)

이로써 성령과의 원활한 관계없이는 어느 누구도 사역에 있어서나 삶에 있어서 능력을 기대하기 어렵다는 것을 알 수 있습니다. 성령께서 도와 주시지 않으면 우리는 불신자들에게 전도할 수가 없습니다. 성령과의 올바른 관계를 유지하는 것은 선교 사업에 필수적입니다. 또한 우리가 선교에의 열망을 갖도록 고무시키는 분도 성령이십니다.

거룩한 열정의 능력

아메리카 인디언들의 위대한 선교사였던 데비드 브레이너드(David Brainerd)는 "나는 내가 어디에서 어떻게 살게 되는지 혹은 어떤 환난을 겪게 되는지 상관하지 않고, 다만 복음 전도를 위해 앞으로 나아갔습니다. 잠들어 있는 동안에도 나는 영혼을 구원하는 일에 대해 꿈꾸었고, 잠에서 깨어났을 때 제일 먼저 생각한 것도 바로 그것이었습니다. 나의 소망은 이방 민족들이 거듭남이 전부였고, 모든 소망이 하나님 안에 있었습니다."라고 말했습니다. 이와 비슷한 예로, 토마스 찰머스(Thomas Chalmers)는 "나의 지난 21년간의 사역을 회고해 볼 수 있게 하옵소서. 배가 파선되고, 죽음을 직면하고, 창과 몽둥이를 든 무시무시한 야만인들에게 포위되고, 몽둥이에 맞아 쓰러졌던 이 모든 경험을 다시 하게 된다고 하더라도 나는 여전히 당신의 선교사가 되겠습니다."라고 기도했습니다.

이것은 하나님을 영화롭게 하는 태도입니다. 이것은 사람들에게 알려야 하는 열정입니다. 존 웨슬리가 말한 것처럼 "하나님을 향한 갈망으로 불타오를 때, 사람들은 그 타는 것을 보려고 모여들게 됩니다." 물론 나는 천박하고 요란한 접근에 대해 언급하고자 하는 것이 아닙니다. 그러나 사람들을 그리스도께 인도하려 할 때 차갑고 차분하게만 전도한다면(play it cool), 복음 전도에 막대한 손해를 끼치게 됩니다. 하나님께서는 복음 전도자들이 복음 듣기를 갈망하는 수백만 명의 사람들에게 정열적으로, 적극적으로 몰두해서 복음 전하기를 원하십니다. 그리고 이런 태도는 우리가 주님의 힘과 지혜와 사랑을 간구할 때 성령께서 조금씩 배워 나갈 수 있게 해 주십니다. 우리는 모든 그리스도인이 복음 사역에 헌신하게 되어서 선교에의 열정이 온 교회를 휩쓸 수 있기를 기대합니다. 물론 이런 일이 일어나려면 우선 복음 전도가 목회자로부터 시작되어야 합니다.

기도의 능력

기도는 능력의 또 다른 놀라운 자원이지만 여기선 약간만 언급하려고 합니다. 그렇다고 해서 기도가 덜 중요하다는 것은 아닙니다. 그와 반대로, 기도는 아주 중요한 요소입니다. 여기서 많이 언급하지 않는 이유는, 기도에 대해서는 이미 좋은 자료들이 나오고 있기 때문에 더 이상 구체적으로 언급할 필요가 없다는 생각이 들기 때문입니다.

흔히 말하기를 기도는 우리의 삶과 사역에 영적 능력을 제공하는 근본적인 요소라고 합니다. 우리는 기도를 통하여 믿음으로 구하는 것을 받을 수 있습니다. 모든 위대한 영적 운동들이 기도를 통하여 구상되고, 실현되고, 성숙해 갔습니다. 그것은 수세기 전에 얍복강 가에서 기도로써 씨름하던 야곱의 경우에서도 볼 수 있고, 요즘 세계 여러 곳에서 일어나는 부흥을 통해서도 알 수 있습니다. 지금까지 하나님과 인간의 관계를 통해서 볼 때, 하나님의 능력의 보물 창고를 여는 열쇠는 바로 기도였습니다.

오늘날 우리가 갖고 있는 기본적인 문제 중에는 아마도 "너희가 얻지 못함은 구하지 아니하기 때문이요."(약 4:2)라는 것이 포함될 것입니다. 우리는 이것을 알고 있습니다. 문제는 우리가 기도를 시작하고 전 교인이 기도하도록 인도해야 하는 것입니다. 기도의 능력은 복음 전도를 새롭고 효과적으로 만들어 줍니다. 기도는 모든 그리스도인에게 있어서 막대한 자원임을 잊지 말아야 합니다.

말씀의 능력

옥토에 떨어져 열매를 맺게 하는 좋은 씨앗은 하나님의 말씀을 뜻합니다. 그리고 그것은 능력의 말씀입니다. "여호와의 말씀이니라. 내 말이 불 같지 아니하냐. 바위를 쳐서 부스러뜨리는 방망이 같지 아니하냐."(렘 23:29) 인식해야 할 중요한 사실은 말씀의 능력 안에 무궁무진한 자원이 있다는 점입니다. 바울 사도가 말하기를 "내가 복음을 부끄러워하지 아니하노니 이 복음은 모든 믿는 자에게 구원을 주시는 하나님의 능력이 됨이라."(롬 1:16)고 했습니다.

성경에는 성령의 손길 안에서 하나님의 말씀이 갖는 능력에 대해 여러 군데 언급돼 있습니다.

"영혼들을 거듭나게 하는 성령의 도구다."(히 1:8)

"믿음이 생기게 한다."(롬 10:17)

"깨끗하고 거룩하게 하는 도구다."(엡 5:25~26)

"그리스도 안에서 우리를 든든히 세우게 한다."(행 20:32)

"지혜의 근본이 된다."(시 119:130)

"영생의 확인을 준다."(요일 5:13)

내가 말씀의 능력을 실감하였던 때는 내 친구 목사가 고등학생들에게 말씀을 전하고 있었을 때였습니다. 신실하게 복음을 전하고 난 그는 설교의 결론 부분에서 고린도후서 6장 2절에 있는 바울 사도의 말을 인용했습니다. "보라, 지금은 구원의 날이로다." 학생들이 떠나갈 때 한 젊은 학생이 그에게 와서 "나에게는 예수님을 믿고 싶은 마음이 없었지만, 목사님이 지금은 구원의 날이라고 말씀하실 때 제 마음이 찔렸어요. 지금 저는 예수님을 믿기 원합니다."라고 말했습니다. 진실로 "하나님의 말씀은 살아 있고 활력이 있어 좌우에 날선 어떤 검보다도 예리합니다."(히 4:12)

사람들을 주님께 인도하려는 그리스도인들은, 가장 강력한 무기인 말씀을 소유하고 있어야 합니다. 하나님께서 말씀을 듣는 자들의 마음속에서 역사하신다는 확신 가운데 복음을 부끄러워하지 않고 담대하게 전해야 합니다. 복음을 전할 때 인간의 지혜와 재주를 의지할 필요가 없습니다. 사실상 인간의 지혜를 의지할 경우, 우리에게 주어진 참된 능력의 위대한 원천을 상실하게 됩니다. 하나님의 말씀은 곧 성령의 검입니다.(엡 6:17)

헌신된 삶의 능력

하나님의 능력은 그리스도인이 하나님의 뜻에 자신이 의지를 굴복시킬 때 비로소 나타납니다. 지식은 의탁을 토해 생기며(요 7:17), 기도는 의지의 굴복에 좌우되고(요일 3:22), 기쁨으로 충만한 간증은 하나님의 권위에 순복할 때 생기며(요일 5:10~11), 성령께서는 주저함 없이 하나님의 뜻에 순종하는 사람에게 능력으로 역사하십니다.(행 5:23) 심지어 세속적 심리학자들까지도 어떤 중대한 목적에 전심으로 몰두해 있을 때 막대한 힘과 영향력을 발휘하게 된다고 말하고 있습니다.

이 세상은 하나님과 세계 선교에 헌신할 사람들을 몹시 필요로 하고 있습니다. 더구나 하나님께서 그의 백성들에게 부탁하신 선교의 과제는 하나님의 능력과 자원에 깊이 헌신된 사람들에 의해서 수행될 것입니다. 하나님께서 우리 모두를 하나님

께 굴복시켜 선교의 사명을 감당해 낼 수 있게 인도해 주시길 바랍니다. 그러한 사
람들을 기다리고 있습니다.

성령 충만함을
받는 조건

31

성서학자인 스카브로우(L. R. Scarborough)의 설명입니다.

성령의 능력은 믿지 않는 사람들을 그리스도에게로 인도하는 데 꼭 필요한 힘입니다.

"이는 힘으로 되지 아니하며 능력으로 되지 아니하고 오직 나의 영으로 되느니라."(슥 4:6) 이 법칙은 전도의 사역에서 매우 중요합니다. 성령의 능력을 대신할 것은 아무것도 없습니다. 우리의 인격 – 다른 사람의 마음을 움직이고 인도하는 인격 – 은 다른 사람들에게 영향력을 행사한다는 면에서 큰 가치를 지니고 있습니다. 그러나 그 인격으로 성령의 능력을 대신할 수는 없습니다.

말과 노래에 있어서 우수하고 매력적인 음성이 사람들의 감정을 사로잡을 수 있을지 모릅니다. 그러나 그들을 그들의 죄로부터 회개하게 하고 구원시키는 것은 하나님의 능력으로만 가능합니다. 많은 지식과 학문이 사람들을 지혜롭게 인도하고 이 땅에 영광스런 나라를 세우는 데 큰 가치를 발휘합니다. 그러나 하나님의 능력을 대신할 수는 없습니다. 문화와 세련된 생활 태도가 우리에게 하늘나라의 사명을 감당하는 데 큰 도움을 줄 수 있을 것입니다. 그러나 그것으로 만족해서는 안 됩니다. 삼위일체의 제 삼위이신 성령님의 능력을 통해 생명력과 활력을 공급받아야만 합니다.

하나님 말씀에 대한 영적인 이해와 지적인 이해, 그리고 받아들이는 마음을 가져야 합니다.

하나님의 말씀에 대하여 학문적인 지식 이상의 것을 갖추어야 합니다. 성경 말씀의 본래 쓰여진 언어, 그 당시의 역사와 철학을 알고 그 말씀에 대한 어떤 선입견을 가지지 않을 때 그 의미를 정확하게 알 수 있습니다. 또한 성경 말씀의 내용과 의미를 알 뿐만 아니라 영적으로 그 영광스러운 말씀을 꼭 붙잡아야 합니다.

하나님의 뜻에 대한 전적인 순종입니다.

하나님의 구속 계획은 우리가 그 계획을 마음으로 온전히 받아들일 때 이루어집니다.(행 5:32) 우리는 하나님의 뜻에 철저히 순종해야 합니다. 영적인 성품 깊은 곳에 거룩한 능력을 간직해야만 합니다. "여호와의 영이 기드온에게 임하시니."(삿 6:34) 이것이 단 300명의 군대로 위대한 승리를 거둘 수 있었던 비결입니다.

예수 그리스도를 주님으로 영혼 가운데 모셔 들여야 합니다.

그리스도가 마땅히 우리 마음속 보좌에 앉아 계셔야 합니다. 그리고 우리의 자아는 매일 십자가에 못박혀야 합니다. 그럴 때 우리의 삶 속에서 하나님의 능력을 발견하게 될 것입니다. 그리스도께서는 그분을 영화롭게 하는 심령에게 능력 주기를 기뻐하십니다.

그리스도 밖에 있는 사람들에 대한 영적인 동정심이 필요합니다.

사람들의 구원을 소망하는 심령은 그들을 그리스도 앞으로 인도할 수 있게 하는 하나님의 능력으로 덧입어야 합니다.(사 58:10~12) 사람을 전도하기에 앞서 우리는 그들을 향한 애틋함과 순수한 동정심을 가지고 전도할 수 있는 능력을 얻기 위해 하나님께 부르짖어야 합니다.

성령의 능력을 구하는 지속적이고 진실된 기도와 간구가 필요합니다.(눅 11:13)

우리는 성령을 받아야 할 뿐만 아니라 그의 능력을 부어 달라고 기도해야 합니다.(눅 24:49, 행 1:14 ; 2:1, 42) 기도는 우리의 마음을 열어 주고, 하나님의 뜻에 순종하게 하며, 성령께서 우리를 능력으로 충만케 해 주시도록 합니다. 우리에게 성령의 능력을 부어 주시려는 하나님의 원하심이 결코 그 능력 얻기를 구하는 우리의 기도를 불필요한 것으로 만들지 않습니다.

하나님은 그리스도의 제자들에게 오순절의 영혼 구원의 능력을 약속하셨습니다. 우리는 하나님 아버지께서 약속하신 이 능력을 충만히 얻기 위해 기도해야 합니다. 기도하지 않는 그리스도인들에게 오순절의 역사는 결코 임하지 않을 것입니다.

복음 전파를 위한 고난과 희생에 기꺼이 참여해야 합니다.

복음 전파를 위하여 우리의 삶을 인도하시는 하나님의 뜻 가운데 고난과 희생이 요구되는 때가 있다 하더라도 기꺼이 감당하려는 마음을 가져야 합니다.

개인적
새신자 양육의
중요성

32

「새신자 양육의 원동력」의 저자인 케리 W. 쿠네(Gary W. Kuhne)는
새신자 양육의 중요성에 대해서 다음과 같이 역설하고 있습니다.

'새신자 양육이 무엇인가?' 를 분명히 아는 데 제기되는 질문은, '왜 개인적 새신자 양육이 중요한가?' 라는 것입니다. 그것은 성경이 우리에게 새신자를 양육하라고 명령하고 있기 때문입니다. 필자는 여러분이 새신자 양육에 있어 여러분의 개인적인 책임이나 새신자에 대한 주도적인 입장을 쉽게 포기하지 말아야 할 이유를 네 가지로 제안하고자 합니다. 여러분은 이 개인적 새신자 양육을 여러분의 생활과 시간에서 최우선 순위로 놓도록 고려해야 할 것입니다.

새 그리스도인의 취약성

새 그리스도인은 성숙한 그리스도인들보다 사탄에게 더 쉽게 속습니다. 사실 새신자일 때는 다른 어느 시기보다도 사탄의 시험에 대항하여 싸우는 데 약한 것이 사실입니다. 새 그리스도인이 그리스도를 믿기로 결신(決信)한 일에 대하여 의심하는 일은 보통 있는 일입니다. 그러므로 새 그리스도인은 그 사람보다 더 성숙해진 신자가 그를 도와줌으로써 보호함을 받아야 합니다. 사탄의 속임수에 대항하여 승리하는 길은 하나님 말씀의 진리 안에서 찾을 수 있습니다.(그리스도께서 광야에서 사탄의 시험을 당할 때에 성경을 사용하여 대답하심으로 이 사실을 우리에게 가르쳐 주셨습니다.) 새 그리

스도인은 하나님의 말씀을 많이 알지 못하므로 이런 시험에 대하여 무방비 상태에 놓여 있다고 봐야 합니다. 이런 취약성이 개인적 새신자 양육을 실천해야 하는 강력한 이유가 됩니다.

새 그리스도인의 변화 가능성

두 번째로 개인적 새신자 양육이 중요한 이유는, 새 그리스도인의 신앙 성장률에 있습니다. 새 그리스도인은 그의 생애에서 가장 중요한 시점에 서 있습니다. 이때 새신자 양육을 통하여 지도와 양육을 받으면 변화의 기회와 속도가 크게 더해집니다. 개인적 새신자 양육은 젊은 사람이든 어린이든 간에 그리스도 안에서 급속도로 신앙을 성장하게 합니다. 성숙한 그리스도인이 밀접한 관계를 가지고 도울 때 그의 생애에서 가장 변화가 필요한 분야를 발견하게 될 것입니다. 또한 적절한 성경의 진리를 실천하도록 도울 수 있을 것입니다. 이런 개인적인 지도가 없이는 이 결정적인 시기에 온전한 유익을 줄 수 없을 것이며, 그리스도 안에서 신속히 성장하지 못할 것입니다.

더불어 한 가지 큰 문제는 새 그리스도인이 성장하는 데 아무 도움도 받지 못하면 그의 생활에서 나쁜 습관이 자란다는 것입니다. 이런 습관은 그의 성장을 방해할 뿐만 아니라 장차 범하지 말아야 할 불필요한 죄를 범하게 합니다. 이 변화의 과정을 성경에서는 옛사람을 '벗고' 새사람을 '입는 것'으로 표현하였습니다. 에베소서 4장과 골로새서 3장에서 이 개념을 완전하게 설명하고 있습니다. 이 말씀의 진리가 우리에게 개인적 새신자 양육의 동기를 더해 주고 있습니다.

새신자 양육을 통한 제자 훈련

세 번째로 중요한 이유는 개인적 새신자 양육을 실천함으로써 제자들을 성장시키게 되는 것입니다. 개인적 새신자 양육은 제자로서의 성장 속도와 확률을 크게 더해 줍니다.

제자란, 그리스도를 닮아 가도록 성장하고 있으며 전도의 성취한 열매이며 그 열매를 보존받기 위하여 새신자 양육을 받고 있는 그리스도인을 말합니다. 제자 양육의 중요성은 마태복음 28장 18~20절의 주님의 지상 명령 속에 분명하게 언급되어 있습니다. "예수께서 나아와 말씀하여 이르시되 하늘과 땅의 모든 권세를 내게 주셨으니 그러므로 너희는 가서 모든 민족을 제자로 삼아 아버지와 아들과 성령의 이름으로 세례를 베풀고 내가 너희에게 분부한 모든 것을 가르쳐 지키게 하라. 볼지어다. 내가 세상 끝날까지 너희와 항상 함께 있으리라 하시니라."

여기서 주님의 지상 명령은 직접적으로는 복음 전도를 말합니다. 이 말씀의 제일 기본적인 동사인 "제자로 삼아"는 그리스도의 명령의 핵심이므로 가서 제자를 삼는 것이 중심 사상입니다.

개인적 새신자 양육의 제일 큰 목표는 제자 훈련입니다. 제자 훈련은 그리스도인의 생활에서 영적인 성숙함에 이르고 영적 생산을 할 수 있도록 하는 영적인 작업을 말합니다. 다시 말하면 새 그리스도인은 그리스도 안에서 성장하도록 가르침을 받을 뿐만 아니라, 다른 사람들을 전도하고 결신자들을 양육하도록 훈련을 받아야 하는 것입니다. 이렇게 할 때 주님의 지상 명령을 성취시키는 데 기하급수적인 효과를 발휘하게 될 것입니다.

새신자 양육을 통한 영적 재생산

개인적 새신자 양육의 초점은 영적인 생산에만 있는 것이 아니라 영적인 재생산에도 있습니다. 모든 그리스도인의 목표는 번식시키는 자가 되는 일이어야 합니다. 여기서 번식시키는 자를 다음과 같이 정의해 봅니다.

'번식시키는 자'는 그의 영적인 자녀들이 재생산할 수 있도록 훈련하고 있는 제자를 말합니다. 다시 말하면 다른 제자를 생산할 수 있도록 하는 제자를 말합니다. 이런 과정이 생길 때 우리는 참된 영적인 번식을 맛보게 될 것입니다. 필자는 이 번식을 다음과 같이 정의하고 있습니다.

번식은 제3대 제자 훈련을 말합니다. 자세히 설명하면 제3대 제자 훈련은 개인적으로 훈련받고 있는 사람이 또 다른 사람을 훈련시키는 것을 말합니다. 영적인 번식은 네 개의 각기 다른 단계를 거쳐 가는 과정입니다. 이 4단계에 대한 설명이 이 개념을 이해하는 데 도움을 줄 것입니다.

1단계 : 전도

영적 번식의 첫 단계는 우리가 우리의 신앙을 다른 사람들에게 전할 때에 생깁니다. 이미 설명한 대로 마태복음 28장 18~20절의 지상 명령에서 주님이 전도하라고 명령하셨던 것입니다. 여기에는 지름길이 없으며, 다른 사람들에게 그리스도를 전하는 일만이 중요합니다. 전도의 방법은 다양하고 광범위할지라도 전할 말씀은 그리스도를 전하는 것뿐입니다. 사람이 회개하고 그리스도를 구세주로 영접할 때에 여러분은 이 번식하는 과정의 제2단계를 시작하게 될 것입니다.

2단계 : 개인적 새신자 양육

번식 과정의 2단계는 여러분이 새 그리스도인을 개인적으로 양육하기 시작할 때에 일어납니다. 그가 믿음 안에서 성장하도록 정기적으로 돌아보고 가르치기 위하여 그를 만나는 것입니다. 새신자 양육 작업에서 그 새신자가 그리스도를 공적으로 증거하고 복음을 선포하는 전도를 하도록 강력히 권면하는 일을 소홀히 하여서는 안 됩니다. 새신자가 이런 일을 시작할 때에 당신은 그와 함께 전도하게 되는 결과가 되므로 사실 배가 되는 전도를 하게 되는 것입니다.

전도하는 그 자체는 주님의 지상 명령을 성취시키기에는 충분치 못하다는 것을 기억하십시오. 새 그리스도인이 그리스도 안에서 충분히 성장하거나 그가 다른 사람을 그리스도에게로 인도할 바로 그 시기에 또 다른 단계가 시작되어야 합니다. 여러분이 전도한 그리스도인에게 다른 사람을 개인적으로 새신자로 양육하도록 훈련하기 시작하여야 합니다. 이것이 먼저 '제자 훈련'을 정의한 내용입니다. 여러분이 개인적인 훈련 사업의 단계를 시작할 때에 번식 과정의 3단계가 시작됩니다.

3단계 : 훈련

3단계는 여러분이 키우고 있는 그리스도인으로 하여금 다른 새 그리스도인을 개인적으로 양육하도록 훈련시키는 과정입니다. 따라서 새 그리스도인을 그리스도 안에서 성장하도록 돕는 2단계보다 더 긴 단계가 됩니다. 이 3단계 작업은 다음과 같은 세 단계를 지나야 합니다.

1. 그에게 어떤 사람을 양육하도록 가르칩니다.
2. 그에게 다른 사람들을 가르치고 어떤 사람을 양육하도록 가르칩니다.
3. 그에게 다른 사람들을 가르치도록 그들을 가르치게 하고 어떤 사람을 양육하도록 가르치게 합니다.

이 단계의 목표는 가르치는 교사를 번식시키는 데 있습니다. 이것이 사도 바울이 디모데에게 디모데후서 2장 2절에서 말한 진리입니다. "네가 많은 증인(1단계) 앞에서 내게 들은 바를 충성된 사람들(2단계)에게 부탁하라. 그들이 또 다른 사람들(3단계)을 가르칠 수 있으리라."

이 단계를 자세히 살펴보면 계속 전도하여 얻은 숫자가 크게 증가하는 것을 알게 될 것입니다. 이 증가는 수고한 일꾼들의 번식의 산물이지 여러분이 전도를 많이 한 결과만은 아닙니다. 여러분은 전도를 효과적으로 번식시킬 수 있습니다. 어떤 사람을 제자 훈련 시킴으로 여러분은 더 많은 결실을 얻을 것입니다. 이제 그 사람에게 또 다시 새신자 양육을 시작하도록 강권하는 것이 중요합니다.

이 시점에서 여러분은 의문점을 가지게 될 것입니다. '번식을 위한 다음 단계가 왜 필요한가?' 사실 번식은 두 가지 요소가 있을 때에 시작하는 것입니다.

1. 3단계의 표준을 통하여 훈련받은 사람(딤후 2:2)
2. 실제로 훈련 과정을 통하여 어떤 사람을 택하기 시작한 사람

번식은 단순한 훈련과 교육의 3단계 목표를 성취하는 것입니다. 이것이 우리에게 4단계를 가져옵니다.

4단계 : 번식

4단계는 디모데후서 2장 2절 말씀이 실현되는 단계입니다. 4단계는 여러분에 의하여 양육되고 훈련받은 사람이 다른 사람들을 양육하고 훈련할 때에 생기는 것입니다. 이 단계는 다른 방법으로는 할 수 없지만 일대일로 훈련할 때 그 목표를 성취할 수 있습니다. 여러분이 합리적인 목표를 향하여 해마다 한 사람씩 참된 제자를 성장시키기만 하면 6년 동안 복음 전도 생활의 산물이 얼마나 많아질지를 시험해 보십시오. 제자 각 사람이 매주 한 사람씩 전도하는 것으로 추산해 봅시다.

	1년째	2년째	3년째	4년째	5년째	6년째
시 작	제자 1명 (나)	제자 2명	제자 4명	제자 8명	제자 16명	제자 32명
연 말	제자 2명 (나 +1명)	제자 4명	제자 8명	제자 16명	제자 32명	제자 64명
전 도	약 50명	약 100명	약 200명	약 400명	약 800명	약 1,600명

6년 동안에 6명만 훈련하여도 결과적으로 64명의 제자들을 훈련시키고 1,600명에게 전도한 결과를 얻게 됩니다. 이것은 번식 과정이 어떻게 역사하는가를 보여 주는 것입니다. 이런 방법을 10년간 계속한다면 여러분은 개인적으로 10명의 제자를 훈련시키고 1년에 50명씩 전도하지만 결과적으로는 1,024명의 제자를 훈련시키고 약 25,000명의 사람들에게 전도한 것이 됩니다. 이것은 결코 수학적인 결과로만 나온 것이 아니라 주님을 위하여 성실히 일하는 사람들의 수고에 대한 합리적인 결과입니다.

개인적 새신자 양육이 '왜 가장 중요한가?' 하는 의문에 대한 해답은, 번식의 꿈인 비전(vision)의 확실한 이해에서만 받을 수 있습니다. 필자의 소망은 성장한 그리스도인들이 주님의 지상 명령을 성취할 수 있는 이 꿈을 가지고 일하는 것입니다. 세계 인구의 급격한 증가를 관찰해 보면 이 번식의 방법이 긴급하다는 것을 분명히 알게 됩니다.

성경에 나타난
새신자 양육

33

새신자 양육(養育)이란, 전도의 열매를 보존하고 성장하게 하며 번식시키는 것입니다. 양육 없이는 계속적인 전도가 있을 수 없습니다. 전도와 양육은 사람들을 접촉하고 유능한 그리스도의 제자를 만드는 하나님의 '좌우에 날선 검'과 같은 것입니다.

어떤 선교 단체는 '조직적인 전도와 양육'을 그들의 목표로 하고 있습니다. 이 둘의 관계는 둘 중의 하나가 끊어지면 앞으로 나갈 수 없는 기찻길의 레일과 같습니다. 우리가 전도의 씨를 뿌리고 물을 주며 성장시킨 뒤 수확하는 것처럼, 양육 역시 시간을 요합니다. 그것은 하나의 행동이 아니라, 계속적인 과정입니다. 영적으로 성숙해지며 그리스도의 성품을 닮는 데는 지름길이 없습니다.

신약 성경보다 더 폭넓게 개인적이고 지속적이며 전 교회적인 새신자 양육을 가르치고 설명한 책은 없습니다. 바울은 "우리가 그를 전파하여 각 사람을 권하고 모든 지혜로 각 사람을 가르침은 각 사람을 그리스도 안에서 완전한 자로 세우려 함이니."(골 1:28)라고 외쳤습니다. '권면'을 통하여 복음적인 말씀이 전파되고, 구원한 사람들을 '가르침'으로 그리스도 안에서 온전한 생명이 이루어집니다.

1세기의 복음 전파는 놀라운 것이었습니다. 이들 초기의 제자들은 그때 당시에

"천하를 어지럽게 하던 이 사람들"(행 17:6)이라는 비난을 받았을지라도 세상 끝까지 가서 전파하고 가르치라는 주님의 명령에 순종하였습니다. 오순절 때에 120명뿐이었던 이 작은 집단이 어떻게 그런 큰 능력과 담대함으로 성장하게 되었을까요? 이들 초기의 구령자들은 다만 개종시키는 것으로 만족하지 않고, 그들과 함께 교회를 세웠습니다. 그들은 그들의 생명과 나라를 변화시키신 하나님의 진리를 심어 주었습니다. 그들에게 있어서 그리스도인이 된다는 것은 부활하신 그리스도와의 생명력 있는 관계 맺음을 의미하는 것이었습니다. 그들을 통하여 넘치도록 나타나는 그리스도의 능력은 막을 수가 없었습니다. 그러나 오늘날 우리는 어떻습니까?

전도를 중시하는 교회에서조차 새신자 양육을 소홀히 할 때가 많습니다. 어떤 목사들은 새신자 양육 계획에 동의하지 않기도 합니다. 새로운 그리스도인에게 성경을 읽으라고 말하지 않는다든가 청지기 직분의 중요성을 강조하지 않음이 바로 양육의 일을 게을리하는 것입니다. 새신자 양육은 새신자들이 주일 설교를 듣거나 교회학교 반에 출석하는 것 이상의 일이며, 그를 교회 활동에 참여시키려고 되풀이 노력하는 것 이상의 것입니다. 이런 노력은 가치 있는 일이지만 그것들은 새신자들의 깊은 필요를 충족시키지도 못합니다. 신약 성경 속에서 모든 양육은 개인의 요구에 응하도록 지시되어 있습니다. 교회의 설교, 교육, 훈련하는 봉사를 통한 새신자 양육의 원리는 비록 집단에 적용되어 있는 것이라 할지라도 항상 그 집단의 각 개인과 연관되어 있습니다. 평신도는 교회의 영향력이 미치는 지역을 복음화하는 가장 짧고 효과적인 길입니다. 오늘날 세계 복음 전도의 영적 자원은 충분한 새신자 양육을 받아온 평신도라는 것을 계속해서 강조해야 합니다.

영적인 부모

34

새신자 양육은 '영적인 소아과'라고 불리어 왔습니다. 그것은 새 그리스도인들이 영적으로 성숙하고 결실하기까지 부모와 같은 관심으로 돌보아 주어야 하기 때문입니다. 빌리 그레이엄(Billy Graham)은 "모든 전도는 개인적이고, 대중 전도는 '구도자'를 구령자에게 이끌어 주는 것뿐이다."라고 말하였습니다. 새신자 양육 역시 개인적입니다. 성경은 예수님이 특별히 개인에게 관심을 가졌던 것을 강조하고 있습니다. 예수님은 제자 각자를 위한 행동과 사랑의 말씀과 돌보심에서 부모 같은 마음을 표시하였습니다.

불행하게도 그리스도의 사랑을 보여 주는 사람이 얼마 안 되고, 새 그리스도인이 영적인 고아가 되는 것을 막는 부모와 같은 관심을 갖고 있는 교인도 많지 않습니다. 많은 교회에서 새신자들이 단순히 몸만 교회에 출석하고 자기들 스스로 영적으로 돌보는 상태에 놓여 있습니다. 즉 교회마다 영적 고아들은 많으나 영적 부모는 매우 부족합니다.

바울은 그가 그리스도에게로 인도한 사람들에게 자신을 부모처럼 비유하였습니다. 그는 고린도인들에게, "그리스도 안에서 일만 스승이 있으되 아버지는 많지 아니하니 그리스도 예수 안에서 내가 복음으로써 너희를 낳았음이라."(고전 4:15) 하고 말했습니다. 그는 또한 갈라디아서와 데살로니가전서에서 그리스도에게로 구원한 사람들을 자신의 자녀(갈 4:19 ; 2:11)라고 불렀고, 디모데와 디도를 믿음 안에서의 '아들'이라고 불렀습니다. 아버지로서의 그는 그리스도인들에게 '화해의 말씀'을 전하고, 또한 그들에게 믿음 안에서의 아기들을 돌아볼 것을 부탁하였습니다.

영적인 부모는 영적으로 성장하기 원하는 새 그리스도인이나 성숙하지 못한 동료 그리스도인을 부모의 마음으로 성숙한 그리스도인으로 키워 주는 것입니다.

사랑의 필요성

부모는 그들의 자녀들이 성숙하게 자랄 때까지 사랑하고, 먹이고, 보호하고, 훈련할 책임이 있습니다. 영적인 면에서도 모든 구령자는 이 네 가지 책임을 가지고 있습니다. 예수님은 "내가 너희를 사랑한 것 같이 너희도 서로 사랑하라."(요 15:12)고 말씀하셨습니다. 영적인 부모는 그리스도께서 그들을 사랑하신 것처럼 그들의 자녀들을 사랑해야 합니다. 새신자 양육에 실패하는 것은 보통 이 사랑을 잊어버리기 때문입니다. 사랑 없이 먹이고, 보호하고, 훈련하는 것은 자연계에서와 마찬가지로 영적인 세계에서도 균형이 상실되고 위축된 생명들이 되게 합니다. 그리스도를 닮은 사람은 영적인 아기들을 부모와 같이 돌보아줍니다. 이런 사랑은 다른 사람을 위하여 자신의 생명을 버릴 수도 있는 것을 말합니다. "그가 우리를 위하여 목숨을 버리셨으니 우리가 이로써 사랑을 알고 우리도 형제들을 위하여 목숨을 버리는 것이 마땅하니라."(요일 3:16)

진실한 부모는 영적인 자녀들을 키우는 데 필요한 시간이나 대가나 희생을 아까워하지 않습니다. 사랑은 그리스도 안에서 함께 나누는 생활을 통해 성장합니다. 사랑은 실생활에서만이 보여 줄 수 있는 것입니다. 이 사랑의 기초는 새 그리스도인의 균형 있는 영적 성장을 준비합니다.

영양(營養)의 필요성

영적인 아기에게는 좋은 음식을 규칙적으로 먹이는 것이 필요합니다. 요한복음 21장에서 예수님은 베드로에게 자신의 양들을 먹이라고 세 번이나 명령하셨습니다. 모든 신자가 매일 먹어야 할 영적 음식으로 성경을 대신할 수 있는 것은 없습니다. 일용하는 말씀의 양식은 새 그리스도인을 빨리 건강하게 자라게 할 것입니다.

새로 태어난 아기는 병에 든 우유를 받아 먹습니다. 그 후 그는 바른 식사 습관과 좋은 음식의 선택, 그리고 음식을 어디서 찾는가를 배우게 됩니다. 어린 시절에는 다른 사람이 준비한 음식을 먹다가 조금 크면 음식을 요리하는 법을 배웁니다. 그러나 성숙한 사람은 자신과 더불어 다른 사람까지 먹이며, 다른 사람들에게 이 같은 방법을 가르치기도 합니다.

영적인 일에서의 성숙함이란, 교인이 하나님의 말씀에 스스로 설 수 있고 그의 풍성함을 다른 사람들과 나눌 수 있게 되는 것을 말합니다. 성숙한 그리스도인이 "하나님의 입으로부터 나오는 모든 말씀으로"(마 4:4) 산다는 것은, 전 세계에 기독교 교리와 교회의 사업을 구체화할 수 있다는 것을 말합니다.

보호의 필요성

새로운 신자는 영적으로 성장할 때까지 보호를 받아야 할 필요가 있습니다. 지금도 사탄이 "우는 사자 같이 두루 다니며 삼킬 자를 찾고"(벧전 5:8) 있습니다. 영혼의 적, 사탄은 새 그리스도인의 영적인 생명보다 더 유혹하기 쉬운 먹이가 없다고 생각하고 있습니다.

사탄이 신자에게서 유혹하려고 하는 부분은 "이는 세상에 있는 모든 것이 육신의 정욕과 안목의 정욕과 이생의 자랑이니"(요일 2:16)라고 말한 대로 성적(性的) 문제, 안전의 문제, 출세의 문제 등입니다. 이들 유혹은 하나님의 말씀을 통한 믿음의 방패로만 물리칠 수 있습니다. 따라서 영적 부모의 중요 의무 가운데 하나는 그의 자녀들이 하나님의 말씀으로 사탄과 맞서도록 방법을 가르치는 것입니다.

영적 부모는 또한 자기 자신이 본을 보여 줌으로 스스로를 보호하는 방법을 가르쳐 주어야 합니다. 자기들을 승리하게 한 영적인 습관을 열심히 가르쳐야 합니다. 자녀는 위험한 상황에 빠지기 전에 교육받고 경고를 받음으로 보호받을 수 있습니다. 그는 훈련을 받아야 하고, 불순종할 때에는 책망을 받아야 합니다. 주님은 사랑하시는 자를 징계하신다고 하였습니다. 훈련은 사랑의 마음으로 진행해야 하며, 언제나 사람들이 지키지 못했던 하나님의 계명이 중심이 되어야 합니다.

제대로 된 지도와 훈련과 보호를 받지 못한 어린이들은 성장하여서도 사회에서 쓸모없는 사람들이 되고 맙니다. 그리스도인의 보호와 훈련을 받지 못하여 수많은 새신자들의 생명이 황폐해지고 있으며, 복음 전파를 방해하고, 길 가운데 돌이 되어

행인들을 넘어뜨리고 있습니다. 교육하고 모범을 보여 주고 책망하고 훈련시키며 부모의 입장에서 보호해 주는 것은, 새 그리스도인을 쓸모 있고 균형 잡히고 승리하는 그리스도인이 되도록 준비시키는 것입니다.

새 그리스도인에게
가르칠 진리

35

케리 W. 쿠네(Gary W. Kuhne)의 글입니다.

영원한 생명

처음으로 다룰 점은 '영원한 생명에 대한 확신을 갖도록 하는 것' 입니다. 이 사실은 하나님께서 복음을 믿는 모든 사람에게 주시는 놀라운 약속입니다. 이 영원한 생명은 하나님과 끝없이 함께하는 생명일 뿐 아니라 하나님과의 참된 사귐이며, 언약의 성취를 완성하는 것이며, 영원히 행복해지는 것입니다. 이 복된 장래가 복음을 듣고 믿는 모든 사람을 기다리고 있습니다. 다음은 새신자들에게 도움이 되는 말씀입니다.

"증거는 이것이니 하나님이 우리에게 영생을 주신 것과 이 생명이 그의 아들 안에 있는 그것이니라. 아들이 있는 자에게는 생명이 있고 하나님의 아들이 없는 자에게는 생명이 없느니라. 내가 하나님의 아들의 이름을 믿는 너희에게 이것을 쓰는 것은 너희로 하여금 너희에게 영생이 있음을 알게 하려 함이라."(요일 5:11~13)

"하나님이 세상을 이처럼 사랑하사 독생자를 주셨으니 이는 그를 믿는 자마다 멸망하지 않고 영생을 얻게 하려 하심이라."(요 3:16)

"아들을 믿는 자에게는 영생이 있고 아들에게 순종하지 아니하는 자는 영생을 보지 못하고 도리어 하나님의 진노가 그 위에 머물러 있느니라."(요 3:36)

자녀됨의 약속

새 그리스도인에게 두 번째로 가르칠 진리는 '하나님의 자녀됨의 약속' 입니다. 우리는 하나님의 약속에 따라 그리스도와 함께 기업의 상속자가 됩니다. 구원은 우리에게 하나님과의 부자 관계(父子關係)를 열어 주는 것입니다. 이와 같이 새 그리스도인이 하나님과 부모 자식의 관계를 맺는 것은 하나님께서 믿는 자에게 주시는 특권이며 그에게 확신을 준다는 것을 의미합니다. 아래의 성경 말씀을 가르쳐 주십시오.

"영접하는 자 곧 그 이름을 믿는 자들에게는 하나님의 자녀가 되는 권세를 주셨으니."(요 1:12)

"너희가 다 믿음으로 말미암아 그리스도 예수 안에서 하나님의 아들이 되었으니."(갈 3:26)

"무릇 하나님의 영으로 인도함을 받는 사람은 곧 하나님의 아들이라. … 자녀이면 또한 상속자 곧 하나님의 상속자요 그리스도와 함께한 상속자니 ….."(롬 8:14, 17)

죄 용서함의 약속

새 그리스도인에게 가르칠 또 다른 진리는, '죄의 용서에 대한 약속' 입니다. 이 용서함의 약속은 죄와 절망의 짐을 벗겨 주는 것입니다. 하나님께서 우리를 사랑하셔서 우리의 죄 용서함을 준비하셨다는 것은 놀라운 진리입니다. 새 그리스도인은 이 사실에 대하여 하나님께 감사하여야 합니다. 속죄의 사실이 새신자의 머리에서 마음으로 믿게 되기까지는 아마 상당한 시간이 걸릴 것입니다. 이런 마음이 확신으로 변하도록 다음 성경 말씀을 가르치십시오.

"만일 우리가 우리 죄를 자백하면 그는 미쁘시고 의로우사 우리 죄를 사하시며 우리를 모든 불의에서 깨끗하게 하실 것이요."(요일 1:9)

"이것은 죄 사함을 얻게 하려고 많은 사람을 위하여 흘리는 바 나의 피 곧 언약의 피니라."(마 26:28)

"범죄와 육체의 무할례로 죽었던 너희를 하나님이 그와 함께 살리시고 우리의 모든 죄를 사하시고."(골 2:13)

변하지 않는 사실

신앙심을 자기 기분이나 감각이 아닌 하나님의 약속에 세우는 것을 배워야 합니다. 신앙은 하나님 말씀의 든든한 반석 위에 세우는 것이지 감각적인 기분의 모래 위에 세우는 것이 아닙니다. 새 그리스도인은 그의 신앙을 변하는 환경 위에 세울 것이 아니라 '변하지 아니하는 사실' 위에 세워야 합니다.

"너희가 그리스도 예수를 주로 받았으니 그 안에서 행하되 그 안에 뿌리를 박으며 세움을 받아 교훈을 받은 대로 믿음에 굳게 서서 감사함을 넘치게 하라."(골 2:6~7)

성령의 내적인 증거

'성령의 내적인 증거'는 신자의 생활에서 체험하는 평화와 영접과 죄 용서함을 받는 감각을 말합니다. 이 감각은 사람의 결신(決信)에 확고함을 더해 주어서 바르게 서게 하는 것으로, 외적인 감정보다도 내적인 느낌을 말합니다. 다음의 성경 말씀이 이 진리를 분명히 설명해 줍니다.

"그의 성령을 우리에게 주시므로 우리가 그 안에 거하고 그가 우리 안에 거하시는 줄을 아느니라."(요일 4:13)

"너희는 다시 무서워하는 종의 영을 받지 아니하고 양자의 영을 받았으므로 우리가 아빠 아버지라고 부르짖느니라. 성령이 친히 우리의 영과 더불어 우리가 하나님의 자녀인 것을 증언하시나니."(롬 8:15~16)

변화된 생활

새 그리스도인에게 구원의 확신을 줄 수 있는 마지막 증거는 그의 생활에서 말로는 설명할 수 없는 '변화를 가져오는 것'입니다. 고린도후서 5장 17절에 새 그리스도인은 새로운 피조물이라 말씀하였습니다. 새로운 피조물은 변화된 생명의 결과이며, 몇 가지 증거가 있습니다. 신앙 생활에서의 성장은 다음과 같은 변화를 말한다고 하였습니다.

(1) 하나님과 하나님의 말씀을 알기를 더욱 더 갈망하게 됩니다.

"갓난아기들 같이 순전하고 신령한 젖을 사모하라. 이는 그로 말미암아 너희로 구원에 이르도록 자라게 하려 함이라."(벧전 2:2)

(2) 순수한 마음으로 하나님의 계명을 지키며 변화된 생명을 가지게 됩니다.

"우리가 그의 계명을 지키면 이로써 우리가 그를 아는 줄로 알 것이요."(요일 2:3)

(3) 다른 그리스도인을 더욱 더 사랑하게 되고 그들과 친교를 가지기를 원합니다.

"우리는 형제를 사랑함으로 사망에서 옮겨 생명으로 들어간 줄을 알거니와 사랑하지 아니하는 자는 사망에 머물러 있느니라."(요일 3:14)

(4) 다른 사람에게 그리스도에 대하여 말하고 싶어합니다.

"내가 믿었으므로 말하였다 한 것 같이 우리가 같은 믿음의 마음을 가졌으니 우리도 믿었으므로 또한 말하노라."(고후 4:13)

"우리는 보고 들은 것을 말하지 아니할 수 없다 하니."(행 4:20)

기도

케리 W. 쿠네(Gary W. Kuhne)의 설명입니다.

기도는 풍성한 그리스도인의 삶에서 기본적인 요소입니다. 새 그리스도인이 이 중요한 요소인 기도를 잊어버리면, 그리스도와의 관계에서 제대로 된 성장을 할 수 없습니다.

새 그리스도인에게 '기도란 말로써 하나님과 교제하는 것'임을 강조하여 가르치십시오. 이 말은 기도가 단순히 하나님과 이야기하는 것이라는 말입니다. 이것은 하나님께서 우리에게 응답해 주실 수 있고 하나님과의 교제를 할 수 있다는 것을 말합니다.

새 그리스도인은 가끔 기도에 대하여 오해하는 경우가 있습니다. 그것은 기도를 바른 기도문이나 전문적인 술어를 사용하거나 의식에 의존하는 것으로 생각하는 것입니다. 그러므로 기도란 단순히 하나님과 이야기하는 것임을 설명해 주는 것이 무척 중요합니다. 기도를 복잡한 술어학이나 의식으로 알 필요가 없습니다. 하나님께서는 단순히 우리와 함께 이야기하기를 원하시는 것입니다. 그러나 하나님께 기도할 때는 우리가 말하고자 하는 뜻이 제대로 전해지도록 해야 합니다. 기도에 마음 중심이 담기지 않으면 그것은 단순히 허공을 치는 의미 없는 소리에 불과하기 때문입니다.

기도의 목적

하나님은 성경을 통해 우리에게 기도의 목적에 대하여 말씀해 주고 있습니다.

1. 기도는 심령의 깊은 필요를 채워 줍니다.

하나님께서는 우리로 하여금 기도를 통해서 하나님과 교제할 수 있게 하셨습니다. 기도만이 내적인 깊은 고독과 필요한 것을 해결해 줄 수 있습니다. 시편 2편 1~2절, 시편 63편 1, 5~8절 말씀은 이런 내용에 대하여 분명히 교훈해 주고 있습니다.

2. 기도는 하나님의 인도하심을 알게 합니다.

하나님께서는 기도를 생활에서 하나님의 뜻을 발견하는 중요한 요인의 하나로 정하셨습니다. 하나님께서 기도 생활을 통하여 주시는 평화와 인도하심은 다른 어떤 방법으로도 얻을 수 없습니다. 이 진리에 대하여 분명히 말씀하고 있는 마태복음 7장 7절, 야고보서 1장 5절 말씀들을 상고해 보십시오.

3. 기도는 하나님께서 우리의 근심 걱정을 다루어 주심을 의미합니다.

근심이나 걱정은 기도하는 그리스도인에게 점점 낯선 생활이 되어 갑니다. 이는 신앙 생활에서 오는 초자연적인 변화입니다. 자연인은 이런 문제를 해결할 방법이 없습니다. 성경 말씀 빌립보서 4장 6~7절, 베드로전서 5장 7절은 이 진리를 잘 표현하고 있습니다.

4. 기도는 우리의 필요와 관심사를 하나님께 고하는 것입니다.

하나님께서는 기도를 통하여 우리에게 필요한 것을 채워 주시는 하나님의 존재를 알게 하십니다. 그리고 기도는 우리와 관련한 여러 가지 일에 대하여 무엇을 해 주시는 그릇도 됩니다. 요한복음 16장 23~27절, 히브리서 4장 16절, 요한1서 5장 14절에 이 진리와 관계된 말씀이 있습니다.

5. 기도는 죄와 시험과 싸우는 데 도움이 됩니다.

그리스도인의 신앙 생활에서 죄와 시험을 극복하는 가장 좋은 방법은 기도하는 일입니다. 시험과 싸우고 죄를 이기기 위하여 또 힘과 지혜를 얻기 위하여 기도하는 일은 기도를 하는 중요한 목적 중 하나라고 성경은 분명히 밝히고 있습니다. 마태복음 6장 13절, 마태복음 26장 41절, 데살로니가전서 3장 1~3절의 말씀들은 이 진리를 분명하게 교훈하고 있습니다.

기도를 잘하는 방법

왜 기도를 해야 하는지 알려 주었다면, 이제는 새 그리스도인에게 기도하는 방법에 대하여 어떤 쓸 만한 제안을 해 주어야 합니다. 여기서는 어떻게 기도를 잘하게 할 수 있는가에 대해 몇 가지 실제적인 통찰을 하고자 합니다. 다음에 열거하는 다섯 가지는 기도 생활을 잘할 수 있는 단계들을 말합니다. 새 그리스도인은 이 점들을 분명히 알아두는 것이 중요합니다.

1. 원만하게 하십시오.

새 그리스도인이 기도할 때 범하는 일반적인 문제는 기도의 한 가지 양식만 특별히 강조하는 것입니다. 실례를 들자면 하나님께 개인적인 필요 사항을 공급해 주시도록 기도하거나 선교 사업만 위하여 기도하고, 심지어는 다른 사람들을 위하여 자기 자신의 필요를 제외시키도록 기도하기도 합니다. 그리스도인의 기도 생활은 모든 면에 균형이 잘 맞는 원숙한 기도가 되어야 합니다. 빌립보서 4장 6~7절은 기도를 잘할 수 있는 세 가지 요소에 대하여 말씀하고 있습니다. 그것은 다음과 같습니다.

① 개인적인 기도 – 하나님께 개인적인 필요와 욕망을 아뢰는 것

② 간구 – 나 외의 다른 사람이나 일을 위하여 요구하는 것

③ 감사 – 하나님께서 우리의 필요에 응답해 주시고 섭리하여 주시는 것을 고맙게 기억하는 일

새 그리스도인이 그의 기도 생활에서 이 세 가지 요소를 잘 균형 맞추도록 도와주어야 합니다.

2. 조직적으로 하십시오.

기도할 때에 생기는 일반적인 문제 가운데 하나는 무엇인가를 위하여 기도하고는 곧 잊어버리는 것입니다. 이 문제에 대한 대답은 조직적인 기도 생활을 하는 것입니다. 조직적인 기도를 할 수 있는 최선의 방법은 기도 목록을 작성하는 일입니다. 에베소서 1장 16절, 골로새서 1장 9절, 데살로니가전서 1장 20절 말씀들은 기도가 조직적으로 되어야 할 필요성에 대하여 말씀하고 있습니다.

3. 일정하게 하십시오.

우리의 요구를 조직적으로 기도하는 것만이 중요한 것이 아니라 기도를 일관성 있게 하는 것도 중요합니다. 새 그리스도인으로 하여금 기도를 지속적으로 하도록 하는 것이 기도 응답의 혜택을 얻게 하는 것입니다. 기도는 하나님과의 생생하고 일

정한 교제가 되도록 성장시켜야 합니다. 이렇게 될 수 있는 좋은 방법은 기도하는 습관을 붙이는 것입니다. 이는 일상생활에서 마음에 생각나는 기도를 그때마다 수시로 짧게 기도하는 것을 말합니다. 이렇게 하는 것이 일관성 있는 기도를 꾸준하게 하는 것입니다. 성경 말씀 로마서 12장 12절, 데살로니가전서 5장 26절을 참고하십시오.

4. 명확하게 하십시오.

새 그리스도인들은 기도를 너무 보편적으로 하는 잘못을 저지르곤 합니다. 그들에게 기도를 명확하게 할 필요성을 강조하고 명확한 기도만이 응답받을 수 있음을 분명히 알게 하십시오. 반복되는 내용이나 형식에 매인 기도가 아닌 간구하고자 하는 바를 명확하고 구체적으로 밝히며 기도할 수 있도록 권면합니다.

5. 영속적으로 하게 하십시오.

제법 많은 그리스도인들이 무엇을 위하여 한 번 기도하고는 더 하지 않거나 중단하면서 쉽게 실망하곤 합니다. 기도의 응답이 지연되는 이유에는 여러 가지가 있겠지만, 그 중에 한 가지는 하나님께서 우리에게 인내와 일관성 있는 기도를 바라시기 때문입니다. 그것은 하나님을 신뢰하면서 기도의 응답을 기다리는 우리의 마음 자세를 보여 주는 것입니다. 누가복음 11장 5절, 누가복음 18장 1절, 로마서 1장 9~10절 말씀을 새 그리스도인에게 보여 주어 이 진리를 이해할 수 있게 도와 주십시오.

기도에 방해되는 것

새 그리스도인에게 가르쳐야 할 마지막 진리는 기도에 방해가 되는 일을 추적하는 것입니다. 성경에서는 기도하는 데 따르는 많은 장애물에 대하여 지적하면서 이들을 경계하였습니다. 다음에 열거한 것은 그 장애물들입니다.

1. 믿음으로 기도하지 않습니다. (약 1:5~8)
2. 충분히 기도하지 않거나 아무것이나 진실로 간구하지 않습니다. (마 21:22, 약 4:3)
3. 자기중심의 이기주의 혹은 욕심을 채우기 위한 이유로 기도합니다. (약 4:3)
4. 생활에서 아직도 고백하지 않은 숨은 죄가 있습니다. (시 66:18)
5. 아직도 해결하지 않고 있는 부부간의 문제들이 있습니다. (벧전 3:7)
6. 하나님의 뜻을 따라 살지 않고 있습니다. (요일 5:14~15)

순종

37

순종의 의미

웹스터(Webster) 사전에 보면, 순종을 '다른 사람의 뜻에 순복시키고 있는 상태 또는 항복'이라고 정의하였습니다. 순종이라는 낱말은 그리스도인들에게 몇 가지 실제적인 의미를 가집니다. 첫째로, 순종한다는 것은 순종을 목적으로 어떤 외적인 권위를 가져야 함을 말합니다. 이런 경우에는 하나님께서 순종하는 사람에게 권위가 되시는 것입니다. 둘째로, 참된 순종은 행동일 뿐만 아니라 순복하는 내적인 마음 태도도 포함합니다. 이것은 참된 순종이 순복하고자 하는 내적 결정의 산물이지 우리의 의지를 거역하여서 순복하는 것이 아님을 의미합니다.

1. 참 순종은 우리의 마음대로 하나님을 섬기는 것이 아닙니다. 너무나 많은 경우에 우리는 하나님을 이렇게 섬기려 하고 있습니다.

2. 하나님께 대한 참 순종은 금욕주의의 결과가 아닙니다. 하나님께 순종하려고 자신을 깎아 내릴 필요가 없습니다. 따라서 순종이라는 이름으로 억지로 흥미 있는 일이나 재산을 포기할 필요는 없습니다.

3. 참 순종은 단순히 하나님의 계명을 외적으로 표현하는 데 있지 않습니다. 참 순종의 중요한 특징은 순종이 마음에서부터 저절로 우러나온다는 것입니다. 마음

중심에서부터의 순종이 아니고, 외면적으로 하나님의 계명을 따르는 것은 율법주의 이상의 것이 될 수 없습니다.

순종해야 하는 이유

새 그리스도인이 일상생활에서 순종하도록 온전한 동기를 마련해 주기 위해서는 순종의 이유를 알려 주는 것이 도움이 될 것입니다. 여기에서 설명하는 '순종해야 될 세 가지 이유'가 충분한 동기를 부여해 줄 것입니다.

1. 하나님께서 우리를 사랑하시므로 순종해야 합니다. 하나님께서 무조건적인 사랑으로 압도당하도록 역사해 주시는 일에 대하여 그렇게 오래 생각할 필요가 없습니다. 우리를 정말로 사랑하는 분에게 순종하는 것은 그렇게 힘든 일이 아닙니다. 요한1서 4장 16절, 요한1서 5장 2절, 요한계시록 4장 11절 말씀을 참고하십시오.

2. 순종이 하나님을 사랑하는 우리 마음을 보증하는 실제적인 방법이기에 우리는 순종해야 합니다. 이는 마음에서 우러나오는 사랑을 말로만 하던 것을 실제적인 행동으로 옮기는 것을 말합니다. 하나님 사랑에 대한 보증으로써 신앙 생활의 모든 면에서 순종이 나타나야 합니다. 요한복음 14장 21절, 요한1서 5장 3절 말씀이 이것을 분명히 하고 있습니다.

3. 하나님께서 순종하라고 명령하셨으므로 우리는 순종해야 합니다. 하나님께서 무엇을 하라고 명령하시면 그 명령에 대한 우리의 의견은 있을 수가 없습니다. 오직 순종만이 있을 뿐입니다. 이 문제에 대한 하나님의 뜻이 신명기 10장 12~13절, 디모데전서 6장 14절, 야고보서 1장 22절, 요한1서 5장 2~3절 말씀에 잘 나타나 있습니다.

순종하는 방법

새 그리스도인에게 순종의 생활이 향상되도록 실제적인 제안을 해 주는 것이 중요합니다. 여기에 순종의 생활을 성취하는 네 단계가 있습니다.

1단계 : 하나님의 명령을 알아야 합니다.

무엇을 순종해야 하는 것인지 알지 못하면 순종하기가 힘들 것입니다. 그러므로 하나님께서 원하시는 것을 분명하게 알 수 있도록 하나님에 대한 지식을 더하는 것이 중요합니다. 하나님께서는 성경을 통하여 이미 그의 뜻에 대하여 많은 것을 말씀해 주셨습니다. 시편 119편 11절, 105절, 130절, 디모데후서 3장 16~17절 말씀에 이에 대한 내용이 언급돼 있습니다.

2단계 : 하나님의 능력을 구하십시오.

사람이 자신의 능력으로 모든 일에 하나님께 순종하기란 불가능합니다. 우리는 하나님의 뜻을 이루기 위하여 하나님의 힘을 구해야 합니다. 하나님께서는 그의 성령을 통하여 우리에게 힘을 주십니다. 이 진리에 대하여 사도행전 1장 8절, 갈라디아서 2장 20절, 에베소서 5장 18절, 빌립보서 4장 13절 말씀들을 참고하십시오.

3단계 : 바른 자세를 가지십시오.

우리가 어떤 자세를 가지냐에 따라서 순종의 생활을 향상시키는 데 도움이 되거나 방해가 될 것입니다. 순종을 잘하게 하는 데 직접적으로 영향을 줄 수 있는 몇 가지 자세를 참고하십시오.

① 기쁨으로 하나님의 뜻을 행하십시오. 여러분의 속사람이 기쁨으로 하나님의 뜻을 행할 자세를 가지고 있습니까? 하나님께서 여러분의 마음속에서 역사하실 수 있도록 열어 드리면 마음속에서 그렇게 역사하실 것입니다. 다음의 성경 말씀이 이런 태도에 대하여 분명하게 말씀하였습니다. "나의 하나님이여 내가 주의 뜻 행하기를 즐기오니 주의 법이 나의 심중에 있나이다."(시 40:8)

② 조심스럽게 하나님의 뜻을 행하십시오. 하나님의 뜻을 행하려고 하는 노력을 조심없이 하여서는 안 됩니다. 여러분은 하나님의 뜻을 실천하는 데 얼마나 조심스럽게 하고 있나요? "오늘 네 하나님 여호와께서 이 규례와 법도를 행하라고 네게 명령하시나니 그런즉 너는 마음을 다하고 뜻을 다하여 지켜 행하라."(신 26:16)

③ 신실하게 순종하십시오. 하나님께서는 입으로만 순종하는 것을 원치 않으십니다. 하나님의 뜻을 순종하는 데 있어서 정직하고 신실하게 되도록 노력하십시오. "좋은 땅에 있다는 것은 착하고 좋은 마음으로 말씀을 듣고 지키어 인내로 결실하는 자니라."(눅 8:15)

4단계 : 시험을 이기는 법을 배우십시오.

성공적인 순종의 생활을 하려면 시험을 당할 때에 그것을 잘 다루어서 이기는 방법을 배우는 것이 중요합니다. "사람이 감당할 시험 밖에는 너희가 당한 것이 없나니 오직 하나님은 미쁘사 너희가 감당하지 못할 시험 당함을 허락하지 아니하시고 시험 당할 즈음에 또한 피할 길을 내사 너희로 능히 감당하게 하시느니라."(고전 10:13)

시험

38

시험의 근원

성경은 죄로 떨어뜨리는 시험이 세 근원에서 온다고 가르치고 있습니다. 이 세 근원에 대하여 살펴보겠습니다.

1. 사탄(마귀)

우리는 성경의 첫 책인 창세기에서부터 마지막 책인 요한계시록에 이르기까지 사탄이 사람을 죄 짓도록 속이고 시험하려고 찾는 것을 볼 수 있습니다. 새 그리스도인은 이런 시험의 위험에 면역되어 있지 않습니다. 그는 사탄의 속임수를 간파할 수 있어야 하며, 이런 방법으로 시험을 당하게 되는 것을 알고 있어야 합니다. 창세기 3장 1~5절, 베드로전서 5장 8절, 요한계시록 20장 1~3절 말씀들이 크게 도움을 줄 것입니다.

2. 육신

이 시험의 근원은 여러분 속에 있는 죄악의 옛 성품을 말합니다. 이 옛 성품은 삶에서 옛 생활 습관과 자기중심주의로 유혹하면서 그리스도인의 새로운 성품과 평생토록 싸우도록 합니다. 새 그리스도인은 이 근원에서 오는 시험을 감당할 수 있도록 그것들을 다루고 극복하는 방법을 배워야 합니다. 성경 말씀 로마서 8장 5~13절, 갈

시험 **195**

라디아서 5장 16~26절이 이 시험의 근원에 대하여 증거해 주고 있습니다.

3. 세상

이런 시험이 오는 원인은 재산의 안전이나 버는 것, 하나님과의 생생한 관계에서 떠나 자유스러운 인생관을 가지는 것, 경건치 못한 생각에서 솟아난 욕망들과 세속적인 것 등입니다. 새 그리스도인은 이런 시험의 근원을 경계해야 하며 이것들을 다루어서 극복하여야 합니다. 요한복음 16장 33절, 로마서 12장 2절, 디모데전서 6장 10절, 요한1서 2장 15절 말씀들이 이 근원에 대하여 증거하고 있습니다.

시험을 승리하는 조건

성경에는 우리가 당하는 시험을 극복하여 이기는 몇 가지 조건이 있습니다. 새 그리스도인에게 이것을 분명하게 설명해 주어야 합니다.

1. 시험을 경계하십시오.

많은 경우 그리스도인들이 시험의 가능성에 대하여 경계하지 않기 때문에 시험에서 패배하고 맙니다. 그리스도인은 언제라도 맞닥뜨릴 수 있는 시험의 근원을 경계하며 늘 그것들을 조심하여야 합니다. 고린도전서 16장 13절, 베드로전서 5장 8절, 요한계시록 3장 2절을 참고하십시오.

2. 성령으로 충만하십시오.

신실한 그리스도인일지라도 자기 자신의 힘으로는 시험 당하는 일을 성공적으로 물리칠 수 없습니다. 시험을 물리치고 승리할 수 있게 하는 것은 성령의 능력을 통해서만이 가능합니다. 관계된 하나님의 말씀들은 사도행전 1장 8절, 에베소서 5장 18절, 빌립보서 4장 13절 등입니다.

3. 빨리 해결하십시오.

시험은 생길 때에 바로 다루어야 합니다. 시험을 다루는 일을 미루지 마십시오. 성경은 시험 당하는 일에서 죄로 떨어지는 일정한 과정을 야고보서 1장 14~15절에서 말해 주고 있습니다. "오직 각 사람이 시험을 받는 것은 자기 욕심에 끌려 미혹됨이니 욕심이 잉태한즉 죄를 낳고 죄가 장성한즉 사망을 낳느니라." 시험을 당하는 그 자체는 죄가 아닙니다. 하지만 위 말씀에서 보여 준 죄의 진행 과정을 경계함으로, 그리스도인들은 시험에서 죄로 떨어지지 않도록 노력해야 합니다.

4. 성경적으로 피하는 법을 알아야 합니다.

고린도전서 10장 13절에서 하나님은 모든 시험에서 우리가 그것을 극복하여 승리할 수 있도록 피할 길을 주신다고 약속하였습니다. 성경에는 이 피할 길에 대한 말씀이 많습니다. 하나님 말씀에 대한 지식이 더해지면 승리를 성취하는 데 직접 영향을 줄 것입니다. 시편 119편 11절에서 이 진리에 대하여 분명히 하였습니다. "내가 주께 범죄하지 아니하려 하여 주의 말씀을 내 마음에 두었나이다."

신앙 성장에 크게 지장을 주는 두 가지 시험에서 성경적으로 피하는 법은 다음과 같습니다.

① 성적인 시험 – 이 시험에서는 피하라.(딤후 2:22)

② 사탄적인 의심 – 하나님의 말씀을 인용하여 항거하라.(마 4:1~11, 약 4:7)

새 그리스도인이 이 외에도 또 다른 방법을 발견하도록 도우십시오.

5. 믿음으로 순종하십시오.

시험을 당할 때에 당신이 좋아하든 싫어하든 믿음 안에서 성경적으로 피하는 방법을 따르는 것이 중요합니다. 시험을 다루는 방법을 기분이나 느낌에 의존한다면, 여러분은 이미 그 시험과의 전쟁에서 패배한 것입니다. 믿음으로 하나님께 순종하는 일은 좋은 습관이 성장하여야만 가능한 것입니다. 우리는 하나님께서 우리가 어떻게 생각하든 그것에 상관없이 말씀하신다는 것을 배워야 합니다.

6. 승리를 위하여 기도하십시오.

기도는 시험에 대항하여 싸워서 승리를 쟁취하는 데 중요한 역할을 합니다. 성경은 각자의 승리와 다른 사람들의 승리를 위하여 기도하라고 분명히 명령하고 있습니다.

① 당신 자신의 승리를 위하여 기도하십시오.(마 26:41, 막 14:38, 눅 22:40)

② 다른 사람들의 승리를 위하여 기도하십시오. 바울 서신에서 그 본보기를 찾을 수 있습니다.

성령 충만

예수 그리스도께서는 성령의 능력으로 우리 속에서 또는 우리를 통하여 살아 계십니다. 그러므로 성령으로 충만하다는 말은, 그리스도로 충만하다는 말이며 그 속에 거하게 된다는 말입니다. 이는 사도 바울이 갈라디아서 2장 20절에서 지적한 말씀입니다. "내가 그리스도와 함께 십자가에 못 박혔나니 그런즉 이제는 내가 사는 것이 아니요 오직 내 안에 그리스도께서 사시는 것이라."

성령 충만함에 대하여 기록한 에베소서 5장 18절 말씀은 성령의 진리에 대하여 여러 각도에서 통찰하게 합니다. "술 취하지 말라. 이는 방탕한 것이니 오직 성령으로 충만함을 받으라." 사도 바울은 여기서 성령 충만과 술 취하는 것을 비교하였습니다. '충만하다' 는 말은 근본적으로 다스리고 지배하는 것을 말하는 것입니다. 그러니까 이 문제는 '누가 또는 무엇이 너를 다스리고 있느냐?' 는 것입니다. 술 취한 사람은 그의 혈관 속에서 술기운이 지배하고 있습니다. 그런 사람은 더 이상 정상적인 행동이나 자제하는 행동을 하지 못합니다. 성령으로 충만한 사람은 그리스도의 다스림을 받는 사람이므로 특별한 생활을 하게 됩니다. 어느 길이든 둘 다 더 이상 자아(自我)의 다스림을 받지 못하는 상태에 있는 것을 말합니다.

성령으로 충만해 있다는 것은 지배의 문제인 만큼 성숙의 문제와는 조금 다릅니다. 성숙한 그리스도인은 성령으로 충만해 있지만 그 사람이 성숙해지는 데는 다른 요인들도 기여합니다. 영적인 그리스도인이란 그리스도께서 그의 생명을 다스리도록 맡겨 드린 사람을 말합니다. 그런 사람은 성숙해지는 단계의 가장 낮은 단계에 있을지라도 성령으로 충만할 수 있습니다.

계속 성령 충만할 수 있는 방법

하나님의 성령으로 충만해지기 전에 해야 할 몇 가지 조건이 있습니다. 이 조건은 성령 충만은 단번에 성취되는 행동이 아닌 계속되는 과정이기 때문에, 지속성이 있어야 한다는 것입니다. 새 그리스도인들에게 이 점을 강조하는 것이 중요합니다. 충만해진다는 것은 조건을 채우는 산물인 만큼 간구의 산물은 아닙니다.

1. 소원함

그리스도인은 하나님께서 그의 생명을 다스려 주도록 참으로 원해야 합니다. 그는 정말로 승리의 생활을 위한 능력을 원해야 합니다. 전인격으로서의 마음과 뜻과 감정을 주님께 맡겨야 합니다.

"의에 주리고 목마른 자는 복이 있나니 그들이 배부를 것임이요."(마 5:6)

2. 다스림 받도록 항복함

그리스도인은 자기 자신을 다스리는 일에서 손을 놓아야 합니다. 그렇게 하지 않으면 원하거나 구하는 만큼 충만해지지 못합니다. 성령으로 충만해지기 전에 그리스도께서 자기를 다스리고 사용하시게 해야 합니다. 사도 바울이 갈라디아서 2장 20절에서 표현한 자세를 기억하십시오.

"내가 그리스도와 함께 십자가에 못 박혔나니, 그런즉 이제는 내가 사는 것이 아니요 오직 내 안에 그리스도께서 사시는 것이라."

이 진리를 로마서 12장 1절에서도 볼 수 있습니다.

"형제들아 내가 하나님의 모든 자비하심으로 너희를 권하노니, 너희 몸을 하나님이 기뻐하시는 거룩한 산 제물로 드리라."

3. 순종하는 생활

주님 되신 그리스도를 믿는다는 것은, 모든 일에서 주님께 순종한다는 뜻입니다. 즉 순종은 우리의 사랑과 구원의 증거인 것입니다. 따라서 하나님의 지시하심에 순종하며 사는 생활은 무척 중요합니다. 그리스도인은 하나님의 말씀에서 본대로 하나님의 명령에 따라야 합니다. 다음 성경 말씀들이 이것을 분명히 말해 주고 있습니다.

"우리가 그의 계명을 지키면 이로써 우리가 그를 아는 줄로 알 것이요."(요일 2:3)

"너희는 내가 명하는 대로 행하면 곧 나의 친구라."(요 15:14)

4. 깨끗해짐

하나님께서는 깨끗하지 못한 그릇에는 채우시지 않습니다. 그리스도인이 죄를 지었을 때는 하나님께 그 죄를 고백함이 마땅합니다. 이것은 하나님께서 우리에게 정해 주신 죄를 다루는 방법입니다. 요한1서 1장 9절에서 그 내용을 확인할 수가 있습니다.

"만일 우리가 우리 죄를 자백하면 그는 미쁘시고 의로우사 우리 죄를 사하시며 우리를 모든 불의에서 깨끗하게 하실 것이요."

새신자 양육과
번식의 비전

40

새신자 양육은 부흥시키는 데 성경의 원리를 적용한 최선의 방법입니다. 새신자가 영적으로 양육받고 그 원리를 적용하여 처음으로 한 사람의 영혼을 구원하였습니다. 그 생명을 그리스도 안에서 양육하고, 그가 재생산할 다른 사람을 차례로 전도하고 키우게 되기까지 그 사람과 계속해서 일하는 것이 '번식'입니다. 이것은 지금 우리가 구원한 사람들을 통하여 다음 세대에까지 뻗쳐 나가려는 계획된 비전입니다.

성경은 부모를 통하여 신자들이 3, 4대까지 이를 수 있다고 말하였습니다. 물론 두말 할 것 없이, 이것은 육적인 부모를 통해 성취되는 일입니다. 이스라엘 백성을 복 주시겠다는 하나님의 약속은, 그들의 자녀들을 가르치라는 계명을 순종한 사람들에게 해당하는 것이었습니다. "너는 마음을 다하고 뜻을 다하고 힘을 다하여 네 하나님 여호와를 사랑하라."(신 6:5)고 하신 말씀은 "곧 너와 네 아들과 네 손자들이 평생에 네 하나님 여호와를 경외하며 내가 너희에게 명한 그 모든 규례와 명령을 지키게 하기 위한 것이며 또 네 날을 장구하게 하기 위한 것이라."(신 6:2)는 경고를 주는 말씀입니다.

새로운 세대는 온 세상에 복음을 전하라는 그리스도의 명령을 받아들여야 합니다. 모든 세대는 그 시대를 복음화할 책임이 있습니다. 성경은 1세기에 복음을 이방 세계에 들어가게 한 놀라운 침투의 역사를 기록하고 있습니다. 초대교회 교인들은 인쇄물이나 자동차나 라디오나 항공기도 없이 그리스도의 말씀을 온 세계로 뻗쳐 나갔습니다. 번식의 원리가 적용될 때에는 한 세대 안에서도 세계 복음화가 가능합니다.

번식의 명령

번식은 세계를 영적·육적 면에서 모두 살게 하시는 하나님의 계획입니다. 하나님께서 사람에게 내리신 최초의 명령은 "생육하고 번성하라."(창 1:28)는 것이었습니다.

이 지구는 두 사람으로 시작하여 지금은 약 66억으로 부풀어 올라 있습니다. '썩어질 씨'는 분명히 번식하고 있습니다. 그렇지만 그리스도인들이 태어난 것은 "썩어질 씨로 된 것이 아니요 썩지 아니할 씨로 된 것이니, 살아 있고 항상 있는 하나님의 말씀으로 되었느니라."(벧전 1:23)고 하였습니다. 그러므로 '썩어질 씨'가 66억 이상으로 번식할 수 있었다면 '썩지 아니할 씨'는 이와 같이 번식할 수 없겠습니까?

오늘날 그리스도의 이름을 듣지 못한 사람은 사도 시대에 그리스도의 이름을 듣지 못한 사람보다 훨씬 더 많습니다. 수학에서 승(乘)을 뜻하는 번식은 영적 탄생을 인구 팽창과 경합시키기 위한 하나님의 계획인 것입니다. 더하기(加)만으로는 그리스도를 위하여 세계로 뻗어 나갈 수 없다는 것은 분명한 사실입니다. 교회에서는 5퍼센트 미만의 교인들이 영혼을 구원하며 '더하기'를 합니다. 그들은 전 교단적으로 수천 명의 삶을 구원하겠지만 구원받은 이들이 어떻게든지 또 다른 사람들을 구원하기 전에는 수십 년 내에 교인들의 숫자가 크게 증가하지 못하고 구원받지 못한 대중에 의하여 삼키워 버리게 될 것입니다. 그 대중에서 뻗쳐 나가기 위한 우리의 유일한 희망은 번식에 있습니다.

여기에 번식의 비전을 가졌던 어떤 개척자가 기술한 교회 번식의 비결이 있습니다.

그는 하나님께 한 사람을 달라고 기도합니다. 그 사람이 다른 사람에게 그리스도를 증거하고 그에게 말씀을 전해 주기 시작하고 자신의 사람으로 만들기까지는 아마 6개월쯤 걸릴 것입니다. 그리하여 이 첫 사람이 6개월 만에 다른 한 사람을 얻습니다. 각 사람이 다음 6개월 안에 또 다른 사람을 구원합니다. 그해 연말에는 그들이 모두 네 사람이 됩니다.

이 네 사람은 합심하여 기도하고 신앙 생활에서 탈선할 위험이 있는 어떤 일도 따르지 않기로 결심합니다. 그들은 많은 사람들에게 복음을 전하기 원하지만 한 사람씩 점검하여 확인하고 넘어갑니다. 그렇게 하여 이 네 사람이 6개월 내에 각자가 또 한 사람씩의 결신자를 얻습니다. 일 년 반 만에 8명이 되고, 2년 후에는 16명이 됩니다. 3년 후 64명을 얻고 5년 후에는 1,024명을 얻습니다.

교회를 통한 번식의 잠재력은 굉장합니다. 한 사람을 구원하고 6개월에 재생산하도록 가르치는 것이 개인적으로 비현실적인 목표가 아닙니다. 많은 그리스도의 일꾼들이 7개월마다 한 사람 이상의 영혼을 구원합니다. 이것이 영혼들을 더하기로 증가시키는 것과 곱하기로 번식시키는 것 사이를 크게 다르게 만드는 한 영혼에게 일어나는 사건입니다.

1. 성경의 번식 원리

예수님은 번식을 통해서만이 복음이 모든 피조물에 선포될 수 있다는 사실을 알고 계셨습니다. 그는 대중 속에서 3년 동안 12명의 제자와 개인 전도 사업에 집중하여 번식하는 전도 사업을 위하여 그들을 준비하셨습니다. 예수님은 열두 사람(11제자와 바울)에게서 '역대의 기초'(사 58:12)를 보았습니다.

과묵한 제자 중 한 사람인 안드레는 4 '대'까지 번식하는 일을 처음 했습니다. 안드레는 후에 베드로라고 부른 그의 형 시몬을 예수님께 데리고 갔습니다. 성령이 충만했던 베드로는 오순절에 설교하여 3,000명을 개종시켰습니다. 예루살렘에서, 사도행전 2~8장 사이의 기간에 양육받은 이들 신자들은 그곳에서 나와 곧 말씀을 선포(행 8:4)하였습니다. 안디옥으로 여행한 이들 평신도 전도인들은 많은 사람을 그리스도에게로 인도하였습니다. 그리하여 바나바와 바울은 일 년 동안 안디옥의 새신자들을 양육하여 그곳에 강력한 교회를 세웠습니다. 이 교회의 첫 '선교 기지'(宣敎基地)는 여러 해 전에 안드레가 개인 전도의 번식 방법을 통하여 설립한 것입니다. 안드레, 베드로, 3,000명, 안디옥교회는 훈련받은 교인의 4대를 이루었습니다.

바울은 재생산자를 위한 4 '대'의 비전을 가졌습니다. 사도행전 18장에 그의 실제적인 증거와 양육에 대한 실례가 있습니다. 바울은 그가 복음으로 훈련한 장막 만드는 유대인, 아굴라와 브리스길라와 함께 역사하였습니다. 바울이 그들을 떠난 후에 그 두 사람은 아볼로에게 증거할 기회를 가졌습니다. 아볼로는 에베소에 이주한 알

렉산드리아 태생의 훌륭한 웅변가로, 침례 요한의 교훈은 알았지만 부활한 그리스도와 성령의 역사는 알지 못했습니다. 그 장막 만드는 사람들은 재빨리 이 청년을 영적 아들로 삼고 말씀을 가르쳤습니다. "그가 회당에서 담대히 말하기 시작하거늘 브리스길라와 아굴라가 듣고 데려다가 하나님의 도를 더 정확하게 풀어 이르더라." (행 18:26) 이 부부는 충분히 교육받지 못한 사람에게 그들의 마음과 주님께 대한 지식을 풀어주었습니다.

성경은 후에 아볼로가 "이는 성경으로써 예수는 그리스도라고 증언하여 공중 앞에서 힘있게 유대인의 말을 이김이러라."(행 18:28)고 말하였습니다. 브리스길라와 아굴라에게서 얻은 바울의 교훈을 반사(反射)하고 재생산하기 시작한 것입니다. 바울, 아굴라와 브리스길라, 아볼로, 신앙의 기반 위에 섰던 유대인들, 이 4 '대' 는 사람들을 훈련하면서 항상 다음 세대를 향하여 주목한 한 사람의 교육 전도 사업의 결실이었습니다.

또 바울은 디모데(2 '대')에게 다음과 같이 말했습니다. "또 네가 많은 증인 앞에서 내게 들은 바를 충성된 사람들(3 '대')에게 부탁하라. 그들이 또 다른 사람들(4 '대')을 가르칠 수 있으리라."(딤후 2:2) '부탁하라' 는 낱말은 강력한 명령이었습니다. 우리는 양육하고 번식하는 어느 한쪽만을 선택할 수 없으며, 바울과 같이 '천국의 비전에' 순종해야 합니다.

번식의 원리는 특별한 사람들만 집중하여 접촉할 경우 제한되기 때문에 오는 세대는 항상 다 접촉되어야 합니다. 우리는 배운 것을 '충성된 사람들에게' '신탁 예금' 을 해야 합니다. 그러나 우리가 사람들에게 말씀을 부탁하는 것은 충성된 한 사람에게서부터 시작해야 합니다. 이 한 사람은 다른 사람들을 가르치는 일을 충분히 해낼 수 있을 것입니다.

사람들에게 진리를 부탁하거나 신탁하는 그 자체는 번식이 아닙니다. 각자는 다음 세대라는 관점에서 특별히 다른 사람들을 양육함으로써 복음의 진리에 응답해야 합니다. 맨검(O. R. Mangum)은 "오는 세대와 함께 복음을 전한다는 바울의 관념은 기독교의 대단한 특징이다. 하나님은 다른 계획을 가지고 있지 않으시다. 이것은 우리 세대가 다음 세대에 진 빚이며, 우리가 성경에서 찾을 수 있는 유일한 사도적 전승(傳承)이다."라고 말하였습니다. 연속된 사슬이 그 가장 약한 고리에 비할 바 없이 강한 것처럼, 비전은 가장 약하게 받아들이는 사람에 비할 바 없이 강합니다. 바울은 그리스도 안에서 유아였을 동안 디모데를 훈련할 수 없었고 또한 다음 세대를 계획할 수도 없었습니다. 그러나 성장함에 따라 사람들을 구원하고 훈련하는 그의 잠재적 능력은 비례하여 증가하였습니다. 이와 마찬가지로 디모데 역시 그의 전도 사업이 번식하기 전에 먼저 그리스도 안에서 성장해야 했습니다.

2. 취약 영역

그렇지만 이제까지 재생산과 번식기의 연속된 사슬이 2 '대' 이후에 끊어지는 경우도 많았습니다. 그 새신자가 재생산을 하지 못한 이유는 그가 그렇게 하는 것을 원치 않았기 때문입니다. 또는 그가 돌보는 양육을 하지 않았고 다른 사람들을 양육할 만큼 성장하지 못한 것입니다. 번식을 위한 첫 '세대'의 비전 부족은 4 '대'로 연속되는 사슬에서 가장 심각한 방해가 되고 있습니다. 4 '대'를 위한 비전은 제2 '대'에 하는 것에 따라 결정됩니다.

물론 번식의 원리에 맞추지 않아도 4 '대'에까지 이르게 할 수 있는 목사와 평신도 지도자들이 있습니다. 그러나 아무리 중요하고 다급한 이유가 있다 해도 새신자들을 통해 그리스도인의 다음 세대를 양육하는 기회와 바꿀 수 있는 것은 아무것도 없습니다!

3. 번식의 요인들

영적 번식을 다스리는 몇 가지 기본적인 '법칙들'이 있습니다.

첫째로 '관례의 법칙'이 있습니다. 예수님은 그의 제자들과 함께 넓은 범위의 개인적인 접촉을 가지셨습니다. 성경에 세 사람, 12제자, 20인, 120명, 500여 형제 등으로 기록되어 있습니다. 열두 제자 중의 베드로, 야고보, 요한은 그리스도와 가장 친밀한 교제를 가졌습니다. 결국 이들은 주님의 최고의 계시를 경험하였습니다. 바울은 3년 동안 사막에서 혼자 – 주님이 지상 전도 사업을 3년 동안 하신 것과 같이 – 부활하신 하나님의 아들과 개인 접촉을 가졌습니다. 신약 성경 27권 중에서 적어도 20권은 그리스도와의 밀접한 관계를 놓치지 않았던 사람들에게서 나왔습니다. 우리는 그리스도와의 친밀한 교제 속으로 우리가 훈련하는 사람들을 데려와야 합니다. 3, 4 '대'까지 뻗어 나가려면 우리 사람들을 그리스도에게 견고히 붙여 놓아야 합니다. 이를 위해서는 우리가 기도 생활의 모범을 보임으로써 사람들이 그 길을 따라 오도록 해야 합니다.

둘째로 '위탁의 법칙'이 있습니다. 우리는 그리스도를 위하여 다음 세대로 뻗어

나가라는 명령을 받았기에 우리의 생애는 이에 대한 추구로 지배되어야 합니다. 중국 내륙 선교의 개척 허드슨 테일러(Hudson Taylor)는 다음과 같이 피력했습니다. "하나님의 모든 위대한 인물들은 하나님이 그들과 함께하시는 계산을 했기 때문에 하나님을 위하여 큰일을 할 수 있었던 연약한 사람들이었다." 하나님은 새로운 계획, 방법, 순서 등은 보지 않으시고 하나님과 말씀에 의지하여 번식의 원리를 수행하는 사람들의 마음만을 보십니다. 다윗은 위탁받은 사람입니다. 그는 시편에서 여러 번 되풀이하여 "나는 … 할 것입니다."라고 말하였습니다. 바울은 그를 따르는 사람들에게 "무슨 일을 하든지 마음을 다하여 주께 하듯 하고 …"(골 3:23)라고 명령하였습니다. 우리가 다음 세대로 뻗어 나가는 데 성공하는 길은, 그리스도와 그의 계획에 우리가 얼마나 온 마음을 다하여 위탁하는가에 달려 있습니다.

셋째로 '집중의 법칙'이 있습니다. 대중과 일하면서 개인에게 집중하는 것은 번식의 또 다른 요소입니다. 어느 해 텍사스 침례교 전도대회에서 전도학의 권위자인 어트리(C. E. Autrey) 목사는 "우리는 움직이지 못하는 중풍병에 걸렸다. 우리는 수많은 제단에서 타오르는 향을 조심하고 숫자가 아닌 죄인의 구원을 강조함으로 숫자에서 벗어나야 한다."고 설교하였습니다. 많은 경우 우리는 한 생명의 번식 능력을 잊어버림으로 쉽게 숫자를 의식하곤 합니다. 하나님께 굶주린 한 사람과 함께 개인적인 시간을 보내는 것과 대신할 수 있는 것은 없습니다. 질(質)은 질을 낳습니다. 그것은 한 사람을 훈련하여 대중에게 뻗쳐 나가는 비전을 갖습니다. 여러분이 한 사람을 훈련시키면 여러분은 무리를 꿰뚫고 나아가게 됩니다.

넷째로 번식자들의 최고 성장을 위하여 개체 교회는 '따뜻한 영적인 분위기를 조성'해야 합니다. 갓난아기가 태어나면 병에 걸리지 않도록 즉시 환경을 조성하고 특별히 훈련받은 간호사들이 아기를 돌봐 줍니다. 이와 마찬가지로 교회에서도 특별히 훈련받은 교인이 새 그리스도인을 돌보는 양육이 필요합니다.

전도적이지 못하고 적극적인 영적 확신이 없는 교회의 경우, 번식을 위한 새 그리스도인의 기회를 해치게 됩니다. 우리는 새 그리스도인을 그리스도에게 사로잡힌 교인들로 양육해야 합니다. 입적하지 않고 냉담한 그리스도인들과의 접촉에서 가능한 대로 분리하여야 합니다. "미온적인 것은 불경건의 가장 나쁜 형태다."라고 지적한 캠벨 모르간(G. Campbell Morgan)의 말을 기억해야 합니다.

사명자의 상급

사명자의
상급

「전도학 개론」의 저자인 스카보로우(L. R. Scarborough)의 교훈입니다.

전도에는 빛나는 상급이 주어집니다. 그것에 대한 영적인 보상은 생명과 능력과 시간과 재능과 삶 자체의 헌신에 대한 것입니다.

"지혜 있는 자는 궁창의 빛과 같이 빛날 것이요, 많은 사람을 옳은 데로 돌아오게 한 자는 별과 같이 영원토록 빛나리라."(단 12:3)

"거두는 자가 이미 삯도 받고 영생에 이르는 열매를 모으나니 이는 뿌리는 자와 거두는 자가 함께 즐거워하게 하려 함이라."(요 4:36)

"이제 후로는 나를 위하여 의의 면류관이 예비되었으므로 주 곧 의로우신 재판장이 그 날에 내게 주실 것이며 내게만 아니라 주의 나타나심을 사모하는 모든 자에게도니라."(딤후 4:8)

이런 신앙이 죽음 너머에 있는 영원한 생명에 직면한 노령의 바울에게 큰 힘이 되었습니다.

전도자의 삶이 쉬운 것만은 아닙니다. 희생이 뒤따라야 하고, 때로는 개인적인 생활을 포기해야 하며, 장래를 기약할 수 없는 삶을 살아야 합니다. 그러나 참된 평안과 기쁨이 그 심령에 가득 채워지는 행복을 맛볼 수 있는 봉사의 삶인 것은 분명합니다.

전도는 생사를 초월한 과업입니다. 그러나 그 결과는 영원합니다. 그 열매는 무궁합니다. 스데반을 생각해 보십시오. 바울이 그리스도에게 돌아왔다는 사실을 아무도 믿으려 하지 않았을 때 아나니아가 어떻게 했는지 생각해 보십시오. 바울의 승리는 개심 직후부터 시작되었습니다. 그의 전도로 구원받은 사람들이 그의 수고를 언제까지나 증거하고 있습니다.

스펄전을 예수님에게 인도한 구두 수선공의 영광을 생각해 보십시오. 스펄전 목사가 그리스도를 위한 추수에 얼마나 많은 수고를 했습니까? 존 웨슬리를 인도한 남자와 찰스 웨슬리를 인도한 여자를 생각해 보십시오. 무디에게 전도한 상인을 생각해 보십시오. 이 사람들의 면류관은 그들이 전도한 사람들이 또 다른 사람들의 구원을 위해 수고함에 따라 점점 커질 것입니다.

자신의 아들과 딸에게 복음을 전한 어머니들의 면류관을 생각해 보십시오. 그 자녀들이 세계 구석구석에서 그들이 어디 가서 무엇을 하든지 그리스도의 왕국을 확장하며, 예수 그리스도의 이름을 모든 이름 위에 높이고, 불신 가운데 빠져 있는 세상을 하나님의 빛 가운데로 인도하는 일을 할 것을 생각할 때 그 부모들의 면류관이 진실로 큼을 생각할 수 있습니다.

진실로 우리 주 예수 그리스도를 사랑하는 모든 사람은 영혼 구원을 위한 거룩한 부르심에 응해야 할 것입니다. 전도자의 삶보다 더 큰 상급이 주어지는 삶은 결코 없을 것입니다.

1. 하나님의 뜻을 행하고 있음을 깨달은 심령이 누리는 평안은 전도자에게 주어지는 값진 상급 중에 하나입니다.

2. 전도는 하나님과 하나님의 경륜에 대하여 더욱 넓은 견해와 영적인 식견을 갖게 해 줍니다.

3. 전도는 우리의 영혼을 살찌우며 예수 그리스도의 은혜와 그를 아는 지식 안에서 우리의 영혼을 자라나게 합니다.

4. 전도는 전도자의 장래를 풍성하게 하며 앞길에 하늘나라의 보화가 풍부하게 해 줍니다. 전도자의 영원한 삶을 위해 하늘 창고에 양식이 가득하게 해 줍니다.

5. 전도는 세 가지 다른 세상에 기쁨을 가져다줍니다. 죄인들의 세상에 기쁨을 가져다주고, 구원받은 사람들의 세상에 기쁨을 가져다주며, 하늘나라에 기쁨을 가져다줍니다. 다른 사람으로 하여금 구원의 은총 속에서 그리스도를 알게 하는 기쁨이

야말로 우리가 알 수 있는 것 중에서 가장 온전하고 풍성한 기쁨일 것입니다. 우리가 다른 사람으로 하여금 하늘나라에 이르는 길을 향해 방향을 바꾸도록 도와 주고, 하나님과 함께 거하는 영원한 생명을 간직하도록 도와 주고, 영원한 지옥의 형벌에서 벗어나 그리스도와 함께 복된 집에 거할 수 있도록 도와 줄 수 있다는 것이 우리의 인생에게 주어지는 가장 큰 상급이 아닐까요!

6. 전도는 하늘나라의 시민임을 확신하게 해 줍니다. 전도는 전도자로 하여금 잃어버린 자를 찾아 구원하는 것을 영원한 목적으로 삼고 계신 하나님 아버지와 성령님, 그리고 구주 예수 그리스도와 밀접한 교제를 나누게 합니다. 그리스도께서 말씀하시기를 "그러므로 너희는 가서 모든 민족을 제자로 삼아 아버지와 아들과 성령의 이름으로 세례를 베풀고 내가 너희에게 분부한 모든 것을 가르쳐 지키게 하라. 볼지어다. 내가 세상 끝날까지 너희와 항상 함께 있으리라."(마 28:19~20)고 하셨습니다. 전도는 언제나 그리스도의 충만한 임재하심으로 전도자에게 복을 안겨 줍니다.

7. 전도는 성령의 능력을 덧입을 수 있는 가장 확실한 방법입니다. 전도야말로 오순절로 향하는 직행 노선입니다.

8. 전도의 상급은 그리스도에게 드리는 면류관입니다. 전도의 상급으로 전도자의 머리에 씌워지는 면류관은 그리스도께 돌려집니다. 참된 전도자는 자기 자신을 위해 면류관을 간직하지 않을 것입니다. 그는 자신이 면류관을 쓰고 있기보다는 그리스도께 그 면류관을 돌리기 원할 것입니다.

우리가 사람들을 그들의 죄에서 벗어나오도록 하는 것은 그리스도를 왕중왕으로, 주의 주로 높이는 것입니다.

효과적인 전도
부흥하는 교회

개정판 1쇄   2008년 5월 20일

이요한 엮음

발 행 인 | 신경하
편 집 인 | 김광덕

펴 낸 곳 | 도서출판 kmc
등록번호 | 제2-1607호
등록일자 | 1993년 9월 4일

(100-101) 서울특별시 중구 태평로1가 64-8 감리회관 16층
(재)기독교대한감리회 출판국

대표전화 | 02-399-2008, 02-399-4365(팩스)
홈페이지 | http://www.kmcmall.co.kr
          http://www.kmc.or.kr

디자인 · 인쇄 | 리더스 커뮤니케이션 02)2123-9996/7

값 10,000원
ISBN 978-89-8430-383-6 03230